银行授信
产品手册与应用

孙建林_编著

中信出版集团 | 北京

图书在版编目（CIP）数据

银行授信产品手册与应用 / 孙建林编著 . -- 北京：
中信出版社，2021.5
　　ISBN 978-7-5217-2981-8

　　Ⅰ . ①银… Ⅱ . ①孙… Ⅲ . ①商业银行 - 贷款管理 -
中国 - 手册 Ⅳ . ① F832.4-62

　　中国版本图书馆 CIP 数据核字（2021）第 052167 号

银行授信产品手册与应用

编　著　者：孙建林
出版发行：中信出版集团股份有限公司
　　　　　（北京市朝阳区惠新东街甲 4 号富盛大厦 2 座　邮编　100029）
承　印　者：北京诚信伟业印刷有限公司

开　　本：787mm×1092mm　1/16　　印　　张：32　　　　字　　数：398 千字
版　　次：2021 年 5 月第 1 版　　　　印　　次：2021 年 5 月第 1 次印刷
书　　号：ISBN 978-7-5217-2981-8
定　　价：89.00 元

目 录

第4章
个人贷款业务 / 427

前　言

　　银行资金是企业生存和成长的血液，也是社会经济运转的润滑剂。经济发展需要银行资金的支持，银行资金的支持能够促进经济的发展。每当企业经营生产对银行资金有新的需求时，银行就会创造出新的授信业务品种。

　　各家银行都高度重视授信业务，因为它具有以下三个方面的重要意义。

　　第一，支持社会经济的发展。资金是每个企业生产经营活动的血液，也是整个社会化大生产机器运转的润滑剂。银行向企业提供生产经营所需的资金，可以使企业从无到有、从小到大，可以向社会提供丰富多彩的商品和劳务，还扩大了社会就业机会，对促进当地经济发展和提高人民生活水平发挥着重要作用。

　　第二，为银行创造更多利润。信贷资产是银行资产中所占比重最大、获利最多的资产，贷款利息收入是银行利润最主要的来源，而银行经营利润是国家税收、银行股东分红和银行员工薪酬的根本保证。利润还为银行扩大经营积累了资本，为银行市值的稳定增长打下了基础。

　　第三，带动客户在银行开展其他业务。银行向自己的基本客户提供授信，可以带动客户在银行开展存款、结算、汇兑、理财等多项业务，从而增加银行中间业务收入和综合效益。

　　我为什么要编写本书呢？因为我发现目前还没有一本全面介绍中国银行业授信业务品种的书。在搜集本书资料的过程中，令我感到惊奇的是，随着中国经济的快速发展和企业融资需求的多样化，银行能提供的授信品种丰富多彩，甚至可以说多得让人眼花缭乱，出现了日新月异的发展变化，早已和改革开放初期的银行业务不可同日而语了。通俗来讲就是，你想睡觉的时候，就有人给你送上枕头。在做好传统授信业务的基础上，银行正朝着行业化、多元化、专业化、网络化、综合化和跨境化的方向发展。

商业银行的授信品种有成百上千种，如何进行科学合理的分类是一件相当费脑筋的事情。因为我们可以按照不同的区域分，按照不同的行业分，按照不同的客户对象分，按照不同的产品分，按照不同的用途分，按照不同的还款来源分，按照不同的担保方式分，等等。

为了对银行几百种授信业务品种进行合理的归类，我查阅了许多国有银行（包括国家开发银行、中国农业发展银行、中国进出口银行）、全国性股份制商业银行、城市商业银行、农村商业银行的官方网站和规章制度，却发现各家银行都是在按自己的理解分类，全国银行并没有统一的划分标准。

本书针对银行授信业务品种，主要从以下几个维度来划分。

- 客户对象。银行客户对象可分为两大类，即法人授信业务（以企业代码为准）和自然人贷款业务（以身份证号码为准）。法人授信业务中的小微企业贷款业务和国际贸易融资业务，由于品种多、数量大，所以又单独各列一章。

- 部门设置。目前大部分银行内部对于授信业务机构的设置，主要有公司业务部、小微企业部、国际业务部、投资银行部、个人信贷部等，本书中的授信品种分类，也相应对照。

- 行业分工。经济社会是由各行各业组成的，许多银行也是按行业提供授信业务的，本书也按行业进行了划分。

- 担保方式。借款人根据银行要求，可能会提供不同类型的担保，但无非也就是保证、抵押、质押这三种方式，因此这也是划分的主要依据。

　　银行授信业务人员必须掌握每项业务品种的要点，包括业务特征、对客户和银行的好处、各阶段应做的工作、注意事项、风险与防范等，这样才能事半功倍地做好工作。

　　在银行的经营管理中，人们常使用的几个名词是"授信、信贷、贷款、融资"。大家要注意，它们之间是有区别的。

- "授信"是指银行授予客户信用，信用包括表内的信贷资金和表外的银行信誉，即"表内业务＋表外业务"。表是指银行的资产负债表。
- "信贷"是指银行向客户借出资金使用权，包括表内业务的"贷款＋贴现"。
- "贷款"可以作为动词，是指银行向客户借出资金使用权，并按约定期限和利率收回本息的经营行为，例如银行贷款给客户。"贷款"也可以作为名词，是指能带来增值货币的资金，例如申请的贷款和偿还的贷款等。
- "融资"是指融通资金，常在国际贸易和国内贸易中使用。

　　本书介绍的授信业务品种，主要选自9家国有银行（包括国家开发银行、中国农业发展银行、中国进出口银行）、12家全国性股份制商业银行、城市商业银行前10家、农村商业银行前10家，可以说基本覆盖了中国商业银行的授信业务品种。本书对读者而言，可说是一书在手，了解授信。

　　本书对每个授信业务品种都做了入门简介，包括基本概念、业务特征、适用对象、注意事项等。至于每个品种具体的规章制度、操作流程、客户条件、资料清单等内容，有些会在每章前统一描述，有些就不展开介绍了。银行员工应根据各自所在银行的要求办理业务。

　　本书所出现的一些数据（例如金额、比例、比率等）只是举例参考，各家银行要根据实际情况确定。本书所述授信业务的币种，如无特别说明，均为人民币。

本书介绍的银行授信业务品种，截止时间是2020年6月。该时间之后各家银行再有新推出的品种，请读者自行关注。

许多银行为了便于市场营销，对于新推出的授信产品，尤其是小微企业贷款，往往会起一些好听的市场推广名，比如××宝、××金、××惠、××通、及时雨等，本书统一将其简称为××贷。

中国地域辽阔，各地情况复杂，本书介绍的这些产品，大部分是适用于所有银行和所有客户的，而有些产品可能只适用于某些地区、某些银行和某些客户。银行人员在阅读时应该加以注意。

虽然本书资料来自各方各面、参差不齐，但是我在对各业务品种的介绍中也极力做到统一格式、整齐划一。当然，疏漏之处在所难免，如有不当之处，敬请指正。

第1章
公司授信业务

公司授信业务是银行对企业法人和事业法人授予信用的业务，是银行办理时间最早、品种最多、规模最大的业务，是银行利润的最主要来源，也是银行最容易发生损失的业务。银行各级领导和员工都必须高度重视公司授信业务。

在公司授信业务中，银行对借款人的基本要求主要有五点：（1）遵守国家法律法规，符合银行授信政策，行业前景好，主业突出，经营稳定，财务状况良好，流动性及赢利能力较强，具有竞争优势和发展潜力；（2）符合银行要求的客户评级和债项评级；（3）在银行开立基本存款账户或一般存款账户，结算量符合银行要求；（4）在中国人民银行征信系统中无不良记录；（5）银行要求的其他条件。

银行对授信用途的基本要求是，严防欺诈行为，背景真实可靠。

银行对还款来源的基本要求是，还款意识良好，还款来源可靠。

银行对贷款条件的基本要求是，做到"三恰当"，即金额恰当、期限恰当、利率恰当。

银行对担保条件的基本要求是，担保人资信可靠，押品选得好、估得准、押得住，权属清晰，价值稳定，变现性强。

每笔授信业务都要经过六个阶段：授信调查阶段、授信审查阶段、授信审批阶段、授信放款阶段、授信后管理阶段和授信回收阶段。对于每个阶段，每家银行的办理流程、所需资料等大同小异。尤其是每个授信产品的规章制度、实施细则，各家银行都很详细，我就不在本书一一叙述了。

银行人员在办理公司授信业务时应主要防范这样几种风险：借款人资信不足风险、借款用途不真实风险、借款条件不恰当风险、还款来源不落实风险及担保条件不充足风险等。

公司授信业务是银行授信业务中的主力产品，具有品种多、用途广、金额大、期限长等特点，能满足各行各业的资金需要，广受企业欢迎。下文按不同的划分方法对各个授信业务品种分别进行介绍。

01

授信用途类

一、流动资金贷款

流动资金贷款是指银行为满足企业生产经营的中短期流动资金需求而发放的贷款。按贷款期限，流动资金贷款可分为一年期以内的短期流动资金贷款和一至三年期的中期流动资金贷款；而按贷款担保方式，流动资金贷款可分为信用贷款、保证贷款、抵押贷款和质押贷款。

作为一种高效实用的资金来源，流动资金贷款具有用途广泛、使用方便、周转性强、融资成本低等特点，具有铺底资金性质，是各家银行最传统、最普遍、最适用的授信业务，堪称商业银行"授信之王"。

企业为保证生产经营的正常进行，需要固定资金和流动资金。固定资金是转化为固定资产（包括土地、厂房、设备等）的资金，流动资金是转化为流动资产（包括原材料、半成品、产成品等）的资金。不论对于大中型企业还是小微企业而言，流动资金贷款都是十分重要的资金来源。

从形态上看，流动资金的特点（以制造业企业为例）是，它在生产过程中不断转变物质形态：由货币转变为原材料，由原材料转变为半成品，由半成品转变为产成品，最后随着产成品的销售又转变为货币。资金参加一次生产经营过程就完成一次周转，具有流动周转的特点。只要生产不断地反复进行，资金就不断地周转。

从时间上看，流动资金贷款分为日常周转需要和季节周转需要。日常周转需要是企业平时购买原材料、生产和销售所合理需要的资金。季节周转需要是季节变化引起的原材料储备、季节性产品生产、季节性运输、季节性销售等，以及以农副产品为原料的加工业、制糖业、水果罐头业、卷烟生产业等对资金的需求。

对于生产经营正常，并且产品有市场、有效益、有信誉和归还贷款本息有保证的企业，银行可发放流动资金贷款。做好流动资金贷款，是银行做好各项授信业务的基础。

银行需要防范的流动资金贷款风险主要有五个方面：一是借款人风险，主要包括欺诈风险、实际控制人风险、管理层风险、违法违规风险、经济纠纷风险、账户查冻扣风险、行业风险、生产问题、产品销售困难、库存积压问题、过度扩张风险、多元化投资风险、关联交易风险、财务风险、员工管理问题、社会负面信息等；二是借款用途风险，包括欺诈风险和使用不当风险；三是还款来源风险；四是授信条件风险，包括"四不当"，即金额不当、期限不当、利率不当、担保不当；五是担保条件风险，包括保证风险、抵押风险、质押风险。

流动资金贷款只是一个统称，在实际中，业务还有以下具体品种。

1. 营运资金贷款

营运资金贷款是指为满足优质借款人日常经营中的资金周转需要，以其未来综合收益和其他合法收入等为还款来源而发放的贷款。营运资金贷款相当于支持企业营运的铺底资金。

贷款金额要根据借款人的净资产、负债水平、经营活动现金流量、赢利能力、发展前景和银行融资同业占比等因素合理确定。贷款余额一般不应超过企业净资产的100%。贷款期限应根据借款人的资信状况、现金流量、经营稳定性等因素合理确定，最长不超过三年。对于营运资金贷款，借款人必须一次性提款，按月付息，本金到期后一次性偿还。

1 600万元流动资金贷款助企业完成代工订单并全部交货

　　F工厂从事毛纺织品的生产与销售，拥有120台进口毛织机。该工厂近期接到某大型毛纺企业的代工订单（合同期为三年），产量需求瞬间增大。该工厂需大量采购原材料以满足订单生产的需求，已与上游企业签订毛料购买合同，合同价值2 600万元。工厂可自筹1 000万元，剩余1 600万元需向银行融资解决。

　　银行客户经理经过调查了解到：虽然毛纺织行业近年来净利润不高，但是该工厂接到了大笔代工合同；上游委托企业有一定实力，支付能力较强；另外，该工厂有120台进口毛织机，价值较高，市场变现能力较强。因此，银行决定在该工厂落实120台进口毛织机抵押前提下给予其授信，按评估单价20万元/台计算，总价值2 400万元，按七折抵押率，可抵押担保贷款1 680万元。最终，该工厂获得银行流动资金贷款1 600万元。结合代工合同有效期为三年，该笔贷款期限为三年，工厂按月还本付息。企业在银行资金的支持下，顺利完成代工订单，全部交货。

2. 循环贷款

　　银行与借款人签订循环借款合同，在合同规定的期限和额度内，允许借款人分笔提款、分笔归还、循环使用（需要时提款使用，有钱时随时还款），从而减少借款人的利息负担。

　　循环贷款合同项下的每笔用款到期日，均不得超过借款合同到期日。

从循环贷款合同签订之日起，如果借款人连续三个月未进行任何提款，那么该循环贷款额度自动取消。如果贷款行与担保人签订了最高额担保合同，那么在担保合同金额和有效期内，借款人在提款时无须再逐笔办理担保手续。循环贷款承诺费按银行有关规定执行。

循环贷款的条件可逐年滚动确认，即银行和借款人每年均可对融资安排的起止日等合同要素重新约定。提供担保的借款人还需要办妥相应担保手续。

3. 周转限额贷款

周转限额贷款是指为满足借款人日常经营中专项用途项下的资金短缺需求，以约定的、可预见的经营收入为还款来源而一次性发放的贷款。周转限额贷款遵循"明确用途、落实还款、到期收回"的原则办理。

A级和A+级借款人的周转限额贷款余额，原则上不超过其净资产的50%，贷款期限最长不超过一年。AA-级（含）以上借款人的周转限额贷款余额，原则上不超过其净资产的100%，贷款期限最长不超过两年。

4. 临时贷款

临时贷款是指为满足借款人在生产经营过程中因季节性或临时性的物资采购资金需求，以对应的产品（商品）销售收入和其他合法收入等为还款来源而发放的短期贷款。临时贷款遵循"锁定用途、落实还款、全程监控、款到收回"的原则办理。

临时贷款的主要用途包括：依据订单组织备货和生产，采购储备原材料、半成品（用于后续生产），采购储备商品（用于后续销售），满足借款人其他临时性资金需求。

贷款金额应根据借款人的采购规模、资信状况、现有负债水平、生产经营能力、还款来源可靠性等因素审慎确定。贷款期限应根据借款人的采购、生产、销售、货款回笼等环节的流转时间合理确定，一般在六个月以内，最长不超过一年。借款人应根据销售收入回笼特点制订合理的还款计划。

5. 备用贷款

备用贷款是指银行为借款人所准备的以满足其在未来一定时期内或有资金需求时按照借款合同约定条件使用的贷款。

备用贷款的主要用途包括：为借款人发行债券、商业票据提供信用支持，为借款人向第三方融资提供信用支持，为借款人收购资产提供信用支持，满足借款人日常经营中的资金需求。

备用贷款可采用循环提款方式，即银行与借款人一次性签订备用贷款合同后，在合同规定的期限和额度内，借款人可循环使用贷款，但每笔提款的到期日均不得超过合同规定的借款额度使用期限的终止日。

6. 在线循环贷款

在线循环贷款又称"网络循环贷款"，是指银行与借款人一次性签订循环贷款合同和担保合同后，在合同规定的额度和有效期内，借款人通过网上银行自主提款和还款并循环使用的贷款。

在线循环贷款包括承诺循环贷款和有条件循环贷款两种形式。承诺循环贷款是指银行承诺客户在符合合同约定提款条件下，除月末最后一天外，可随借随还的贷款。在月末最后一天，贷款行可视信贷资金配置情况决定是否满足客户提款需求。有条件循环贷款是指银行与客户签订相关合同后，客户必须经银行资金配置许可才能在循环额度内提款的贷款。

7. 网上市场融资

网上市场融资是指银行与网上商品交易市场合作，以交易商品现货等为保障，开发计算机辅助评价和利率定价模型，为市场交易商提供自助申贷、提款和还款等服务的短期融资。

网上市场融资又称"网上商品交易市场融资"。网上商品交易市场是指经国家有关部门批准，以电子仓单或订单要约为交易标的物，利用计算机网络，为多个交易商提供信息发布、系统集中竞价或协议定价、统一撮合成交、统一物流交割、统一结算付款等服务的交易平台或场所。

交易商是指在网上商品交易市场上从事与交易商品有关的生产、经营、服务活动的企业法人或个体工商户。

请注意：这里讲的流动资金贷款品种是以中国工商银行为例的。

二、固定资产贷款

固定资产贷款是指银行为满足借款人在生产经营过程中基于新建、扩建、开发、购买或更新改造固定资产投资活动而产生的资金需求，以其未来综合效益为还款来源而发放的贷款。

固定资产贷款也有不同的分类：按项目运作方式和还款来源可分为项目贷款和一般固定资产贷款，按用途可分为基本建设贷款、更新改造贷款、房地产开发贷款和其他固定资产贷款等，按期限可分为短期固定资产贷款、中期固定资产贷款和长期固定资产贷款。

借款人除提供基本情况、生产经营和财务资料外，还应提供以下项目资料。

- 属于政府投资的项目，借款人应提供有关部门同意立项的批准文件；需政府核准的项目，借款人应提供有关部门核准文件；需提供可行性研究报告的项目，借款人应提供有相应资质的机构出具的可行性研究报告及批复文件；需主管部门审批同意的投资项目，借款人应提供主管部门批准文件。

- 涉及环保的项目，借款人应提供环保评价报告及批准文件等。
- 涉及用地的项目，借款人应提供建设用地合法手续的证明材料。
- 资本金和其他建设、生产资金筹措方案及落实资金来源的证明材料。
- 担保的有关资料。
- 固定资产贷款调查评估需要的其他资料。

案例　汽车模具公司以厂房抵押获5 250万元固定资产贷款

E公司从事汽车模具的生产与销售，经过多年利润积累，有一定自有资金。因为公司经营规模有进一步扩张的需要，为满足生产需要，该公司计划新建部分厂房，已取得"四证"，建造成本预算为5 000万元。另外，公司新增厂房需要购进重型设备，预计资金需求为2 500万元，合计需要资金7 500万元。公司自有资金为2 250万元，只能满足30%的资金需求，缺口5 250万元。该公司计划向银行融资解决。目前，该公司自有厂房价值8 000万元，并且有证可抵押。

该公司向银行提出融资需求。客户经理经过调查了解到：该公司经营正常，产品有稳定销售渠道，销售利润稳定；按银行担保制度，厂房可抵押担保5 600万元贷款。因此，该公司在提供"四证"及设备购销合同的前提下，应银行要求，将销售回笼资金在银行流转，成功获得了五年期固定资产贷款5 250万元。

三、项目贷款

项目贷款（也称"项目融资"）是指资金专项用于建造一个（或一组）大型生产装置或基础设施项目的贷款。项目贷款是固定资产贷款中的一种，两者的区别在于以下几点。

- 从贷款用途来看，项目贷款的用途明确，专为建设单一项目而发放，例如公路、机场、电网、电站、核电、水库等；而固定资产贷款的范围就比较广，凡是能形成固定资产的贷款都可称为固定资产贷款，包括基本建设贷款、技术改造贷款、科技研发贷款、商业网点贷款等。
- 从借款人来看，项目贷款的借款人通常是为建设、经营该项目或为该项目融资而专门新组建的企业，而固定资产贷款的借款人通常是已生产经营多年的现有企业。
- 从还款来源来看，项目贷款的还款来源主要是依靠该建设项目产生的销售收入和财政补贴，没有其他还款来源，而固定资产贷款的还款来源更具有多样性。
- 从担保方式来看，项目贷款的担保条件包括项目的产权、经营权、收费权等，而固定资产贷款的担保条件还可有第三方等其他方面的条件。

1. 项目贷款种类

银行可根据项目建设的不同阶段，提供以下形式的贷款。

（1）项目前期贷款

项目前期贷款是指为满足借款人提前采购设备、建设物资或其他合理的项目建设费用等支出而产生的资金需求，以可预见的项目建设资金或其他合法可靠的资金为还款来源而发放的贷款。

（2）项目搭桥贷款

项目搭桥贷款是指在项目前期安排的较为复杂的长期融资和启动资金尚未到位的情况下，银行为公司的正常运转而对项目发起人或股东发放的过渡性短期贷款。项目搭桥贷款主要服务于基础建设、城镇建设、路桥项目、民生工程等领域。

在项目贷款资金到位之前，借款人如果已和贷款行或他行签订借款合同或取得了正式贷款承诺（意向性承诺不算），由于想降低财务成本、想提前用款、贷款人不能按时放款等情况，就会需要搭桥贷款。贷款金额不超过与项目进度匹配的资金需求，且一般不超过项目总投资的40%。还款来源为项目贷款，主要风险是后续的项目贷款落空。银行应选择市场竞争激烈的优质项目，确认项目贷款的可靠性，要求建设项目的股东提供担保。

（3）项目营运期贷款

项目营运期贷款是指在基本建设项目已经投产营运的前提下，银行为满足借款人合理配置资金期限、灵活安排资金、降低融资成本等需求而发放的贷款。该贷款要点就是借款人以低息贷款置换高息贷款，以减少财务成本。项目营运期贷款主要适用以下情形。

- 借款人原先从其他银行借得的是期限长、利率高的项目贷款，现在可以用期限短、利率低的项目营运期贷款加以置换，从而达到降低融资成本的目的。
- 为维护客户关系，银行应借款人申请，以项目营运期贷款置换原先的中长期项目贷款，实现借款人合理配置资金期限、降低融资成本的目的。
- 在贷款利率上升阶段，通过向目标客户发放中短期项目营运期贷款，银行可以稳定贷款利息的收益。

（4）设备购置贷款

设备购置贷款是指银行为满足借款人因生产经营需要专门用于新购置设备所产生的资金需求，以其未来综合收益或可预见的特定收入为主要还款来源而发放的本外币贷款。

设备是指可供企业在生产中长期使用,并在使用中基本保持原有形态和功能的物质资料,包括通用设备、专用设备、交通运输设备、电器机械及器材、通信设备、计算机及其他电子设备、仪器仪表及文化与办公用机械等。

将设备购置事项已纳入借款人整体固定资产投资规划并落实融资来源的银行,不得重复发放设备购置贷款。

设备购置贷款应遵循"明确对象、限定额度、落实担保、锁定用途"的原则办理。

(5)BT 贷款

BT 是英文 build(建设)和 transfer(移交)的缩写,意为"建设后移交"。BT 贷款是指银行向承揽政府项目工程的企业提供的项目贷款,以政府回购该项目的资金为还款来源。BT 模式是指建设项目通过项目公司总承包、融资、建成后移交给业主,业主向投资方支付项目总投资加上合理回报的过程。BT 贷款是政府利用非政府资金来进行非经营性基础设施建设的一种融资模式。

2. 项目贷款条件

商业银行在选择贷款项目时,应符合以下条件。

- 项目符合国家产业政策、行业发展规划及国家法律法规,符合国家货币信贷政策和投融资管理要求,符合银行信贷政策和贷款范围。
- 借款人经营业绩较好、经济实力强、资信度高,企业经营管理者素质高且有较好的经营管理能力,借款人具备实施改造和建设项目的条件。
- 产品在目前和以后一定时期内适销对路,有竞争优势和竞争能力,市场前景好，主要原材料和能源供应有保障。

- 投资和资金筹措计划能落实，资本金达到规定比例。　．
- 拟采用的工艺技术和设备先进适用，能起到更新技术、降低能耗或提高产品质量、扩大出口的作用。
- 用简单法估算的财务效益和经济效益较好，借款人有综合偿还贷款的能力，属基础设施项目的还应具备相应的还贷机制。
- 提供项目贷款能密切借款人与银行的业务关系，增加借款人在银行的存款及其他业务量，调整银行贷款结构，降低银行资产风险，扩大银行知名度，等等。

3.项目贷款风险

项目贷款应防范以下五种主要风险。

（1）经营环境变化风险

建设项目规模大，建设周期长，对项目建设所在地区经济发展、劳动就业等方面的影响较大，牵涉到的审批、协调、管理部门较多，地方政府可能会进行干预。尤其在经济不发达地区，观念落后、地方主义、局部利益、各自为政甚至以权谋私，都可能成为制约项目发展的因素，影响项目建设的成功。

（2）项目论证不充分风险

项目贷的特点是金额大、投入人力物力多、建设周期长。对于项目的成功与否，决策显得非常重要。项目建设必须遵循一定的建设程序，通过四个阶段，即项目建议书阶段、可行性研究阶段、项目实施阶段和建设投产阶段，其中可行性研究是非常重要的一环。根据国家主管部门规定，项目可行性研究内容必须包括项目总论、建设规模、资源供应、建设条件、设计方案、环境保护、企业组织、建设工期、资金落实、效益预测十个方面。可行性研究由设计院或勘察咨询等专业机构完成。厚厚一本可行性研究报告拥有几十万、上百万字的论证，对建筑工程并不专业的银行通常很难提出不同意见。项目似乎只要按该论证报告进行，就能达到预期投入产出的结果，但其实不然。现实中，项目不能按时完工、完工后不能按时投产、投产后达不到设计要求、产品无销路、道路不通车、港口闲置或场地荒废的例子并不少。为什么呢？原因在于论证出现了问题：长官意识，人情项目，政绩工程，不顾客观条件，不做科学论证，将可行性研究报告作为可批性研究报告，非要上项目。另外，可行性研究报告编制单位没有足够的能力，可行性研究报告编制水平低，以及可行性研究报告分析不全面、不充分，也将影响项目的顺利实施。

（3）资金不落实风险

建设项目的资金主要由项目资本金和外来资金两部分组成。项目资本金是指在项目总投资额中，投资者可以以货币出资，也可以以实物、工业产权、非专利技术、土地使用权等作价出资。这些出资都是非债务性的，企业法人对外不需承担偿还责任。外来资金包括商业银行贷款、政策性银行贷款、外国政府贷款、国际金融组织贷款或国际银团贷款，以及通过发行股票或债券筹资，等等。很明显，这些来自四面八方的资金，必须都能落实才可以保证项目顺利建成，只要中间缺少一部分，形成资金缺口，就会导致项目拖延、停顿或失败。

（4）不能按期按质完工风险

不能按期按质完工风险是指项目建设不能按期建成并形成正常生产经营的风险。对于项目来说，固定资产建设涉及的行业相当广泛，还要进行土建工程和设备的采购、安装、调试和技术的消化吸收，项目的专业性和技术性较强，并且项目往往对所在地区的环境造成较大影响，所以项目有可能发生成本超支和时间超期的问题。对于企业来说，由于缺乏将项目完成的意志、经验和能力，缺乏执行项目所需的筹资能力、完工能力，存在计划错误、过于冒进或不负责任等情况，所以项目无法进行甚至被放弃。另外，项目主办人发生破产、违约等情况也会给项目带来巨大风险。

（5）经营失败风险

项目虽然完成建设，但仍会有许多不确定性风险，主要包括以下五种。

- 投产风险：项目经营者不能按预定计划以一定的成本维持产品质量和产量。产品指标无法达到规定标准，反复调试，投产时间不断被拖延。造成投产风险主要原因包括：内部的管理能力差，人员熟练程度低，设备性能不符合预定要求，导致事故发生；外部的不可抗力因素发生，如战争、罢工、灾害、通货膨胀等。总的来说，投产风险受项目业主的经营水平和技术水平影响较大。

- 资源和原料风险：资源型开发项目中的自然资源储量、质量、成本达不到预定指标，或制造业项目所需的原材料存在价格上升和供应量不足的风险。

- 市场风险：项目产品的市场需求不稳定，包括需求量和市场价格所发生的不利变化对项目产生的影响。

- 财务风险：项目财务结构不合理，比如资本金与贷款比例、融资期限结构、币种结构不合理，以及市场汇率、利率发生变动对项目还款能力造成的不利影响。另外，项目能否产生足够的现金流量，以及借款人能否从项目所生产的现金流量中拿出一部分来还款，银行必须加以考虑。

- 违约风险：在银行对项目发放贷款后，企业由于种种问题，不执行借款合同中规定的有关要求，形成违约。违约风险的主要表现包括：企业未按约定数额、日期提取贷款或未按借款合同规定用途使用贷款；企业提供虚假或隐瞒重要事实的报表和资料，不如实向银行提供所有开户行、账号及存贷款余额等资料，拒绝银行对借款使用情况和有关财务活动进行监督和检查；企业以承包、租赁、合资、兼并和股份制改造等形式逃废银行债务；使用外汇贷款的企业未按国家有关外汇管理规定使用贷款；企业未按借款合同规定偿还借款本息，或有其他危及贷款安全的行为。

四、并购贷款

并购贷款是指银行为满足并购方或其专门设立的子公司在并购交易中用于支付并购交易价款及交易费用的需要，以并购后企业产生的现金流、并购方综合收益或其他合法收入为还款来源而发放的贷款。

并购是指并购方企业通过受让现有股权、认购新增股权、收购资产或承接债务等方式实现合并或实际控制目标企业的交易行为。

并购可在并购方与目标企业之间直接进行，也可由并购方通过其专门设立的无其他业务经营活动的全资子公司或控股子公司间接进行。

办理并购贷款业务应遵循"依法合规、审慎经营、风险可控、商业可持续"的原则。

业务特色：为客户在受让股权、认购新增股权、收购资产或承接债务等并购交易提供信贷融资。

办理条件：并购方依法合规经营，信用状况良好，没有信贷违约、逃废银行债务等不良记录；并购交易合法合规，涉及国家产业政策、行业准入、反垄断、国有资产转让等事项的，应按适用法律法规和政策要求，取得有关方面的批准和履行相关手续；并购方与目标企业之间具有较高的产业相关度或战略相关性，并购方通过并购能够获得目标企业的研发能力、关键技术与工艺、商标、特许权、供应或分销网络等战略性资源以提高其核心竞争能力；并购方需提供充足的能够覆盖并购贷款风险的担保，包括但不限于资产抵押、股权质押、第三方保证以及符合法律规定的其他形式的担保。

五、搭桥贷款

搭桥贷款是指银行在借款人确定的资金暂时无法到位，约定以该资金为还款来源而发放的短期过渡性贷款，以满足借款人经营活动前期需要先行垫付资金的需求。

搭桥贷款是从传统流动资金贷款中分离出来的一个信贷品种，其特点就是具有明确的还款来源。搭桥贷款是一种具有过渡性质的融资，银行是在搭"桥"，不是在修"路"。从银行角度来看，已明确来源的资金越可靠，搭桥贷款的风险就越小。

搭桥贷款通常发生在以下几种情况。

- 企业直接融资成功之前。如果企业进行股权融资，那么贷款金额不能超过拟发行股数对应借款人发行前净资产的1.2倍，企业不能以IPO（首次公开募股）或增发获得的现金还款。如果企业进行债务融资，那么贷款金额不能超过已注册发行额度的70%，企业需要以发行企业债、公司债、短期融资券、中期票据获得的现金还款。其主要风险是，企业不能按计划完成直接融资。
- 企业产权转让成功之前。其本质是一笔应收款的提前变现，企业以迂回的方式参与并购交易。贷款金额不超过协议转让价格的70%。还款来源是并购方支付的并购价款。其主要风险是，借款人出现非正常状况（在应收款到位前被起诉、破产），并购方不按期付款（交易资产存在瑕疵、自身支付能力不足），双方合谋套取贷款（做高交易价格、故意使交易无法完成）。

- 政府建设项目财政资金到位之前。贷款金额不超过按正式文件计算借款人可获得的财政资金的70%。还款来源为各级政府的各类财政资金。其主要风险是，财政资金不能按计划的时间和金额到位。

- 融资租赁解除标的物抵押之前。2007年，中国银监会发布的《金融租赁公司管理办法》规定，金融租赁公司"不得接受已设置任何抵押……的财产作为售后回租业务的标的物"。承租人（借款人）要与出租人办理售后回租业务，必须首先解除设备上的抵押，而原抵押权银行通常要求还清贷款，此时承租人会申请搭桥贷款来还清原贷款。设备抵押释放后，借款人与金融租赁公司办理售后回租，以售后回租获得的资金归还搭桥贷款。贷款金额不超过拟办理售后回租设备所担保的贷款，且不超过融资租赁（售后回租）合同中设备的出售价格。其主要风险是，后续售后回租未能办成。银行应选择可靠的租赁公司合作，租赁公司还需向银行承诺：只要设备抵押释放，就可以无条件为借款人办理售后回租。

02

授信客户类

公司授信客户可以分为企业法人和事业法人。企业法人按企业经济性质又可再分为国有企业、外资企业、股份制企业、上市公司、民营企业、小微企业与个体企业等。

银行人员掌握不同客户特性的意义在于，经济性质不同的企业对银行资金有着不同的需求，其经济活动方式和风险程度也有所不同，这些都关系到银行授信安全度的高低。银行只有分类研究其规律，采取不同的打交道方式，才能安全有效地开展授信业务。

一、集团客户授信

集团客户授信是指银行对企业集团客户按照"一个借款人"和"统一授信、总量控制、分级管理、联动预警"原则予以授信。集团客户授信业务可按以下三种模式管理。

一是"集中授信、统贷统还"，即银行对母公司统一授信，母公司自行对集团内成员企业分配授信额度并统一负责还款。这种模式适用于母公司对成员企业的控制能力强，母公司自身经营主业，并拥有核心资产或核心业务，且有直接经营活动现金流的集团客户。

二是"集中授信、分贷分还"，即银行与母公司签订授信总协议，集团内各成员企业分别承担各自的借款和还款责任。这种模式主要适用于母公司对成员企业具有较强的控制力，且主要资产和业务大多分散在成员企业的集团客户。

三是"总量监控、分贷分还"，即银行与借款成员企业分别签订授信协议，借款成员企业独自承担借款和还款责任，银行只对集团授信额度实行总量监控管理。这种模式适用于母公司控制力较弱且本身没有核心资产或核心业务，或本身主要从事股权投资和运作的集团客户。

对集团客户授信，银行要重点抓好六个方面的工作：（1）对集团客户的认定；（2）授信对象的选择；（3）主办行和参与行权责的划分；（4）总授信额度的核定和划分；（5）授信额度使用管理；（6）授信后管理和风险预警化解。

银行对集团客户应主要防范十类风险：（1）经营规模过度扩张；（2）多元发展出现失败；（3）过度融资，杠杆率高；（4）过度担保，替人还债；（5）利用关联交易套取授信；（6）关联企业互相担保；（7）挪用资金，遭受损失；（8）短贷长投，周转困难；（9）财务造假，隐瞒风险；（10）发生风险连锁反应。

二、地方政府融资平台贷款

地方政府融资平台是指由地方政府及其部门和机构等通过财政拨款或注入土地、股权等资产设立，承担政府投资项目融资功能，并拥有独立法人资格的经济实体。银行对符合条件的地方政府融资平台给予贷款支持。

地方政府融资平台贷款必须符合以下四个条件。

- 资格条件：对于直辖市，可支持其市、区级融资平台公司；对于省会城市、计划单列市、地方财政预算收入超过1 000亿元（含）的地级市，可支持其市级融资平台公司，以及当地政府可支配财力排名居前的区级融资平台公司；对于非省会城市和非计划单列市，可支持其地级市的市级融资平台公司；对于当地有贷款行分支机构，且GDP（国内生产总值）排名前20的全国百强县（含县级市），可支持其县级融资平台公司。
- 担保条件：优先支持可提供合法、有效、足值抵质押担保的贷款项目；项目自身能形成资产的，要以形成的资产提供抵质押担保，包括股权、收费权、土地使用权、在建工程等。
- 收益条件：贷款利率原则上不低于同期基准利率。
- 还款条件：有两种还款方式。一是分期还款方式。对于建成之后有现金流的项目（比如铁路、公路、基础设施等），贷款应立即进入还本期，每年应至少还本两次，不得整借整还。二是一次性还款方式。专业土地储备机构的土地储备贷款，应在政策规定的贷款期限内，在完成土地一级开发、招拍挂上市后一次性偿还。平台承建的BT项目贷款，应在项目被回购后一次性偿还。

对于地方政府融资平台，银行有如下八种贷款类别。

1. 土地储备贷款

土地储备贷款是指银行为解决政府土地储备机构因依法合规收购、储备、整理、出让土地等前期相关工作时产生的资金需求而发放的贷款。

业务特点：贷款金额不超过收购、整理和储备等前期工作总成本的70%，贷款期限最长不超过两年，政府采用土地抵押、土地收益权质押等银行认可的其他保证方式。

适用对象：经政府批准成立的土地储备机构，土地征用手续必须齐全并列入政府年度土地储备计划，借款人必须有30%自筹资金并在银行开立贷款和偿债专户。

2. 市政基础设施贷款

市政基础设施贷款是指银行为市政道路、桥梁、隧道、轨道交通、供水、供气、供电、供热、排水、污水处理、垃圾处理、防洪等公共基础性设施建设发放的贷款。

业务特点：贷款期限一般最长不超过十年，宽限期不超过建设期。对于有收费机制的项目，银行常采用收费权质押；对于以土地开发收益为还款来源的项目，银行采用土地使用权抵押；而以财政补贴资金为还款来源的项目，则采用政府或财政出具还款承诺函的方式进行贷款。

适用对象：由政府授权或许可项目建设和经营的企事业单位，土地征用手续齐备并列入政府年度土地利用计划，项目经政府有权部门批准立项，借款人必须有相应的自筹资金并在银行开立贷款和偿债专户。

3. 园区开发贷款

园区开发贷款是指银行针对本市城郊各类经济园区开发建设发放的贷款，重点支持经政府批准国家级、市级工业园区以及适度支持符合农村产业结构调整方向的都市工业园区的开发与建设。

业务特点：贷款资金用于开发区的土地收购整理、前期动拆迁、"七通一平"[①]、基础设施、标准厂房等建设。根据资金用途，贷款可比照土地储备贷款、基础设施贷款、固定资产中长期项目贷款发放，以土地开发、厂房出售、厂房出租等收益为还款来源，采用银行认可的土地或房产抵押、租赁收入账户监管、政府或财政出具还款承诺函等方式。

4. PPP 融资模式

PPP是public private partnership的缩写，是指政府与私人之间，以提供产品和服务为出发点，达成特许权协议，形成"利益共享、风险共担、全程合作"伙伴合作关系。

该模式包括政府将公共服务外包（比如政府将公交车服务委托民企营运管理，政府通过财政支出"购买"民企提供的公交车服务）、特许经营（比如BOT[②]与TOT[③]）、完全私有化（比如直接将公立医院转为私立医院）等。

PPP融资模式适用对象是以政府与社会资本合作成立的特别目的公司（简称SPV[④]）。融资业务是指针对该模式的一系列融资产品及方案的总

---

① "七通一平"是指基础建设前期要做到的通道路、通自来水、通电、通排水、通排洪、通电信、通煤气，以及平整土地。

② BOT是build operate transfer的缩写，是指政府部门将某个基础设施的特许权授予私人企业（项目公司），由其负责投资、融资、建设和维护，政府只有监督权、调控权。特许期满，私人企业将该基础设施无偿或有偿移交给政府部门。

③ TOT是transfer operate transfer的缩写，是指政府部门或国有企业将建设好的项目的一定期限的产权和经营权有偿移交给投资人，由其进行运营管理并得到合理的回报。在合约期满之后，项目将移交回政府部门或国有企业。

④ SPV（special purpose vehicle）是指为特殊目的而专门成立的机构或公司。

称。PPP融资模式具有以下特色。

- 产品配套综合灵活。PPP融资模式可根据项目的不同阶段，提供包括项目融资、保函授信、流动资金、银团贷款、并购贷款、发行债券、投行融资等综合融资方案，满足项目需求。
- 授信期限长。PPP融资模式可以匹配项目的全生命周期（包括整个项目立项、建设、运营、移交环节）。例如，采取投贷联动方式授信，投行资金投资年限最长五年，项目融资最长十二年，整个授信期限为10~15年。
- 增信方式多种多样。PPP融资模式可通过项目收费权、收益权质押以及增加关联、核心企业进行担保等方式增信。

5. 廉租住房建设贷款

廉租住房建设贷款是指用于支持廉租住房新建、改建的项目类贷款。

业务特点：廉租住房建设贷款总额不得高于政府回购协议确定的回购价款，贷款期限最长不超过五年。

适用对象：具有一定房地产开发资质的企业，借款人已取得建设用地规划许可证、建设工程规划许可证、国有土地使用权证和建设工程开工证，借款人必须有35%的自筹资金并在贷款行开立贷款和偿债专户。

6. 城中村改造贷款

城中村改造贷款是指银行为满足借款人在城中村改造的拆迁补偿及还建安置阶段中的合理资金需求而发放的贷款，可用于支付村民拆迁补偿费、还建安置费、旧房拆除费和土地转性规费（转变性质规定的费用）等。

城中村改造是指政府部门依法组织实施对城中村的集体经济组织、户籍、村民委员会等进行全面改制，拆除城中村区域内原有建筑物，转集体土地为国有土地，并进行城中村后续开发建设，实现还建安置及房地产销售的过程。

借款人需提供如下项目资料。

- 城中村改造项目纳入市（区）级城中村改造计划的证明文件。
- 市国土资源和规划局关于批复城中村综合改造规划的函。
- 市人民政府办公厅关于城中村改造成本测算及开发规模的批复。
- 经村民大会依法表决通过的拆迁补偿实施方案，以及拆迁补偿实施方案已在政府有权部门备案的证明文件。
- 借款人与村委会（或改制后的经济实体）签订的城中村改造合作协议。
- 借款人与业主签订的拆迁补偿协议。
- 银行认可的城中村改造可行性研究报告。
- 投入改造项目的资金来源及使用情况的证明。
- 贷款用于还建房建设的，必须提供建设用地规划许可证和建设项目选址意见书。
- 城中村改造项目所涉及的其他事项取得了市发改委、规划、国土、建设、环保、公安消防等有关部门的行政许可。
- 联合开发的合同或协议。
- 银行与村级实体、借款人签订的城中村改造项目三方合作及资金监管协议。
- 银行要求提供的其他资料。

案例　银行7.88亿元"三旧"改造贷款支持城中村改造

广州市A发展有限公司为村属农村集体经济组织，资本金为50万元，经营范围为租赁及物业管理。该公司负责实施旧村改造第一阶段的工作，改造期为三年。该项目采取全面改造模式，需要整体拆除重建，通过土地公开出让招商融资进行改造，改造范围总面积为70公顷。根据改造整体项目测算，拆迁补偿费用预计需要10.88亿元，其中缺口的7.88亿元需要通过银行融资获取。

银行实地调查得知，该城中村改造计划被列为年度城中村改造的重点规划之一，政府已复函同意先期投入3亿元启动资金，政策风险较小。该笔贷款的还款来源资金为拍卖融资地块的收入，预期第一还款来源较充足。因此，银行同意向该公司发放"三旧"改造贷款7.88亿元，以其主要股东B股份经济联合社为担保人。

"三旧"改造贷款是银行专项用于支持改造进入实质阶段的村社客户融资需求并向改造主体单位发放的贷款，用于支付旧改项目拆迁阶段费用，是银行的特色服务产品。

7. 棚户区改造贷款

棚户区改造贷款是指纳入国家年度棚户区改造目标任务的城中村改造、国有林区棚户区改造、国有垦区危房改造和重点镇棚户区改造，以及列入棚户区改造配套基础设施建设计划的建设项目的中长期政策性贷款。

贷款用途：主要用于棚户区改造涉及的安置住房筹集、货币补偿、配套基础设施建设等方面，借款人不得将贷款用于缴纳土地出让金。

贷款对象：经政府授权从事城市棚户区改造的主体。

贷款条件：贷款期限一般不超过二十年，最长不超过二十五年；贷款利率执行银行利率管理政策，银行可在保本微利的前提下以优惠利率授信。

融资模式：可采取政府购买服务项目融资模式、政府授权公司自营项目融资模式、PPP融资模式等。

8. 校安贷

校安贷是指银行为支持市、区、县教育部门推进校舍安全工程项目的有序进行，根据各地"校安工程"具体项目、实施情况和还款来源对政府明确的"校安工程"实施单位（借款主体）核定发放的贷款。

贷款方式：具备项目贷款授信资格条件的学校及非校企事业单位，原则上以项目为背景，按项目贷款模式办理，否则采取中期流动资金贷款模式办理。

还款来源：根据各层级"校安工程"实施规划及政府近年来的财政报告，当地政府应合理测算本区域当年乃至今后几年"校安工程"的财政投入、融资金额和融资期限，同时根据近几年财政预算推算"校安工程"的财政资金偿还能力和还款期限，落实还款资金来源。

三、新三板企业金融服务

1. 新三板企业股权质押融资

新三板企业股权质押融资是指银行为新三板挂牌（或拟挂牌）企业提供各类短期贷款、票据承兑等融资服务，借款人以其自有或第三人持有的新三板挂牌（或拟挂牌）企业的股权为质押担保的业务。这种融资服务无须企业提供其他担保和抵押物，解决了企业在发展过程中因缺乏担保物而融资难的问题。

适用客户应满足三个条件：已在（和拟在）全国中小企业股份转让系统挂牌的企业；企业和经营者个人信誉良好，经营稳定，具有一定的发展潜力和市场竞争能力；客户提供的作为质押担保的股权需满足银行相关标准。

贷款条件：贷款期限根据实际业务品种确定，最长一年；贷款额度最高 5 000 万元。

还款方式：一是按月付息、一次还本，二是等额本金还款，三是等额本息还款。

2. 新三板定增贷

新三板定增贷是指银行向进行定向发行股票的新三板挂牌企业发放的一种短期流动资金贷款业务，供借款人在生产经营过程中临时周转使用。

适用客户应满足三个条件：实际经营两年（含）以上，主营业务突出，财务状况良好，纳税记录良好，且连续两年赢利，具有良好的声誉；针对某次股票发行已在银行开立募集资金专项账户；已经按照新三板的相关法律法规和业务规则完成股票发行认购工作，所有投资人的认购资金已经按照认购公告和认购合同的约定，在缴款期内全部存入在银行开立的募集资金专项账户。

贷款条件：贷款额度最高 1 000 万元，贷款期限最长六个月。

还款方式：一是按月付息、一次还本，二是等额本金还款，三是等额本息还款。

3. 新三板信用贷

新三板信用贷是指银行向资质优良的新三板挂牌或拟挂牌企业发放的，用于企业经营实体科技研发、生产经营、挂牌费用支出的贷款业务。

适用客户应满足三个条件：符合国家产业政策和市场发展要求的企业，成立并持续经营三年（含）以上；主营业务突出，业绩良好，资产负债率70%以下；借款人同意追加其法定代表人或实际控制人及其配偶的连带责任保证。

贷款条件：贷款额度原则上最高300万元，创新企业或是做市较为成熟的企业可适度放宽,最高可到500万元;贷款期限最长一年。

还款方式:一是按月付息、一次还本,二是等额本金还款,三是等额本息还款。

4. 新三板金融财务顾问

这种金融服务是指银行综合运用商业银行和投资银行的服务手段及工具,为企业提供与企业发展及新三板挂牌相关的多方面金融服务。服务内容包括培育规划、挂牌咨询、中介机构推荐、改制重组顾问与上市财务顾问服务等。

合作伙伴包括那些国资背景、综合实力、市场地位与服务内容处于业界领先地位的券商和律师事务所。

咨询方案主要包括如下五个方面。

- 为拟挂牌客户提供新三板咨询服务,避免企业因信息不对称而盲目选择。
- 推荐银行合作的券商、律师事务所、会计师事务所,为客户制订完整的挂牌计划,帮助客户协调挂牌进程。
- 企业在挂牌后,协调合作券商为企业提供包括报价交易、线上宣传、线下路演的做市服务,发掘企业潜在价值。
- 持续跟进新三板企业的定增融资动向,为企业引荐投资者、撮合投资或设计融资方案。
- 关注新三板挂牌企业的并购与被并购意向,联合合作伙伴为企业提供并购相关金融服务。

5. 新三板基金或私募股权基金

根据新三板挂牌企业不同发展阶段的股权融资需求,银行可联动相关基金管理公司，针对企业的股权架构、业务模式、财务状况与融资额度等具体需求，设立新三板基金或私募基金等各类投资基金。这类基金能发挥两方面的作用：一方面，通过基金为新三板企业提供资金融通、资源整合、上市辅导等一体化的金融服务，满足新三板企业的成长性需求，推动企业快速发展；另一方面，通过基金的深度发掘、孵化培育及辅导上市等实现企业价值的持续提升。

基金的具体模式将根据企业的实际经营情况和具体融资需求单独设计。

6. 投联贷

投联贷是指对VC[①]或PE[②]投资机构已经完成股权投资（或在六个月内即将完成投资）的新三板企业提供贷款，形成股权投资与银行信贷联动融资的模式。银行信贷资金与投资机构股权融资合理搭配，可解决企业阶段内的资金需求，企业实际控制人的股份也不会被过多稀释。

适用客户应满足三个条件：从事国家产业政策倡导的业务领域；成立两年以上或主要股东（含实际控制人）的行业经营经验达三年以上；主营业务突出，具有良好的成长性，信用记录良好，资产负债率不高于70%。

业务模式分为信用模式、股权质押模式、PE增信模式。

贷款条件：贷款额度根据企业经营情况和业务模式综合确定，一般不超过投资机构实际投资金额的50%，最高2 000万元；贷款期限最长

① VC是venture capital的缩写，是指风险基金公司用它们筹集到的资金投入其认为可以赚钱的行业和产业的投资行为。VC在中国也被翻译为创业投资，顾名思义，其投资阶段会比PE投资要早，而且主要投的方向一般为科技领域。

② PE是private equity的缩写，俗称私人股权投资基金。和私募证券投资基金不同的是，PE主要是指定向募集且投资于未公开上市公司股权的投资基金，也有少部分PE投资于上市公司股权。PE一般关注扩张期投资和Pre-IPO（首次公开募股前）的投资，注重投资高成长性企业，以上市退出为主要目的，希望企业能够在未来少至一两年、多则三五年内可以上市。

一年。

还款方式根据业务模式确定。

7. 认股权贷款

认股权贷款是指银行在发放贷款的同时，与借款人签订期权财务顾问协议，由借款人为银行指定的投资机构创设一项特定权利，允许该投资机构在约定的期间内，按照约定的投资入股价格和份额，对借款人进行股权投资，并以此作为银行提供财务顾问服务的对价的业务模式。

适用客户应满足五个条件：所从事的行业应为国家重点支持的高新技术产业，重点支持国家战略新兴行业，重点支持主要产品或服务在行业内具有领先地位或商业模式具有独创性的企业；成立一年以上，无不良信用记录；法定代表人或实际控制人及其配偶同意提供个人连带责任担保；资产负债率不超过70%，其他财务指标不做具体要求；实际控制人为自然人。

贷款条件：贷款额度最高1 000万元，贷款期限最长不超过三年，贷款额度在授信期限内可以循环使用。

还款方式：一是按月付息、一次还本，二是等额本金还款，三是等额本息还款。

8. 选择权贷款

选择权贷款是指银行为高潜力、高成长的客户提供授信业务、投融资、财务顾问等综合金融服务额外获得一定的收益。

该选择权是指银行指定的、符合约定要求的第三方行权方享有按约定条款（约定行权期间、价格、份额等）获得客户股权或股权收益权（包含客户所持有的其他公司股权和股权收益权），以及按约定条款以市场公允价值转让、分享客户成长收益的权利。

针对选择权贷款收益后置的特点，银行可将选择权贷款利率适度下调。选择权贷款因兼具股权和债权的特性，需由银行专营机构办理。

适用客户：科技文创金融类客户，在选择权贷款约定期限内，应有明确的资本市场股权融资规划。银行可与目标企业建立长期稳定的银企合作关系，支持企业发展壮大并走向资本市场。

9. 股东高管融资

这种金融服务是指银行向与其建立深厚合作关系的优质新三板挂牌企业的股东或高管提供的个人贷款和结构化融资方案。双方根据实际情况确定担保方式。

03
授信方式类

一、银团贷款

银团贷款是指多家银行组成银行集团，基于相同贷款条件，依据同一贷款协议约定的贷款条件，通过代理行向借款人提供的贷款。这种授信方式通常适用于大型、长期项目的融资，或大型企业中的中长期资金需求。

银团中的角色有牵头行、代理行、参加行。银团贷款品种包括流动资金银团、固定资产贷款银团、出口信贷银团、保理银团、保函银团、并购银团等。此外，银团贷款还存在为满足公司客户综合融资需求和实现整体财务结构优化的再融资银团，与信托公司组团合作的银信合作银团，以及银团二级市场的交易银团产品。

1. 银团贷款产品优势及特色

（1）融资金额大，能有效满足客户大额资金需求

银团贷款由多家银行共同承担，能够满足大型项目的贷款额度需求，并可根据实际需要制订多币种、结构化的融资方案，灵活确定贷款期限和还款方式。银团贷款可与各类银行融资产品组合，形成个性化定制方案，全方位满足企业各类大额融资需求。

（2）全程服务，能降低企业财务与操作成本

在银团贷款筹组期间，客户可以委托牵头行负责全部工作，包括银团融资顾问、银团方案设计、银团筹组安排、融资条件谈判、银团文本制作等。在银团组建后，代理行提供全程银团管理服务，组织各家银行按计划为企业提供贷款资金，为客户省去大量维护和操作成本。

（3）优势互补，整合资源，拓宽渠道

银团贷款可充分发挥各参贷行的专业优势，各家银行各展所长，企业可获得相对优化的融资组合模式。通过银团贷款，企业可与多家银行建立信贷关系，优化信用记录，拓宽融资渠道。优质企业可通过筹组银团来协调和平衡自身与各核心合作银行的关系。

（4）便于风险审批及提款

在风险审批方面，与单纯项目融资相比，银团贷款能有效分散风险，因此更能获得各家银行风险部门的认可，有助于提升项目获批的速度与成功率。在提款方面，各家银行仅针对自身份额安排提款，银团成员彼此协调有利于按时保证企业的用款需求。

（5）使抵押物价值最大化，提升企业融资效率

客户可将对应抵押物整体抵押给银团，银团各参贷行按参贷份额享有抵押权益，比将企业资产分别抵押给各家银行更能够提升抵押物价值和使用效率，有效提高融资金额。

（6）有利于显著提升企业形象和品牌

银团贷款往往是当地市场有影响力的品牌项目，通过多家银行共同授信、组织签约仪式、协同宣传等手段，可以有效提高客户的企业形象和品牌。

2. 银团贷款适用客户或项目

根据《银团贷款业务指引》的相关规定，属于以下情况的，应采用银团方式安排融资。

- 大型集团客户融资、大型项目融资和大额流动资金融资。
- 单一企业或单一项目的融资总额超过贷款行资本净额的10%。
- 单一集团客户授信总额超过贷款行资本净额的15%。
- 借款人以竞争性谈判选择银行业金融机构进行项目融资。

银团贷款一般适用以下项目或客户进行融资。

- 基础设施项目：公路、铁路、桥梁、机场、水利项目等。
- 能源类项目：石油、煤炭、发电项目等。
- 航运类项目：船舶、飞机融资项目等。
- 生产型企业项目：机械制造、化工、大型设备、高新技术、绿色信贷及节能减排项目。
- 房地产项目：住宅、商业房产项目开发贷款及经营性物业项目。
- 跨境项目或跨国公司。
- 兼并收购项目。
- 具有综合融资需求，希望改善债务结构的优质客户。

- 其他大型建设项目及具备大额营运资金需求的客户。

3. 银团贷款对各方的好处

对于借款人而言，尤其是因建设大型项目或其他情形而需要大额资金的企业，银团贷款可以让其大额贷款需求一次性得到满足。借款人可以采用同一贷款文本和条款，不必同很多银行分别去安排行商讨，节省时间、精力，减少筹资成本。通过安排行推荐，借款人可与一些原本无业务往来的银行建立关系，扩大合作银行资源和市场影响。

对于牵头行而言，银行贷款能够满足客户大额贷款的需求，维护银企关系。牵头行能够有效分散贷款风险，避免独自承担大额贷款风险，也能够执行有关资产负债比例管理的规定。

对于参加行而言，只要认可参加条件，就能加入，管理简单，风险较小。

案例 | 18.9亿元银团贷款支持海上风力发电示范工程

某风力发电有限责任公司100兆瓦海上风力发电示范工程，是我国第一个由国家发改委正式核准并列为示范项目的大型海上风电项目，也是亚洲首座海上风力发电场。该风力发电场安装单机容量为3兆瓦的风力发电机组34台，总装机容量为102兆瓦。项目达产后，预计年发电量为2.65亿度。该项目的建设符合可持续发展政策，对促进节能减排具有重大意义，对我国推广近海风力资源的开发具有示范效应。本项目总投资不超过23.65亿元，其中项目资本金（自筹部分）占项目总投资的20%，其余80%向银行贷款。

浦发银行充分发挥总分支联动优势，成为该项目银团贷款的唯一牵头行和代理行，成功为该项目筹集18.9亿元贷款。作为我国首个海上风电项目，该项目既有环保类项目通常具有的综合效益低、融资期限长、变现能力差的特点，又有第一还款来源多样、经营性现金流稳定、贴合绿色环保理念的优势。

针对上述特点，银行设计了"绿色金融＋银团贷款"相结合的创新方案，在有效防范授信风险的基础上进一步优化了产品结构。该项目融资方案的基本架构为"过桥贷款（不超过十二个月）＋十九年期银团贷款（建设期在建工程抵押和股东担保，经营期整体资产抵押、电费应收账款质押及清洁发展机制应收账款质押担保）"。

二、联合贷款

联合贷款是指在同一家银行系统内由两个（含）以上机构，在同一笔借款合同项下，向同一个借款人共同提供信贷资金的贷款方式。联合贷款的使用对象通常是资金需求较大、经济效益较好且能给银行带来较高综合收益的大型国有企业、著名跨国公司或上市公司等。

联合贷款通常发生的情况：贷款项目符合银行条件，但金额需求量较大，光靠一家分行难以满足，需要其他分行支持；贷款项目在异地，需要当地分行参加贷款项目的管理工作。

1. 联合贷款的参与者

申请行：首先提出办理联合贷款申请的分行，一般是借款人或项目所在地的分行。

安排行：负责组织安排联合贷款的银行，一般由总行担任。

参加行：接受安排行的邀约，同意按照承诺的份额提供贷款资金的分行。

管理行：在联合贷款发放后，负责与借款人进行日常业务联系并担任贷款管理人角色的分行，一般由借款人或项目所在地分行承担。

联合贷款与银团贷款的作用和组织方法相似。其不同之处在于，银团贷款的参加行是不同银行的分支行，而联合贷款的参加行是同一家银行的分支行。

2. 对各方的好处

对于借款人而言，只要与一家银行谈，就能借到金额较大、期限较长、条件较好的贷款。

对于总行而言，总行包下借款人所需全部资金，业务不会流失到其他银行。

对于申请行而言，获得了总行和兄弟行的支持，满足了当地客户资金需求，稳定了银企关系，有助于获得企业的存款和结算资金等业务。

对于参加行而言，既获得了资金发放到异地取得收益的好处，又避免了因距离远而难以进行日常管理的风险。

3. 业务风险与防范

联合贷款面临的风险与银团贷款大致相似。对于贷款的风险承担方式，各方应采用"谁受益、谁承担"的原则进行协定。各家银行可采取由参加行按参加份额比例分担风险的方式，也可采取由申请行或贷款最大受益行单独承担风险的方式。具体风险承担条款由各家银行协商同意后在备忘录中予以规定。

三、委托贷款

委托贷款是指银行（受托人）根据企事业法人（委托人）委托的资金和条件，代为向借款人发放并协助收回的贷款。借款人由委托人指定，银行提供的只是具有收费性质的中间业务，不承担任何形式的贷款风险。

1. 委托贷款对各方的好处

对于委托人而言，委托贷款可以提高资金运用收益，满足关联企业融资需要，提高效率，降低成本。

对于借款人而言，委托贷款可解决资金需求。这种贷款方式与委托人有一定的关系，期限和利率等条件都可以商量，出了问题容易协商解决。

对于银行而言，贷款风险由委托人承担，银行资金不会发生损失，而且银行可获得管理费收入。

2. 委托贷款的风险及防范

银行办理的委托贷款属于低风险业务，这是因为委托贷款协议中已注明，委托贷款的风险全部由委托人自行承担，贷款利息收入也全部归委托人所有，银行只收取管理费，但委托贷款也不是没有风险。委托贷款主要有以下几种风险。

- 业务背景不好的风险。有些企业会利用委托贷款进行假验资或抽逃资金等活动，银行如果不注意，就有可能被卷入企业的经济纠纷中，得不偿失。因此，在办理委托贷款时，银行对委托资金来源要采取必要的审查措施，对于资金来源有疑点的客户及未经有效授权的客户，应拒绝代为发放委托贷款，严防委托人以委托贷款形式非法隐匿或转移资金。
- 业务操作风险。这是客户经理不按规章办事或责任心不强导致的问题。
- 虚假委托风险。有时不法分子为骗取银行资金申请办理委托贷款，寻找借口要求银行先将贷款资金付出。对此，银行客户经理必须坚持"银行不垫款"原则。如果委托人的委托资金不存入银行账户，银行的委托贷款就不能发放出去。
- 非法集资风险。委托贷款中的委托人和借款人，原则上应该采取

"一对一"的方式。如果委托人和借款人出现"多对一"或"一对多"的情况，那么银行必须查明背景，防止出现非法集资等违法违规的行为。

四、异地公司贷款

异地公司贷款是指借款人或用款项目两者之一不在贷款行本地的贷款。异地公司贷款包括以下四种类型。

- 借款人和用款项目都在异地的贷款。
- 借款人在本地但用款项目在异地的贷款。
- 借款人在外地但用款项目在本地的贷款。
- 担保人在异地的贷款。

1. 对各方的好处

对于借款人而言，可能因所在地区银行的资金比较紧张而难以借到钱，导致项目进行不下去，异地借款可以使项目推进实施。

对于银行而言，当本地没有理想的贷款项目可做时，发放异地贷款可以增加银行收益。随着社会经济建设的发展，银行异地公司贷款业务增长较快，成为银行信贷资产规模和经营利润的增长点。

2. 异地公司贷款主要风险

首先，受时间与地域限制，银行对异地公司贷款项目的真实性及进展情况不易掌握，贷前调查和贷后跟踪检查有一定难度，风险预警信号不易被发现。银行的防范措施是，定期或不定期进行实地检查，或委托当地本系统的银行进行检查。

其次，银行难以将贷款业务同其他业务相结合办理，难以介入客户结算流程，对还款资金不易掌控，业务品种较为单一，综合效益有限。银行的防范措施是，要求借款人在本系统的当地银行开户，或通过其他银行的监管协议和资金账户监控还款来源。

最后，贷款出现问题后容易受到地方保护主义影响，给资产处理带来难度。银行的防范措施是，通过政府、司法、舆论等力量以最大可能保护好银行权益。

五、账户透支

账户透支是指银行向客户提供结算账户的透支额度，用于解决客户生产经营过程中的临时性资金需要。

适用客户：结算金额占比较大，开展信贷业务三年以上，年销售额达到一定规模，银行信用评级较高。

注意事项：透支额度要纳入银行对客户的综合授信总额度内管理，并且不超过总额度的一定比例，具体额度根据客户的实际需求核定；透支额度的使用期限根据企业具体情况一年一定，协议有效期最长一年，透支额度在协议有效期内可循环使用；银行对额度内单笔透支的金额和期限都应有规定。

风险与防范：在透支额度使用期内，一经发现透支申请人及担保人经营状况恶化、股权变动、歇业、破产、转移财产、贷款欠息、贷款逾期、银行承兑垫款、信用证垫款，以及抵押物发生损毁、灭失、查封等可能危及银行利益的情况，经办业务部门应立即通知账务部门停止透支额度的使用；如果客户单笔透支超过协议约定的单笔透支期限而未偿还，那么银行无须预先通知客户，便可扣收客户任何账户内的资金以清偿透支款项，不足部分按照逾期贷款处理，计收罚息，同时开展催收工作。

04
担保方式类

　　贷款担保的方式包括保证、抵押和质押，这些担保方式可以单独使用，也可以结合使用。当使用一种担保方式不足以防范和分散贷款风险时，银行应当选择两种以上担保方式。

- 当同一笔贷款设定两种以上担保方式时，各担保方可以分别担保全部债权，也可以划分各自担保的债权份额。
- 当同一笔贷款既有保证又有借款人自己提供的抵押（或质押）担保时，贷款行可以选择对自己有利的方式，在担保合同中约定担保债权的实现顺序。
- 当同一笔贷款既有保证又有第三人提供的抵押（或质押）担保时，未划分保证担保和抵押（或质押）担保的份额由各担保方分别担保全部债权，贷款行可以选择对自己有利的方式，请求保证人或抵押人（或出质人）承担全部担保责任。划分了保证人和抵押人（或出质人）各自担保的份额的，应在保证合同和抵押（或质押）合同中约定。

　　同一担保方式的担保人可以是一人，也可以是数人。

- 同一笔贷款有两个以上保证人的，应尽可能不划分各保证人的保证份额。如果保证人要求划分保证份额，那么双方应在保证合同中约定。
- 同一笔贷款有两个以上抵押人（或出质人）的，应尽可能不划分他们所担保的债权份额。如果抵押人（或出质人）要求划分其担保的债权份额，那么双方应在抵押（或质押）合同中约定清楚。

一、信用贷款

信用贷款是依据借款人的信用程度发放的免担保贷款。由于信用贷款不需要提供第三方保证担保，也不需要抵押担保或质押担保，所以借款人省去了许多麻烦。

信用贷款的借款人一般都是银行积极争取的优质客户，至少是全国、地区或行业排名前列的企业，应同时符合几项基本条件：客户评级和债项评级位列最高信用等级，近三年连续保持赢利，上年度及本期经营活动现金净流量为正值，在贷款行授信连续三年无不良信用记录，以及在贷款行综合效益良好。

由于这种贷款靠借款人自身能力还款，没有第二还款来源，风险较大，所以银行要加强对借款方的经济效益、经营管理水平和发展前景等情况的考察。

对于企业法人客户，银行应重点审查其在贷款期内的综合偿债能力、赢利能力和持续经营能力。对于事业法人客户，银行应重点审查其收支结余水平和结构、经费自给率等指标。对于项目法人客户，银行应重点审查项目自身赢利能力，以及项目所产生的收益能否覆盖贷款本息。

在审批信用贷款业务时，银行应在借款合同中明确贷款期间借款人需满足的主要财务指标的最低要求（包括净资产收益率、主营业务利润、经营活动现金流量、现金销售比等），并要求借款人与银行签订账户监管协议，规定归集资金优先用于偿还银行贷款。银行在放贷后要持续跟踪监测借款人赢利能力、现金流量、偿债能力等方面的财务指标变化情况，关注借款人重大固定资产建设和利润分红等情况。

二、保证贷款

1. 保证贷款

保证贷款是指银行接受第三方保证人担保向借款人发放的贷款。如果借款人不按借款合同的约定履行到期债务，保证人就应按保证合同约定承担连带赔付责任。

银行可接受的保证人包括企业法人、事业法人、金融机构、担保机构、保险公司、自然人等。保证人应符合国家法律法规和银行授信政策。由于保证人是银行贷款的第二还款来源，所以保证人的经济实力从道理上讲应该是强于借款人的。

为了做好保证贷款，银行要抓好几个工作重点：保证人资格的认定，保证资料的有效，保证合同的签订，贷后管理及债权的实现。

银行应注意防范如下风险。

- 虚假担保人欺诈。
- 高风险担保类型：互相担保、担保圈、无资格担保、名义担保、多头担保等。
- 担保人资信风险类型：担保人资信不可接受，担保人过度担保，担保人财务状况恶化导致失去担保能力，担保人在社会上出现负面消息，担保人在中国人民银行征信系统出现不良记录，担保人内部矛盾严重，等等。
- 违规担保风险类型：违反关联方担保规定，违反担保人公司章程，超核定额度担保，等等。
- 无效担保资料类型：担保决议无效，担保签章无效，担保合同未随借款合同一起变更，等等。
- 担保公司风险类型：虚假担保公司欺诈，快速扩张导致集聚风险，违规经营遭受处罚，套取资金和挪用银行资金，发生多次赔付导致资金链紧张。

2. 备证担保贷款

备证担保贷款是指贷款行以境外开证行开来的备用信用证（简称"备证"）为还款保证，向借款人（被担保人）发放的贷款。这是一种当借款人不能履行债务时，贷款行向开证行提交符合备用信用证条款的相关单据后，由开证行履行赔偿债务的贷款业务。备用信用证的实质就是银行开出的借款保函。备证担保属于信用担保的一种。

适用情况：借款人作为境外母公司的境内子公司或关联公司，成立和经营时间不长，不易从境内银行获得贷款，而境外母公司的往来银行受中国外汇管理限制也无法向借款人提供贷款。如果这类公司采取开立备用信用证作为担保的方式，境内银行就敢于提供贷款支持了。

办理要点：借款人必须是资本金已按期足额到位且未减资或撤资的在中国境内设立的外商投资企业；以贷款银行为受益人的备用信用证应是无条件的、不可撤销的且对借款人的贷款本息和费用承担连带责任的书面担保。

对于备证担保贷款的风险，银行要从两个方面进行防范。

■ 备证条款风险。贷款行有备用信用证的标准格式，客户经理在受理业务时，应要求借款人使用该标准格式。借款人如果因特殊要求对标准格式有更改，就应在正式开证前，经过贷款行审查同意。重点是，银行要防止有不利于今后索赔的条款，例如有可能成为其拒付赔偿借口的软条款，或者索偿期限很短从而很容易使信用证失效的条款。

■ 索偿失效风险。开证行出于保护自身利益，会把备用信用证担保有效期尽量压得很短，通常不超过贷款到期日后一个月，甚至更短。贷款行如果不及时追索，就很容易造成担保失效。因此，在备用信用证担保贷款到期前两周，贷款行应督促企业还款。如果借款人发生违约，不论是有意还是无意，那么贷款行都应立即按备用信用证条款在规定期间内向开证行提出索偿，防止发生索偿失效风险。若索偿遭开证行拒付且问题尚未解决，那么贷款行应对借款人及开证行暂停业务。若纠纷不能协商解决，那么贷款行应依据备用信用证条款和借款合同及时提交司法或仲裁机关裁决。

小知识 | 备用信用证

备用信用证是指遵循国际惯例的商业银行出具的无条件、不可撤销、不可转让且对借款人的债务本金利息和费用承担独立偿还担保责任的书面承诺，其实质就是银行借款保函变种。在有些国家和地区，监管当局不允许银行出具借款保函，于是银行就采用备用信用证的方式为客户的借款提供还款担保。

3. 鉴证贷款

鉴证贷款是指贷款行（供货方开户银行）根据销售合同以及鉴证行（购货方开户银行）出具的鉴证承诺或其他有效的付款承诺，向供货方提供的无须其他担保条件的流动资金贷款。

鉴证承诺是指鉴证行在鉴证了企业间销售合同的前提下，对供货方开户银行（贷款行）出具的付款承诺。当购货方因任何情形没有按时足额支付货款，导致贷款行发放的鉴证贷款逾期时，鉴证行需要保证在接到贷款行要求付款的书面通知时，在规定时间内无条件向贷款行偿付供货方所欠的贷款本息。

鉴证贷款相当于银行保证担保贷款，类似备证担保贷款。

4. 见证贷款

见证贷款是指贷款行（供货方开户银行）根据销售合同及购货方出具的付款承诺，向供货方提供的用于生产经营所需的流动资金贷款。

付款承诺由购货方出具，承诺当供货方销售货物后，购货方保证按照合同约定的时间和金额付款。供货方通常为长年向核心厂商、军队系统供货的上游供货商，或者是特大型外商投资企业的受托加工企业。由于付款承诺人的资信可以接受，所以银行可以放心发放贷款。见证贷款相当于购货方的保证担保贷款。

三、抵押贷款

抵押贷款是指银行接受借款人或者第三方抵押担保向借款人发放的贷款。银行不转移对抵押物的占用。当借款人不履行到期债务时，银行有权依法处分抵押物以收回贷款本息。

银行可接受的抵押物包括如下十种。

- 建筑物和其他土地附着物。
- 建设用地使用权。
- 抵押人合法取得的荒地等土地承包经营权。
- 生产设备、原材料、半成品、成品。
- 正在建造的建筑物、船舶、航空器。
- 交通运输工具。
- 商品林中的森林、林木和林地使用权。
- 海域使用权。
- 矿业权，包括探矿权和采矿权。
- 法律、行政法规及银行未禁止抵押的其他财产。

为了做好抵押贷款，银行要重点抓好几项工作：明确可接受抵押物的范围，确保抵押材料的有效，做好抵押担保的调查和审查、抵押合同的订立、抵押物的登记与保险、抵押担保的管理和抵押权的实现。

抵押贷款应注意防范如下几种风险。

- 抵押物欺诈：抵押物根本不存在、非法房产抵押、重复抵押、高估抵押物价值、虚假抵押资料、蒙骗银行核保人员、抵押登记造假等。

- 不可接受的抵押物：抵押物已出售、有问题的出租房、重复抵押、抵押物难以处置变现等。

- 法律风险：抵押物不符合法律法规、抵押物被查封、抵押物存在权属纠纷等。

- 评估风险：虚假评估报告、抵押物价值明显高估、评估公司不符合要求、评估报告过期等。

- 抵押条件风险：抵押率不符合规定、抵押期限未覆盖授信期限、抵押条款对贷款行不利、抵押顺位对贷款行不利、房产和土地未同时办理抵押、抵押物保险单过期等。

- 抵押手续有问题：未获得审批文件、抵押物名称不符、抵押物面积有误、土地未缴纳出让金、抵押登记内容有误、抵押手续不落实、抵押程序不符合银行规定等。

- 抵押物损毁风险：抵押物被司法查封、抵押物状态发生变化、抵押物出现损毁、抵押物被抵押人擅自处置、抵押物价值大幅下降等。

下面介绍抵押贷款中常见的房产抵押贷款、土地抵押贷款和机械设备抵押贷款三种方式。

1. 房产抵押贷款

房产抵押贷款是指银行以企业名下已经取得房产证的房产为抵押担保，向借款人发放的贷款。

可抵押房产包括住宅、经济适用房、成本价住宅（含央产房）、危改回迁房、商品房、别墅、办公楼、写字楼、商铺、经营性用房、厂房、仓库等。

房产要求：房屋的产权要明晰，符合国家规定的上市交易的条件，可进入房地产市场流通，未做任何其他抵押；房龄（从房屋竣工日起计算）+贷款年限不超过四十年；所抵押房屋未列入当地城市改造拆迁规划，并有房产部门和土地管理部门核发的房产证与土地证；抵押物所有人可以是借款人本人或他人；对于以他人房产做抵押的，抵押人必须出具同意房产做抵押的书面承诺；房屋已办理保险，且保险单正本由银行执管。

贷款条件：贷款金额＝房屋价值 × 抵押率（商品住宅的抵押率最高可达70%，写字楼和商铺的抵押率最高可达60%，工业厂房的抵押率最高可达50%）；贷款期限根据贷款用途确定，一般不超过三年，最长可达三十年；贷款利率执行银行规定的利率。

案例 **经营性房产抵押贷款支持商业物业完成升级改造**

B公司早年在某商业街内购得一座商业物业，目前该物业已全部出租并投入运营。由于使用年限较长，物业内部设施及装修已显陈旧，所以B公司计划对该物业进行升级改造，于是找到银行申请贷款支持。

银行迅速组织授信人员实地调查，发现该物业所处地理位置优越，交通便捷，周边商业氛围浓厚，且该物业运营正常顺畅，每月有稳定的租金收入来源，而B公司对该物业也具有独立的处置权。为此，银行向B公司提出了"经营性物业抵押贷款"业务方案，以B公司名下该物业为抵押，在约定B公司主要租金收入通过银行账户结算收取的前提下，按70%抵押率给予期限十年且以该物业每月租金收入还贷、按月还款的长期贷款，让B公司对该物业进行升级改造。

在银行的授信支持下，B公司顺利解决了物业升级改造所需的资金缺口，而且每月以物业租金收入自动还贷，轻松便捷。这样更有利于B公司合理安排资金，从而降低融资成本。

案例　房产余额抵押助某企业获新增贷款1 000万元

某企业成立于2009年，注册资本为500万元，主要从事瓦楞纸板、纸箱的生产销售。该企业上半年销售业绩理想（销售收入近1亿元，较上年同期增长20%），但存货及应收账款增多，资金链较为紧张。因此，该企业计划向银行申请新增流动资金贷款1 000万元。

该企业获悉东莞农商银行已推出余额抵押贷款业务，便提出融资请求。银行客户经理调查了解到，该企业在该行已有流动资金贷款2 000万元，担保方式为房产抵押，该抵押物评估价为5 400万元，按六折抵押率可贷3 240万元。因此，银行采用余额抵押的方式为该企业增加了1 000万元流动资金贷款，使其正常生产经营，并追加该企业实际控制人提供连带保证担保。

案例　以抵押担保方式解决企业购房过渡期风险问题

A公司资金实力雄厚，有多处自有房产物业，现计划向B房地产公司购买一栋经营用房（可以办理房地产权证，可以办理过户手续），但由于过渡期①比较长，房产难以抵押，A公司无法获得银行的购房资金。因此，A公司向银行

---

① 过渡期是指从银行发放贷款到办完房产抵押手续之间的这段时间。一方面资金已经出去了，而另一方面抵押手续还没办妥，银行存在两头落空的风险，因此需要有人提供过渡期担保。

申请快速抵押贷款。银行设计了两种购房方案。

方案一：银行向 A 公司发放经营用房抵押贷款，由 B 房地产公司承担过渡期连带保证责任，待所购房产完成过户并办理好抵押登记手续后，银行再解除对 B 房地产公司的连带保证责任。

方案二：银行要求 A 公司以其未办理抵押登记的房产物业做过渡期抵押担保，向其发放经营用房抵押贷款，待所购房产完成过户并办理好抵押登记手续后，再注销 A 公司的抵押登记。

最后，A 公司选择了方案一。银行帮助买卖双方完成了购房交易，自己也获得了一笔安全性高的优质贷款。

2. 土地抵押贷款

土地抵押贷款是指银行以债务人的土地使用权或经营权做担保而发放的贷款。土地抵押贷款是不动产抵押的最基本形式，有以下两种情况。

（1）国有土地使用权抵押贷款

土地使用权抵押应以初始土地登记为前提，抵押人领取土地使用证。

以划拨、租赁或入股方式取得的土地使用权，需连同土地上的建筑物一同抵押（适用于房地产公司），并经县级以上土地管理部门同意。以出让方式取得的土地使用权可以抵押，但需缴清土地出让金。

抵押人应先进行地价评估。无论是以划拨、租赁方式还是出让方式申请土地使用权抵押贷款，抵押人都要先委托具有土地估价资格的中介机构进行评估。最后，抵押人和抵押权人签订抵押合同。

抵押人向当地土地管理部门申领抵押许可证，土地管理部门根据规定确定抵押率和最高抵押金额。

（2）农村土地经营权抵押贷款

农村土地经营权抵押贷款是指借款人将土地的经营权（使用权）抵押给银行，从银行贷出一定比例的资金。土地的承包权（属于农户）不变，土地的所有权（属于村集体）也不变。因此，农村土地经营权抵押贷款不会引发"抵押之后地就收不回来"的现象。

农村土地经营权抵押贷款对象为从事农业生产经营的组织或个人。借款人必须符合以下条件。

- 具备一定生产规模和持续生产能力的种植（养殖）业、设施农业、现代休闲农业及其他符合抵押条件的农村土地经营权。
- 土地承包或流转程序合法，行为规范。
- 合法取得土地经营权，并依法取得农村土地承包经营权证或农村土地承包流转经营权证等证件。
- 依法经营，未改变土地的农业用途。
- 抵押土地所在的村集体经济组织及流出方同意抵押，并同意银行在贷款无法归还时对土地进行处置。

3. 机械设备抵押贷款

机械设备抵押贷款是指银行接受借款人或第三方以机器设备为抵押担保向借款人发放的贷款。贷款金额最高可达设备购买价格的七成。

产品特点：扩大了生产型企业抵押物范围，解决了企业融资担保问题；盘活了企业的固定资产，将其转化为流动资金，有效缓解资金压力；银行可接受抵押设备的范围广，适合不同类型的企业。

适用对象：经营状况良好、融资需求增长较快、缺乏房产抵押担保的生产制造类企业或设备租赁企业。

案例 **600万元机械设备抵押贷款取得良好效益**

借款人系某地一家纺织企业，已经营多年，现有资产主要以纺织机械设备为主，固定资产较少。该企业因需更新生产设备拟购置一批纺织机械且自有资金不足而向银行申请贷款600万元。

银行调查发现：借款人拟购买的纺织机械设备的供应商在该行业的市场占有率较高，设备变现能力较强；借款人经营状况、现金流量较好，综合来看，借款人具备承贷能力。通过以所购纺织机械设备做抵押，同时追加企业实际控制人做连带担保，银行同意向借款人提供贷款600万元（占设备总购买价款的70%），借款人自行支付价款的30%，借款人在三年内每月等额归还贷款本息。企业购买设备后，迅速扩大产能，取得了良好效益。

四、质押贷款

质押贷款是指银行接受借款人或者第三方质押担保向借款人发放的贷款。质押的动产或权利必须移交银行占有，或者依法办理质押登记手续。当借款人不履行到期债务时，银行有权依法处分质押物以收回贷款本息。

由于质押担保的质押物由银行占有，管理方便，所以在各种担保方式中，银行最愿意接受的就是这种担保方式。质押的特征是，出质人保留财产的所有权，但质权人必须占有质押物。质权人的权利是，扣留质押物直至贷款结清，如果贷款到期未能得到偿还，质权人就可以按质押合同中的规定将质押物出售或转移。

对质押物的占有分为两种：（1）实际占有，即出质人将财产实际交到质权人处；（2）推定占有，即出质人将存管财产的房间钥匙或货栈提单交给质权人，或将财产存放第三人处并由其代质权人持有。

质押方式分为动产质押（如大宗商品物资）和权利质押（如本外币存款、保证金、银行承兑汇票、国债、优质上市公司股票、应收账款、收费权等）。

为了做好质押贷款，银行要重点抓好几项工作：规定可接受质押物的范围，确保质押材料的有效，做好质押担保的调查和审查、质押合同的订立、质押物的登记与保险、质押担保的管理和质押权的实现。

对不同的质押物，银行应防范不同的风险。质押贷款的风险主要有以下几种。

- 存单质押风险：拉存质押骗贷，伪造存单质押，与存款人串通欺诈，与银行内鬼勾结作案，出质人意愿不真实，质押资金来源不合规，质押金额不足以覆盖贷款本息，质押期限与授信期限不匹配，等等。
- 存货质押风险：以假充真，以次充好，价格高估，重复质押，存货的品种规格数量等不符合银行要求，存货的权属不明确，质押价格未按"购买价和市场价孰低"原则确定，监管方资质不符合贷款行要求，存货保险单存在问题，等等。
- 应收账款质押风险：存在违法交易合同、虚假应收账款、虚高销售价格，抽逃货款资金，存在不适合质押的应收账款，应收账款权属不明，应收账款被重复质押，质押率不当，质押条款不具有排他性，质押顺位上贷款行处于不利地位，未制定专门管理办法，未设立专用回款账户，质押资料手续不全，授信后资金未按时足额入账，资金被擅自挪用，存在债务人抗辩权风险、放弃权利风险、诉讼时效风险、抵销权风险和被司法机构查冻扣风险，等等。
- 股票质押风险：股票不可接受质押，股票价格不断下跌，股票质押登记手续存在问题，等等。

1. 应收账款质押贷款

供应链项下应收账款质押贷款是指借款人将符合银行要求的应收账款出质给银行，以买方支付款为还款来源，由银行向卖方提供的贷款。

适用对象：经工商行政管理机关（或主管机关）核准登记的，应收账款较多、需要资金扩大生产销售规模的，且有发展潜力的优质中小企业；与核心企业之间存在赊销关系，有一定规模且稳定的应收账款的制造、销售企业；处于高速增长时期，缺乏可供抵押的不动产但有周期较长、较稳定应收账款的企业。

产品特点：授信品种丰富，其中包括本外币流动资金贷款，银行承兑汇票业务、信用证业务等；质押率较高，已购买信用保险的应收账款质押率最高为应收账款实有金额的85%，未购买的为70%；贷款期限可根据实际用款情况合理设计，但一般不超过一年。

贷款条件：应收账款真实存在，而且债权权属清晰，无权利瑕疵；应收账款有明确到期日，且尚未到期，账龄应在一年以内；应收账款依法可以转让或质押，且尚未以任何形式转让或质押给其他任何第三方，也未在其他任何第三方设定任何质权或优先受偿权；银行要求的其他条件。

提供资料：营业执照、机构代码等一般基础资料；表明真实贸易背景的交易合同，包括委托生产合同、劳务交易合同等；交易合同对应的发票、发货单、验收单及以往交易的销售回款凭证。

案例　应收账款质押助力贸易公司完成1亿元总体销售额

某贸易有限公司成立于2006年，注册资本为1 000万元，并于2009年开始全面代理苏宁电器在当地的两款主流品牌笔记本电脑的销售。2010年，该公司计划与苏宁电器签订1亿元的总体销售框架协议，这对企业的现金流提出了更高的要求。但由于贸易公司可抵押资产有限，资金链紧张成为其发展瓶颈。

该公司获悉东莞农商银行已推出供应链项下应收账款质押贷款业务，便提出融资请求。银行客户经理经过调查，了解到该公司与苏宁电器已有多年合作关系，存在大量稳定的应收账款，且历年来回款记录良好，属于优质应收账款，故为其设计了2 000万元的应收账款质押授信额度。

该公司以苏宁电器的应收账款为质押，以苏宁电器供应链系统中的销售数据为应收账款授信额度的确认依据，质押率不超过70%（购买信用保险的，质押率不超过85%）。同时，该公司在银行开立结算账户和保证金账户，其中结算账户作为苏宁电器应收账款回款的唯一指定账户。根据以上方案，该公司成功完成了全年1亿元的销售额。

2. 收费权质押贷款

收费权质押贷款是指借款人以建成并投入运营的优质特定资产的收费权所产生的持续稳定现金流为第一还款来源担保而获得的贷款。

收费权主要包括：（1）公路收费权，如国家或省级高速公路收费权，与骨干路连接的公路收费权；（2）社会公用基础设施收费权，如用电收费权、自来水收费权、供暖收费权、燃气收费权、农网电费收益权、广播电视收费权、通信网络收费权等；（3）旅游业收费权，包括景区门票、观光客运、电梯、索道等基础设施收费；（4）其他收费权，如高校学生公寓收费权、停车场收费权等。

产品特点：融资杠杆低，解决了借款人想贷款而没有房地产固定资产可供抵押的难题，手续相对房地产抵押贷款简单；融资效率高，高效快捷，期限灵活；优质收费权可享受较高的质押率。

适用客户：生产经营过程缺乏资金但有稳定收费来源的企事业单位。

基本手续：需提交相关政府行业主管部门批准核发的许可文件或收费权许可证。

收费权质押贷款应遵循"从优选择特定资产、审慎评估现金流量、合理确定金额期限、严格实施账户监管、定期评价资产收益"的原则办理。

3. 出租车经营权质押贷款

出租车经营权质押贷款是指银行向出租车运营公司发放的贷款，用途包括购买客运出租车或客运出租车营运权等。贷款以出租汽车经营权为质押，以出租车公司收取的管理费（份子钱）为还款来源。

贷款对象：具有出租车经营资格的企业，经营权剩余使用期限超过一年（含），且有稳定的合法收入。

贷款资料：借款人应提供出租汽车经营权有偿使用证书、有偿使用合同书、许可证以及城市出租汽车车辆营运证等证件，还应到当地客运出租汽车管理部门办理出租车经营权质押登记手续。

贷款条件：贷款额度不超过贷款用途的60%；贷款期限最长不超过五年；担保方式是用出租车抵押及营运权质押或二者复合担保；贷款支付方式是受托支付、专款专用。

4. 商业承兑汇票质押贷款

商业承兑汇票质押贷款是指银行以客户提交的商业承兑汇票为质押而向其提供的短期流动资金贷款。

本业务适合那些频繁收到票据的销售型企业，比如大型的钢铁经销商，其下游客户常是特大型的施工企业、地铁公司等，实力非常强大，会以支付商业承兑汇票的方式支付货款。当市场贴现利率高于贷款利率时，供货方可采用这种方式获得现金和降低融资成本。

5. 上市公司股票质押贷款

上市公司股票质押贷款是指借款人以其自有或第三人持有上市公司（非本公司）在证券交易所上市的普通股票（A股）为质押担保的短期流动资金贷款。有的银行暂不接受出质人为自然人的股票质押贷款。

申请人需提供借款申请及出质公司的基本资料、质押股票的权利证明文件等。

案例 1 000万元股权质押授信，银行与企业建立长期合作关系

某公司成立于2011年2月，位于某地科技园，是一家致力于新能源产品研发、生产、销售和服务的高新技术企业，主要产品覆盖光伏并网逆变器、光伏离网逆变器、风光互补控制器等，获得了欧、美、日等全球主要市场的准入资格。公司订单充足，但受限于流动资金匮乏，产能利用率较低，先前提供授信的两家银行在金额、价格等方面无法完全满足其融资需求。

通过详细调查，银行考虑到该公司的轻资产现状，为其设计了一套专属的融资方案：给予1 000万元授信敞口，由其股权质押，同时追加实际控制人做个人连带责任保证。银行以贸易融资类产品为主，参与该公司的财务融资规划，与该公司建立长期合作关系。

首批发放的300万元流动资金贷款，一下子解决了该公司因付款不及时而导致供应商停止供货的问题。公司经营快速走上正轨，销售收入逐月翻倍增加，公司也借势迅速拓展了英国、比利时、澳大利亚等国的新客户，财务状况得到极大改善。

该公司因银行贷款及时、服务效率高，而将其外币、人民币存款移至该银行，并与该银行开展全面结算业务合作。银行针对该公司不同融资需求，后续又配套引入中信保业务模式、应收账款质押融资、外币贷款等专项信贷产品，让自己真正成为企业的专属"金融规划师"。

6. 非上市公司股权质押贷款

非上市公司股权是指已登记注册的有限责任公司和股东人数在200人以下的非上市股份有限公司的股权。

股权质押贷款是指借款人以自有或第三人合法持有的股权为债权的

担保，申请获得贷款的融资活动。当借款人逾期不履行债务或发生当事人约定的实现质权的情形时，银行有权依法处分该股权，并由处分所得的价款优先受偿。

申请人需提供借款基础性资料、出质人主体资格证明、股权凭证等。

案例　OTC市场股权质押融资模式

随着我国多层次资本市场体系的建立，OTC市场[①]已成为适合创新型、高成长的高新技术企业开展筹资的平台，成为优质企业的蓄水池和公开上市企业的孵化器。Z公司成立于2005年，是一家专业维修飞机机载电子设备的高科技企业，获得了原中国民用航空总局颁发的维修许可证，国内已有13家航空公司对该公司进行了质量审核并予以承修商授权。

银行经调查了解到，作为OTC市场挂牌企业，Z公司经营状况良好，财务管理制度完善，符合银行场外交易市场股权质押贷款业务的要求。在上海股权交易中心的配合下，银行与公司管理者进行交流，按照公司融资需求和经营情况，精心设计了方案，最终成功地为Z公司提供等值1 000万元的股权质押贷款额度。

此次授信业务既为Z公司开辟了新的融资渠道，也为银行在与OTC市场合作的同时吸引更多优质小企业资源奠定了基础。

7. 记账式债券质押融资

记账式债券质押融资是指借款人以其委托银行买入的记账式债券为质押，向银行申请的流动资金贷款、商业汇票承兑、开立信用证等各类

---

① OTC市场是指场外交易市场，又称柜台交易市场、店头市场。它是一个进行非上市股票、债券及其他证券交易的地方。与交易所市场完全不同，OTC市场没有固定的场所，没有规定的成员资格，没有严格可控的规则制度，没有规定的交易产品和限制，主要是交易对手通过私下协商进行的一对一交易。

融资业务。

记账式债券是指经中国人民银行批准可在全国银行间债券市场上进行交易的债券，包括国债、政策性金融债、金融企业债、中央银行票据及其他债券。

8. 债券质押贷款

债券质押贷款是指银行以政府或企业债券为质押担保而向借款人发放的流动资金贷款。

产品特点：债券质押贷款到期日不超过质押债券到期日；利率按照中国人民银行公布的贷款利率政策执行，浮动比例视贷款具体情况而定；操作手续简便易行，操作快捷；融资便利，可以提高企业资金的使用效率。

适用客户：能够提供以本企业或第三人所拥有的贷款行代理发行的凭证式国债、地方政府债券或企业债券为质押的企业。

9. 公司理财产品受益权质押贷款

公司理财产品受益权质押贷款是指银行以公司理财产品受益权为质押而向借款人提供的贷款。该受益权是指公司或其实际控制人已购买贷款行发行的本外币理财产品，理财本金及收益在存续期间内形成的受益权。

适用客户：已购买贷款行发行的理财产品，且在产品到期前又需要流动资金的客户。

贷款条件：贷款金额不高于受益权金额，贷款期限应与理财产品到期日匹配；理财产品受益权归属无争议，且未做担保或被冻结止付；质押合同授权银行可直接以理财产品收益归还贷款本息。

10. 知识产权质押贷款

知识产权质押贷款是指银行以质押人合法拥有的依法可以转让的知

识产权（包括专利权、注册商标专用权、著作权中的财产权等）为质押
担保而向借款人提供的授信业务。

11. 专利权质押贷款

专利权质押贷款是指借款人以其依法拥有的已被国家知识产权局依
法授予专利证书的发明专利或实用新型专利的财产权为质押担保，从银
行取得的贷款。

产品优势：可将企业的无形资产转换成有形的资金，解决技术型企
业担保难的问题。

贷款条件：贷款额度原则上不超过专利权确认价值的30%；可办理
最高额质押，期限最长不超过三年，且不能超过专利权的有效期限，单
笔贷款最长不超过一年；对于专利技术获得中国专利奖或省级专利奖的，
银行可给予利率优惠。

申请人应满足的条件：符合国家企业划型标准规定的小型和微型企
业，申请人为政府主管部门科技型中小微企业信息库入库企业。

专利权应满足的条件：拥有国家主管部门颁发的登记证书，为有效
状态，无查封记录，无其他纠纷；必须是申请人自有、自用的；处于实
质性实施或使用阶段，且技术含量高、市场前景好，对提升企业创新能
力、增强企业市场竞争力产生明显的推动作用；未许可第三方使用；由
权威的专业评估机构对专利权进行价值评估；购买的专利技术需提供相
关凭证。

案例 19项实用新型专利权质押获260万元授信额度

某科技公司的厂房主要通过租赁取得，上下游企业比较分散，但该公司设
立了独立的产品研发部门，不断研发新技术，已陆续获得国家知识产权局授予

的 19 项实用新型专利，正在申请两项发明专利，专利技术已应用于产品中并产生了一定的经济效益。该公司为扩大生产和加大技术投入需增加资金投入。

该公司获悉东莞农商银行已推出专利权质押贷款业务，便提出融资需求。银行客户经理经过调查，了解到该公司因没有自有物业，不能通过物业抵押方式办理融资，而该公司作为科技型企业能够以其已核准的 19 项实用新型专利为质押担保（尚未获国家知识产权局核准的两项发明专利暂不能办理质押）。经专业评估公司核定，专利评估价值为 888 万元。东莞农商银行在办理专利权质押登记后给予该公司 260 万元的授信额度，该公司可在额度内使用贷款。

12. 商标权质押贷款

商标权质押贷款是指借款人以其依法拥有的经国家工商行政管理总局商标局核准并具有品牌优势的商标专用权为质押担保，从银行获得的流动资金贷款。

产品优势：可将企业的无形资产转换成有形的资金，可解决企业担保难的问题。

适用客户：持有名优商标的企事业单位，例如食品公司、报纸、制造企业等。

贷款条件：贷款额度原则上不超过商标权确认价值的 30%；可办理最高额质押，期限最长不超过三年，且不能超过商标权的有效期限，单笔贷款最长不超过一年；借款人必须是持有商标注册证并依法登记的法人和自然人等；原则上由专业权威的评估机构对商标权进行价值评估；由于商标的评估价值难以确定、价值容易变化且今后难以处理变现，所以商标权质押率一般很低（20% ~ 30%）。

13. 著作权质押贷款

著作权质押贷款是指借款人以其自有或第三人合法拥有的著作权中

的财产权为质押担保，从银行取得的信贷资金。

产品优势：可将企业的无形资产转换成有形的资金，可解决企业担保难的问题。

贷款条件：贷款额度原则上不超过著作权确认价值的30%；期限最长不超过一年；出质人是该著作权的全体合法所有者；由专业权威的评估机构对著作权进行价值评估。

案例　**以中国驰名商标专用权质押获200万元授信额度**

某纺织公司拥有中国驰名商标"AA牌"及图形，商标主要用于其主营产品毛巾被。公司要扩大生产，但缺少有形资产抵押，因此欲以其驰名商标及其近似的"AAN牌"等商标的专用权为质押物，申请融资。

该公司获悉东莞农商银行已推出商标专用权质押贷款业务，便向该银行提出融资请求。东莞农商银行客户经理经过调查，了解到该公司能提供其"AA牌"的中国驰名商标及其近似的"AAN牌"等商标的专用权为质押担保，并且经专业评估公司核定，评估价值为680万元。由此，东莞农商银行在该公司办理商标专用权质押登记后为其办理了200万元的授信额度，该公司可在额度内使用流动资金贷款或开立银行承兑汇票。

14. 资产池质押融资（以浙商银行为例）

涌金资产池是浙商银行应用互联网思维和技术开发的"池化"融资平台，集整合企业流动资产与短期融资业务于一体，为企业提供流动性服务综合解决方案。

涌金资产池的主要创新功能表现为如下十个方面。

（1）货币资产入池——帮助企业盘活各类速动资产

涌金资产池支持客户将货币化的各类速动资产入池管理和质押融资。

货币资金、大额存单、电子存单、电子银行汇票、理财产品、应收银行承兑汇票、国内外信用证项下合格应收账款等资产无须授信即可申请入池。

应收商业承兑汇票、非信用证项下出口应收账款、国内应收账款、基金股票等资产经浙商银行授信后也可以入池。

（2）资产动态质押——实现资产高收益，兼顾流动性

客户可用新资产置换到期资产或其他已入池资产，在入池资产质押生成的池融资额度内，灵活办理各项表内、表外授信业务，即在持有高收益资产与不被动变现未到期资产的前提下，通过浙商银行提供的短期融资支持，满足任意时点的流动性需要。

（3）额度通用共享——支持池额度融合与调剂使用

同一客户各项已入池资产不分种类、不分币种、不分是否需要授信，其生成的池融资额度均打通使用，并相互融合形成一个总的资产质押池融资额度，符合该行授信条件的还可以加载授信额度。

集团企业不同成员单位资产分散入池，统一生成集团池融资额度，由主办单位集中管理，并可在成员单位间调剂使用，帮助集团企业集中管理与调剂资产余缺。

（4）融资方式多选——满足企业按需选择融资种类

客户将资产入池生成池融资额度后，可在该额度项下，根据业务需要申请办理各类表内外、本外币授信业务，包括短期流动资金贷款、银行承兑汇票承兑、商业承兑汇票保兑、信用证开证、保函、国际业务融资等。出口应收账款质押生成的额度还可以办理直接结汇的国际贸易融资。

（5）自助在线放贷——网络自助贷款，资金轻松到账

客户可通过浙商银行网上银行自助发起贷款申请或归还贷款，无须企业财务人员到营业网点办理手续，业务流程极大简化。尤其是直通车功能项下的超短贷业务，资金实时到账，有效提高业务效率，提升客户

体验。

（6）动态保底计息——挂钩市场利率，减少利息支出

客户资产池项下贷款可选择固定利率、变动利率、动态保底三种计息方式，其中固定利率参考央行公布的基准利率，变动利率与每日的Shibor（上海银行间同业拆放利率）挂钩。若客户当日借款当日归还，那么浙商银行还会给予客户计息优惠。动态保底计息是指浙商银行对资产池项下的贷款同时采用固定利率和变动利率两种方式每日计算利息，在利息支付日按照孰低原则向客户收取利息，最大限度减少利息支出。

（7）P2P 直接融资——联通直融市场，降低融资成本

浙商银行与招财宝等第三方平台合作，支持客户在资产池可融资额度范围内，通过P2P（点对点融资）模式直接向社会个人投资者借款融资，利用直融市场满足客户融资需求，降低其融资成本。

（8）币种随需互换——入池资产出池融资币种自选

涌金资产池支持多币种资产入池和池项下多币种融资，各币种资产入池质押时统一折算成人民币计量的池融资额度。在池额度内办理融资业务时，客户可根据实际需要选择合适的融资币种，利用不同币种利率、汇率差异，提高入池资产的收益，降低融资成本。

（9）资产保值增值——资产效益与回款收益最大化

客户通过资产池融资能够快速盘活资产，获得浙商银行的流动性支持，从而避免被动变现导致的价值损失，实现资产保值。同时，资产池内货币资金还能享受靠档优惠计息，实现回款资金收益最大化和资产增值。

（10）多维智能服务——提高业务效率，提升客户体验

涌金资产池业务基于互联网的思维和技术自行开发设计，在为客户提供流动性服务、降低融资成本的同时，为客户提供多方位的智能服务，降低人工成本，提升客户体验。

15. 静态质押授信

静态质押授信是银行质押授信业务的一种，又叫特定化库存模式，是指银行对质押的现货商品实行静态监管，企业的任何提货必须付款赎货，不允许以货换货。

产品特点：对企业而言，解决现货库存占压资金的问题，不转移货物所有权，不影响企业正常经营周转，企业可以根据经营需要分批赎货；对监管公司而言，引入银行融资，可为仓储客户提供附加服务，与银行实现交叉营销。

适用客户：从事大宗原材料、基础产品或品牌商品的经销，或现货库存占压大量流动资金的贸易企业或生产企业。

贷款条件：单笔业务授信期限一般不超过六个月，利率及相关费率按银行有关规定执行。

办理要点：客户、监管方与银行签署监管协议；客户缴存保证金；落实抵质押监管手续，监管方进行日常监管；银行授信放款；客户划付赎货款项；银行通知监管方释放所抵（质）押货物。

16. 动态质押授信

动态质押授信是指银行对质押的现货商品实行动态监管，客户在提货时既可以付款赎货，也可以以货换货。这种授信方式又可分为两种模式：动态核定库存模式和动态定额控货模式。

在动态核定库存模式下，银行对质押的现货商品核定最低限额，限额以上的商品出库不需要银行书面指令，由银行委托监管方进行控制。

在动态定额控货模式下，银行核定货物总量，对于任何货物的出库或以货换货，监管方都需凭银行书面指令进行操作。

其他方面的办理要求同静态质押授信。

05
授信行业类

在社会经济中，各行各业的经营模式是不同的，资金运行的规律也不相同。银行必须按行业加以研究分析。根据国有资产监督管理委员会的划分，全社会共有151个行业，最大的10个行业是工业、建筑业、交通运输仓储及邮政业、信息技术服务业、批发和零售贸易业、住宿和餐饮业、房地产业、社会服务业、传播与文化业、农林牧渔业。

每个大行业又可以细分成许多小行业，例如工业又可再分为煤炭、石油石化、冶金、建材、化学、森林、食品、烟草、纺织、医药、机械、电子、电力燃气、水生产、轻工等。

银行人员掌握不同行业特性的意义在于，行业变化会决定授信规模的大小和质量的好坏。有些行业的变化是由经济周期波动决定的，例如：当经济上升时，钢铁、水泥、电力、煤炭和运输等行业都有大量的授信需求，还款能力也好；而当经济紧缩时，这些行业的销售量和价格都会大跌，导致银行授信面临风险。因此，银行对这些亲周期的行业要保持一定警惕，做到"出门看天"、决策在前，在经济起步时可多做授信，在经济下滑前要抓紧收回授信。

本节会对授信需求大、授信品种多的一些行业进行介绍。

一、农业

中国是农业大国，养活着全球约五分之一的人口。2020年是我国全面建成小康社会目标实现之年，是全面打赢脱贫攻坚战收官之年。然而，新冠肺炎疫情使得国内外形势日趋复杂，经济下行压力巨大，外部风险和挑战增多。我国农业基础还不稳固，保障粮食、猪肉等重要农产品供给仍然存在风险隐患，对农业生产、农产品供给、农民增收的不利影响还在持续。多年的经验证明：经济形势越复杂，越是要稳住"三农"（农村、农业、农民）。为此，银行信贷资金的大力支持显得尤为重要。

1. 村基础设施建设类（以中国农业发展银行为例）

（1）农村路网建设贷款

农村路网建设贷款是指银行主要用于解决借款人在农村路网建设等方面的资金需求而发放的贷款。农村路网范围主要包括涉农公路、水路、县域城镇道路、道路附属设施等。涉农公路主要包括连接县域与城市、县域与县域的国道、省道、县道，以及县域内通乡通村的乡道和村道。

贷款对象：地方政府出资成立、未列入监管部门融资平台名单的国有独资及控股企业，列入地方政府融资平台"监测类"名单、当地监管部门同意中国农业发展银行信贷支持的公司法人（一类公司）；中央企业及其所属企业（二类公司）；非国有控股上市企业与地方政府或国有企业合资成立的项目公司（三类公司）。

借款人条件：符合《中华人民共和国公司法》的有关要求；地方政府或政府指定机构与借款人签订委托代建购买服务合同；具有国家规定的承担项目融资或建设（运营）的相关资质和能力；治理机构完善，组织机构健全，经营管理规范；所有者权益的来源与构成符合国家相关规定；财务状况良好，具备财务可持续能力，上一年年末和最近月份资产负债率原则上在80%（含）以内，除新设法人外，上一年度要实现盈利；信用状况良好，信用等级在A级（含）以上，借款人为新设项目法人的，其母公司应有良好的信用状况；借款人或其母公司拥有从事同类型项目建设管理经验、专业能力及融资实力；借款人或其母公司拥有从事项目建设（运营）的专业团队；银行要求的其他条件。

贷款条件：贷款期限一般不超过二十年，最长不超过三十年；贷款利率按国家规定和银行规定执行，可根据项目具体情况予以优惠支持；原则上为担保贷款（可组合担保），优化担保方案，确保担保足额有效。

（2）水利工程建设贷款

水利工程建设贷款主要用于支持农田水利建设、防洪工程建设、水资源配置工程建设、水土保持和水生态保护建设等水利工程。

贷款对象：同农村路网建设贷款对象。

借款人条件：同农村路网建设贷款条件。

项目准入要求：项目建设内容符合国家政策和中国农业发展银行的业务范围；项目符合国家规划、土地、环保等相关规定，并履行固定资产投资项目的合法管理程序；项目资本金来源符合国家相关规定，项目资本金比例不低于国家规定的行业最低比例标准；项目具有稳定的经营性现金流或可靠的偿债资金来源，能实现对贷款本息的全覆盖；对于项目资本金或还款来源资金中涉及地方财政资金的，地方政府应将其纳入地方政府财政预算管理；银行要求的其他条件。

（3）重大水利工程建设专项过桥贷款

重大水利工程建设专项过桥贷款是指中国农业发展银行为地方开展水利建设提供过渡性资金安排，保证纳入国家投资计划和地方政府预算投资的国家172项重大水利工程及时启动和不间断实施，采用信用方式发放的政策性贷款。

贷款对象：中央或省级政府设立的承担重大水利工程建设职能的项目法人；省级政府授权的承担负责统贷统还职能的公司法人；地市级政府设立的项目法人或授权的公司法人，符合条件的也可作为贷款对象。

贷款额度：依据地方政府项目投资和借款人实际用款需求等因素综合确定，但不得超过地方中期财政规划或年度财政预算确定的项目资金规模。

贷款期限：原则上不超过三年。

贷款利率：在中国人民银行同期同档次贷款基准利率基础上，贷款利率对西部及东北地区可下浮20%，对中部地区可下浮15%，对东部地区可下浮10%。

申请条件：工程必须位列国家172项重大水利工程范围，项目建议书、可行性研究报告等已获批复。

（4）农村基础设施建设贷款

农村基础设施建设贷款是指中国农业发展银行发放的用于中央和省级财政主导投资建设的农村基础设施建设项目，且财政承诺全额偿还本息的贷款。

贷款对象：同农村路网建设贷款对象。

借款人条件：同农村路网建设贷款条件。

功能特征：在贷款用途上，主要投向与国计民生相关的农村水、电、路、气、医疗和教育等公益性项目；在资本金要求上，根据《国务院关于固定资产投资项目试行资本金制度的通知》（国发〔1996〕35号）中关于"公益性投资项目不实行资本金制度"精神，对资本金未做强制要求；在贷款期限上，根据农村基础设施项目特点和财政资金到位计划合理确定，一般不超过二十年（含）。上述特征符合农村基础设施建设资金运行的一般规律，在农村基础设施建设领域具有较强的适用性。

（5）农业综合开发贷款

农业综合开发贷款主要用于解决借款人在农业生产基地开发与建设和农业生态环境建设等方面的资金需求，包括支持增加耕地数量、提升农田质量、推动现代农业、提高农业综合生产力的农业生产基地建设项目，以及农业面源污染防治、林业重点工程建设、退耕退牧退渔、草原湿地水资源保护、农村生态休闲产业等农业生态环境建设项目。

贷款对象：同农村路网建设贷款对象。

借款人条件：同农村路网建设贷款条件。

2. 城镇化建设类

（1）整体城镇化建设贷款

整体城镇化建设贷款是指为解决地方政府主导开展的区域性整体城镇化建设项目融资需要而向借款人发放的贷款。

贷款用途：主要用于项目区域内农业转移人口市民化和城镇基础设施、公共服务向农村覆盖过程中的开发建设资金需要，包括基本人居环境建设、城镇基本公共服务体系建设、产业支撑建设等方面。具体包括：安置房及其配套商业设施建设，供水、供热、燃气、路网、电网、信息网等公共基础设施建设，学校、医院、文化馆、体育场等文化教育卫生设施建设，污水、垃圾处理、水生态系统与水环境治理等环境设施建设，小型集贸市场、农产品交易市场、生活超市等便民商业设施建设，安置房和产业园区"七通一平"配套设施建设，征地拆迁、土地复垦等土地整治和整理，整体城镇化的其他相关建设内容。

贷款对象：同农村路网建设贷款对象。

借款人条件：同农村路网建设贷款条件。

（2）城镇化建设贷款

城镇化建设贷款是指银行在县域范围内向承担新型城镇化建设的企事业法人发放的固定资产投资项目贷款。授信资金用于改善县域生产生活条件和提升县域经济承载功能的各类基础设施建设，包括市政基础设施、城镇公共设施、县域园区、县域流通市场、旅游基础设施、农村基础设施、县域土地整理、"美丽乡村"建设等。

贷款条件：贷款金额由借款人实际需求、项目风险状况、还款资金来源等因素确定，一般不超过项目总投资额的70%；贷款期限原则上不超过五年（含）。

农村城镇化贷款实为项目贷款，按照还款来源分为两种。第一种是城镇化一般项目贷款，是指银行以新建项目法人或既有法人为承贷主体，以项目自身现金流或既有法人综合收益为还款来源而提供的贷款。第二种是城镇化垫支性项目贷款，是指项目自身收益或既有法人综合收益不能全额还款，银行以项目建成后的财政拨付资金为部分或全部还款来源而提供的贷款。

贷款对象：同农村路网建设贷款对象。

借款人条件：同农村路网建设贷款条件。

（3）县域公共基础设施建设贷款

县域公共基础设施建设贷款业务包括县域城镇建设贷款项目（不含整体城镇化建设贷款项目）和农村基础设施建设贷款项目（不含公路贷款项目）。

贷款用途：贷款主要用于县域范围内（含农村地区）基础设施等公共服务领域建设资金的需要。公共服务领域建设主要包括：水网、电网、路网、燃气、热水等基础设施建设；学校、医院、文化馆、体育场等文化教育卫生设施建设；小型集贸市场、农产品交易市场、生活超市等便民商业设施建设；污水垃圾处理、农村生活环境整治、水生态与水环境治理等环境设施建设；农村电网建设及升级改造工程；农村信息基础设施建设；风能、太阳能、生物质能源等可再生能源的开发利用；公共基础设施领域其他相关建设内容。

（4）县域商品流通市场建设贷款

县域商品流通市场建设贷款是指银行对项目所有权人发放的用于县域内商品流通市场建设的固定资产贷款。县域范围内农副产品、文化用品、服装家具、装饰建材、五金钢材、种子化肥等流通市场建设都适用本产品。非县域范围内的农副产品批发市场建设也适用本产品。

贷款用途：贷款主要满足各类商品流通市场提供交易用固定场所及

交易必需的配套设施产生的资金需求。流通市场的建设包括两部分：一是交易用的固定场所，如交易大厅（棚）、商铺等；二是交易必需的配套设施，如配套仓库、水电道路、保鲜储藏冷库、停车场、办公用房、安全检测系统、市场信息化系统、商户生活服务等市场附属设施。

3. 土地整治类

（1）农村土地综合整治项目贷款

农村土地综合整治项目贷款是指银行试点分支机构向借款人发放的用于农村农用地整理项目、城乡建设用地增减挂钩试点项目、集体建设用地整理集中使用项目或"七通一平"等配套设施建设的贷款。

适用对象：依法经工商行政管理机关或主管机关核准登记的，由项目实施地农村集体经济组织成员出资成立的农村集体资产管理公司、农民专业合作社以及其他由农民自愿联合且民主管理的经济组织。

产品特点：担保方式灵活，借款人可结合自身项目情况，实现多种担保方式的复合搭配；在符合基本规定的条件下，结合有关政策，银行可适当给予贷款人优惠利率。

（2）农村土地流转及规模经营贷款

农村土地流转及规模经营贷款是指银行为解决借款人从事农村土地承包经营权流转和发展农业规模化生产经营及服务所需资金而发放的贷款。

贷款范围：根据贷款用途不同，中国农业发展银行分别设立了农村土地流转贷款和农村土地规模经营贷款两个产品。

- 农村土地流转贷款主要用于解决借款人从事与农村土地流转相关的融资需求，贷款用途主要包括支付土地流转费用、土地整理与复垦费用，田间道路、灌溉、仓储设施、温室大棚等农业基础设施建设，以及农村产权流转交易市场（服务中心）建设，等等。

- 农村土地规模经营贷款主要用于解决借款人利用农村土地发展规模化生产经营或为规模化生产经营提供专业化服务方面的融资需求，贷款用途主要包括购置种子、种苗、农药、化肥等生产资料，购置农业机械设备，支付人工费用、培育养护费用，以及其他与生产经营等相关的资金需求。

贷款对象：以农村土地为依托，开展有序流转服务、规模化生产经营或为发展规模经营提供专业化种养服务，经工商行政管理部门登记，且实行独立核算的企事业法人可向中国农业发展银行申请农村土地流转和规模经营贷款。

贷款期限：农村土地流转短期贷款和农村土地规模经营短期贷款期限为一年；农村土地流转中长期贷款期限一般不超过五年，最长不超过八年；农村土地规模经营中期贷款期限一般不超过三年。

（3）集体建设用地使用权融资

集体建设用地使用权融资是指银行向在城市区域内从事农民集中居住区建设的合法主体发放的贷款。借款人可结合自身项目情况，实现多种担保方式的复合搭配。

申请条件包括如下七个方面。

- 项目已编制可行性研究报告，并取得有权部门关于项目合法、合规性的手续。
- 具有确定的政府回购款来源，并制订相应的回购款来源计划和回购款支付计划。回购款来源计划中应当明确相应的回购项目。
- 项目自有资金不低于总投资的35%，并在贷款发放前全部到位。
- 无违法违规销售农民集中居住区内住房的行为。

- 无金融、工商、税务、建筑等行业管理方面的不良记录。
- 回购款（包括土地拍卖收益、指标收益等）的结算通过银行账户进行。
- 借款人应与银行、项目所在地政府签订农民集中居住区建设贷款三方协议书。

（4）集体经营性建设用地入市专项贷款

集体经营性建设用地入市专项贷款是银行为集体经营性建设用地进入土地市场试点工作创新研发的配套金融产品，用于满足从土地整理、开发建设到产业运营等不同阶段的融资需求。

适用客户：企事业法人或其他经济组织，包括集体企业、联营公司等。

产品特点：担保方式灵活，除传统的保证、抵质押等担保方式外，还接受以集体经营性建设用地使用权及地上物（包括在建工程）为抵押物；根据项目开发周期、资金回笼时间不同，灵活设定贷款期限，一般为五年左右，最长不超过二十年，采取分期还款方式，开发建设项目可设定一定的还款宽限期。

产品功能：能够解决集体经营性建设用地入市试点三个阶段不同的资金需求。

- 土地整治阶段：贷款资金可用于地上物拆除腾退、土地平整及土地复垦等土地综合整治。
- 开发建设阶段：集体经营性建设用地完成入市后，贷款资金可用于项目建设。
- 产业运营阶段：集体经营性建设用地开发建设完成后，对于开发商自营的项目，银行可将该产业运营项目作为抵押物，以其运营收入和其他收入为还款来源，向借款人发放贷款，以解决借款人日常营运资金需要。对于采取对外销售方式的项目，银行可向购房人发放商业用房抵押贷款，在满足购房人资金需求的同时促进开发商资金回笼。

4. 居住改善类

（1）改善农村人居环境建设贷款

改善农村人居环境建设贷款主要用于支持农民基本生活条件保障、村庄环境整治、宜居乡村建设等。

贷款用途：水、电、路、气、信息等基础设施建设，污水、垃圾处理、水生态系统与水环境治理等环境设施建设，农村危房等住房改造，文化站、小学校、卫生所等配套文化教育卫生设施建设，小型集贸市场、生活超市等配套便民商业设施建设，乡村旅游开发、古村镇保护，其他改善农村人居环境建设的相关内容。

贷款对象：同农村路网建设贷款对象。

借款人条件：同农村路网建设贷款条件。

（2）农民集中住房建设贷款

农民集中住房建设贷款包括农民集中居住区建设与改造、农村危房改造、棚户区与泥草房改造等。

贷款对象：同农村路网建设贷款对象。

借款人条件：同农村路网建设贷款条件。

（3）重点村改造贷款

重点村改造贷款是指银行为市政府重点督办的涉及用于征地、拆迁、回迁楼建设及市政配套设施建设等"重点村"土地整治项目所提供的贷款支持。

适用项目：已列入市委市政府最终确定"重点村"名单内的改造项

目；或经城乡接合部建设领导小组认定的，因特殊情况需与"重点村"一并改造的村庄。

融资主体：市土地整理储备中心及其下属的区县分中心，且信用评级在BBB级（含）以上。

贷款条件：以合法有效的土地做抵押担保，贷款期限最长不超过五年，原则上采用银团贷款方式，

办理条件：贷款项目在市级"重点村"名单内，取得立项批复、授权、规划意见等核心项目手续，自筹资金比例不低于20%，具备与规划意见书（规划条件）匹配的项目实施方案或整治方案；立项主体明确，且符合贷款行规定的其他贷款条件。

（4）旧村改造贷款

旧村改造贷款是指银行向借款人发放的用于旧农村改造的贷款。

融资主体：项目立项主体或取得授权（委托）的实施企业，不包含市土地整理储备中心及各区县分中心。

贷款资金用途主要有如下四种。

- 对于农村土地整治项目，贷款资金可用于农村土地整治的相关费用支出。
- 对于农民集中住房建设项目，贷款资金可用于农民回迁、定向安置房等农民集中住房建设的相关费用支出。
- 对于农民转非安置项目，贷款资金可用于农民转为非农业（居民）户口所需缴纳的各项费用支出。
- 对于农村基础设施建设及环境整治项目，贷款资金可用于农村地区各项基础设施建设、改造提升工程以及农村地区环境整治项目所需的各项费用支出。

贷款条件：根据旧村改造项目的周期、进度、建设计划、还款资金到位进度等因素，合理确定贷款期限，期限最长不得超过五年；对于用于农民转非安置、农村基础设施建设的贷款，根据还款资金的来源情况，贷款期限可适当延长，最长不超过十五年；项目资本金比例不低于25%。

（5）易地扶贫搬迁项目贷款

易地扶贫搬迁项目贷款主要用于易地扶贫搬迁安置房建设（或购买）以及与易地扶贫搬迁直接相关的水、电、路、气、网等配套基础设施和教育、卫生、文化等公共服务设施建设，原居住地的土地复垦及整理，搬迁过程中发生的搬迁补偿、临时过渡费用，等等。

贷款对象：主要是地方政府出资成立、未列入监管部门融资平台名单的国有独资及控股企业，中央企业及其所属企业，非国有控股上市企业与地方政府或国有企业合资成立的项目公司。

申请条件：项目由政府主导，符合国家易地扶贫搬迁有关政策，充分体现政策支农，切实保护农民利益；项目必须具备有权部门出具的纳入政府易地扶贫搬迁计划的相关证明文件；项目合法并取得政府部门的相应审批手续。

（6）保障性农民回迁安置房建设贷款

保障性农民回迁安置房建设贷款是指银行发放的专项用于支持保障性农民回迁安置房建设的贷款，包括用于支付建安费用、配套基础设施建设费用及建设期财务费用等。

保障性农民回迁安置房是指纳入市政府所制订的保障性住房发展规划和年度计划，由政府统一组织实施或利用社会力量参与开发建设的定向用于农民回迁安置的住房。

融资主体：项目的立项主体和实施主体，在贷款行信用等级不低于BBB级，且具备四级及以上房地产开发资质或暂定资质。

贷款条件：贷款额度不超过项目总投资额的80%且不超过项目房屋

销售总收入，按照二者孰低的原则确定；贷款期限最长不得超过五年。

办理条件：项目必须纳入市政府所制订的保障性住房发展规划和年度计划，且项目的用地性质必须为国有出让或划拨土地，不得为集体土地；按规定取得政府有关部门的项目批准文件；项目列入市政府扩大内需重大项目绿色审批通道；项目资本金比例不低于20%，且已投入项目或全部到位，并与贷款行信贷资金同比例使用。

5. 农业生产类

（1）季节性收购贷款

季节性收购贷款是指在农副产品收购旺季，银行为解决企业因农副产品加工、流通、储备导致正常周转资金不足的困难，满足其收购资金需求而发放的短期流动资金贷款。本产品主要面对有季节性收购资金需求的AA级（含）以上农业产业化龙头企业，贷款期限原则上不超过六个月，最长不能超过九个月。贷款不得循环使用，到期必须收回。

季节性收购贷款实行"封闭运行、期限管理、专款专用、库贷挂钩"的管理方式。

产品特色：根据农副产品收购资金需求特点，银行可超企业授信理论测算值核定授信额度，不超过30%的由一级分行审批，超30%的报总行审批。

（2）化肥淡季商业储备贷款

化肥淡季商业储备贷款是指银行向借款人提供的用于开展化肥淡季商业储备业务的短期流动资金贷款。银行还可提供票据承兑、贴现、保函、短期信用证及其他国际贸易融资等业务。

每年进入化肥使用淡季后，化肥流通企业将淡季生产的化肥收储一部分，存到用肥旺季时再集中投放市场。在化肥流通企业中，与国家主管部门签署化肥淡季商业储备承储协议书的企业被称为"承储企业"，其他从事化肥淡季商业储备业务的企业被称为"一般企业"。

化肥淡季商业储备贷款主要满足承储企业和一般企业因开展化肥淡季商业储备业务而产生的流动资金需求，主要具备两大特点：一是以企业储存的化肥设定动产质押，为化肥流通企业增加了有效担保方式；二是针对化肥流通企业特点，为企业拓宽了资金来源。

（3）购置补贴农业机械贷款

购置补贴农业机械贷款是指银行向借款人发放的用于购置享受国家补贴农业机械的贷款。

贷款条件：所购农业机械价格享受国家财政补贴；贷款利率优惠；贷款期限为两年，最长不超过三年；还款可采用等额本息、等额本金、按月（季）结息到期还本等多种方式。

适用客户及条件要求包括如下三个方面。

- 借款人为农民合作社、农机合作服务组织的，主营业务突出，有稳定购销渠道，赢利能力较强，经营一年（含）以上，资产负债率低于70%（含）。

- 借款人为家庭农场的，应符合当地家庭农场认定标准，经营证照齐全，收入来源稳定可靠，资产负债率在70%（含）以下。家庭农场主有较丰富的种养经验和技术，经营管理水平较高，信誉良好。

- 借款人为自然人的，应年满18周岁（借款人年龄与贷款期限之和不超过65周岁），持有本地常住户口或有效居住证明，有固定的住所，有按期偿还贷款本息的能力，有丰富的生产经营经验且经营效益良好。

- 借款人应支付不低于30%的所购机械的首付款，同意银行自主扣划国家购机补贴款来偿还贷款，并在贷款行开立日常结算账户。

（4）农村土地承包经营权抵押贷款

农村土地承包经营权抵押贷款是指借款人在不改变土地所有权、承包经营权性质和农业用途的条件下，将农村土地承包经营权及地上附着物作为抵押担保，向银行申请办理的借款业务。

- 借款人如果是企业，就必须持有与承包农户合法签订的农村土地承包经营权流转合同，持有承包农户同意抵押、流转和处置的书面证明，以及有效内部决议等证明文件。
- 借款人如果是个人，就必须持有依法签订的土地承包合同书，或合法取得的由县级人民政府颁发的农村土地承包经营权证，提供同意抵押、流转和处置的书面证明。

下列农村土地的承包经营权不得设定抵押。

- 土地权属不清或存在纠纷。
- 未取得县级人民政府颁发的农村土地承包经营权证或未依法签订土地承包合同书。
- 已依法公告列入征地拆迁范围。
- 因公共利益需要，已被依法规划征收或征用。
- 土地受到污染或损毁，无法进行正常农业生产。
- 属于家庭承包户口粮田地，且承包户无其他收入来源保障家庭基本生活。
- 其他原因造成抵押权利不能对抗或实现。

（5）农业生产设施抵押贷款

农业生产设施抵押贷款是指银行以抵押人合法拥有的农业生产设施

为抵押担保而向借款人发放的贷款，或银行在获得专业担保公司担保后发放的贷款，而抵押人将农业生产设施抵押给担保公司。

适用客户：个人、个体工商户、企业、新型农业经营主体。

拟抵押农业生产设施条件主要有如下几点。

- 农业生产设施位于银行所在地区范围内。
- 农业生产设施所有权权属清晰，不存在争议。
- 农业生产设施用地未被依法列为征地拆迁范围，农业生产设施未被依法查封、扣押、监管或采取其他强制性措施。
- 除标准化钢架大棚、作物栽培中有钢架结构的玻璃或PC板（聚酯板）连栋温室外，其他农业生产设施需提供与县级国土部门、农业部门签订的设施用地协议和已完成建设方案备案的相关证明材料。
- 农业生产设施用地的剩余经营期限不低于五年（含）。
- 以下农业生产设施必须符合规模化要求：

  ——标准化钢架大棚、作物栽培中有钢架结构的玻璃或PC板连栋温室，面积不低于500平方米，总造价不低于20万元。

  ——规模化养殖畜禽舍、畜禽有机物处置等生产设施，面积不低于1 000平方米，总造价不低于50万元。

  ——现代渔业生产设施和粮食烘干、仓储设施及大型农机具存放库房，面积不低于100平方米，总造价不低于10万元。

（6）活畜抵押贷款

活畜抵押贷款是指以活畜动物资产为抵押担保向借款人发放的贷款。当债务人逾期不履行债务时，银行有权处分抵押资产以收回贷款。

适用客户：企业法人、其他经济组织、农民专业合作社、家庭农场、个体工商户、养殖大户等。

可接受的活畜动物暂且限于牛、羊、猪三类，对于其他活畜、活禽、水产等动物资产（不含特种养殖），银行可以根据市场需求、养殖规模、变现能力等具体情况上报总行，待同意后办理。

拟抵押的动物资产应同时满足以下条件。

- 养殖动物均应有耳标等能识别身份的统一标识，并能通过标识确定权属、类型等重要信息。
- 有固定、安全、卫生的饲养场所，定期参加免疫（经当地县级以上畜牧防疫部门检疫合格），无伤残，有完整的健康档案。
- 符合保险公司保险条款，且保险公司同意为其办理财产保险。
- 所有权明确，无权属争议，能够被抵押人依法占有、使用和处置，易于流通变现。
- 养殖要达到规模，零星散养动物原则上不得设定抵押。

（7）农业龙头企业核心经销商融信保贷款

农业龙头企业核心经销商融信保贷款是指银行在农业产业化龙头企业高度关联的核心经销商办理了国内贸易信用保险后，按保单承保金额的一定比例向其提供的流动资金贷款，即基于信用保险的融资服务。

本产品主要为解决农业产业化龙头企业（如蒙牛、伊利）的核心经销商在国内贸易交易中，以赊销等结算方式对各地零售商形成的应收账款无法及时回笼问题提供的短期流动资金支持。

核心经销商的融信保授信额度占用银行为龙头企业专门核定的融信保授信额度，且授信额度可根据核心经销商投保的国内贸易信用险保险金额核定，最高不超过保险金额的80%。符合银行融信保业务条件的核心经销商，在存入产品要求的最低保证金后，可不用提供其他形式的担保。

案例	农业订单贷款扶持水产品加工出口

　　某水产品公司是市重点农业龙头企业，以"公司＋基地＋农户"的经营模式从事水产养殖、水产品深加工与出口销售。该公司在进行出口结算时一般采用远期信用证方式收款，而在日常加工、购买水产品时则需向农户支付现金，因此该公司希望银行帮助解决水产品的资金结算问题，但又不希望从银行直接融资。

　　东莞农商银行经调查研究，先给予该公司700万元的授信额度。在授信额度内，银行将农户作为借款主体，根据农户与水产品公司签订的收购订单，按金额的70%给予农户贷款，由水产品公司提供一定额度的保证金和承担保证担保，使农户有足够的资金进行水产品养殖。在水产品交付时，水产品公司将结算的货款划入银行指定账户（用于归还贷款），结余部分由农户自行使用。

（8）"农超对接"综合授信

　　"农超对接"综合授信是指农业龙头企业或农民专业合作社在向大型超市直接提供商品的直销贸易活动中，以发票、供货单或超市企业的收货单据等为证明依据，向银行申请的综合授信业务，包括流动资金贷款、票据贴现等。

　　适用对象：在材料采购或生产加工、流通过程中有资金需求的农业龙头企业或农民专业合作社。

　　业务特点：必须以申请人在一定时间内向大型超市方供货的发票、供货单或超市企业的收货单据等为证明依据。大型超市是指在同一个经营权所有或管理之下，采用以顾客自我服务为主要形式，销售各种食品和家庭生活用品的大型连锁商店。

（9）"惠农链"农业供应链金融（以龙江银行为例）

　　"惠农链"农业供应链金融是指银行以当地特色农业和优势农产品的

供应链核心企业为中心，对其上下游中小企业、农户或消费者利益进行捆绑，通过科学合理设计金融产品，满足供应链各环节融资需求，推进农业供应链整体协调运转的系统性解决方案。

龙江银行结合农业价值链走向以及供应链中从生产到销售各环节的融资需求，以"核心企业＋上下游企业＋农户＋政府＋银行＋保险＋科技"为基本框架，研发出了多种风险可控的业务模式，包括农资公司＋农户、垦区农场＋农户、收储加工公司＋农户、公司＋合作社＋家庭农场（或种养大户）、核心企业＋中小供应商等，推出了种植贷、养殖贷、农机贷、粮贸贷、金土地、农信通等十二大融资产品。

在农业供应链金融的实践中，龙江银行从实际出发，整体考量核心企业、上下游企业、合作社、协会、农户、政府、科研院所、信托公司、保险公司各方利益，成功解决了供应链中借款主体融资难、产品供销不畅等问题。另外，通过与科研院所合作，龙江银行为广大贷款农户提供科技指导、种养殖培训，转变了农民原有的经营生产方式，提高了农民综合经营意识及组织化程度，促进了农村经济的发展。龙江银行还利用供应链自偿性的特点及时掌控物流、现金流、信息流情况，做到了封闭式资金运作，在低风险、低成本下拓展业务。参与各方均能在农业供应链模式及产品的推广过程中受益，农业供应链金融实现了多方共赢的经营目标。

二、林业

1. 林权抵押贷款

林权抵押贷款是指银行接受借款人以其本人或第三人合法拥有的林权做抵押担保发放的贷款。

贷款用途：满足农民等主体的林业生产经营、森林资源培育和开发、林产品加工的资金需求，以及借款人其他生产、生活相关的资金需求。

适用对象：从事与集体林业相关的生产经营活动的农户、个体经营户、企业、农村集体经济组织、专业合作经济组织等。

下列林权可用于抵押。

- 用材林、经济林、薪炭林的林木所有权和使用权及相应的林地使用权。
- 用材林、经济林、薪炭林的采伐迹地、火烧迹地的林地使用权。
- 国家规定的可以抵押的其他森林、林木所有权、使用权和林地使用权。

具体抵押范围由借款人、抵押人和银行商定，并在书面抵押合同中予以明确。

办理条件：借款人从事的生产经营必须符合国家有关法规政策规定和环保要求；经营情况、财务状况良好，具有履行合同、偿付债务的能力；依法取得林权，并具有县级（含）以上人民政府颁发的中华人民共和国林权证。

贷款条件包括如下六点。

- 贷款金额根据借款人第一还款来源、现金流状况、贷款用途和拟抵押林权评估情况合理确定。
- 贷款期限最长不超过五年（含）。
- 抵押担保的期限应比林权流转合同约定使用年限短一年（含）以上。属于承包、租赁、出让的林权，其抵押担保期限应比剩余承包、租赁、出让年限短一年（含）以上。
- 贷款期限超过一年的，采取分期还款方式。

- 抵押林权价值的评估，应根据不同的树种、树龄及所抵押林权变现难易程度等因素合理确定。
- 林权抵押贷款的抵押率，应综合考虑借款人的资信状况、偿债能力、贷款期限，但最高不超过抵押林权评估价值的60%。

案例 林权抵押获300万元贷款

某夹板生产企业成立于2008年，注册资本为100万元，主营夹板生产，产品主要销往珠江三角洲地区。近期，该企业为扩大产能，需购买一批设备，资金需求为300万元。该企业已无房产等固定资产抵押物，其法定代表人在广东省梅州市拥有若干总价值为800万元的林地，持有合法有效的林权证，主要种植的是桉树，树龄为4~5年。

该企业获悉东莞农商银行已推出林权抵押贷款业务，便向其提出融资请求。银行客户经理经过调查，认为拟抵押的林权符合银行制度要求。该企业应银行要求，聘请有相关资质的评估机构对林权进行评估和购买林业保险，设定抵押率为37.5%，在落实抵押登记等担保手续后，成功获得银行发放的300万元贷款。

2. 森林资源资产抵押贷款

森林资源资产抵押贷款是指银行以借款人（或抵押人）拥有的森林资源资产为抵押发放的贷款。

贷款对象：经工商行政管理部门（或主管部门）核准登记的企（事）业法人、农民专业合作社或其他经济组织、个体工商户或具有完全民事行为能力的自然人。

业务特点：借款人可用森林、林木、林地、森林景观资产以及与森林资源有关的其他资产进行抵押。

三、煤炭行业

煤炭是中国经济可持续发展的重要能源保障,属于典型的不可再生的战略性资源。煤炭行业的特征是,周期性波动兴衰与宏观经济好坏关联度很高,受国家政策的影响也较大,属于资金密集型行业,赢利空间有限。

煤炭行业是指煤炭开采和洗选业,包括烟煤和无烟煤的开采洗选、褐煤的开采洗选和其他煤炭采选。

按照用途分类,煤炭分为炼焦煤、动力煤、无烟煤和喷吹煤。炼焦煤作为生产原料,用来生产焦炭,进而用于钢铁行业。动力煤为动力燃料用,无烟煤是化工行业原料,喷吹煤用于钢铁行业高炉喷吹用。

煤炭行业的风险主要是产能过剩和国家政策变化。

煤炭资源整合贷款是指银行为满足借款人在提高煤炭生产集约化程度、开发利用煤炭资源过程中支付矿业权(包括探矿权、采矿权)交易价款以及对技术改造和产业链延伸过程中的资金需求,以借款人综合经营收益、对应煤矿未来收入等合法资金为主要还款来源发放的贷款。

这种贷款限于两种特定用途:一是借款人以招标、拍卖、挂牌等市场方式或以协议方式取得矿业权,支付相应交易价款;二是借款人在取得矿业权的前提下,于置换前期已缴纳部分矿业权价款。

通过煤炭资源整合贷款置换出的矿业权交易价款,不得用于股本权益性投资,不得以任何形式流入证券或期货市场,不得用于国家明令禁止的投资领域和用途。若贷款后续用于固定资产投资建设,那么借款人还应执行国家有关项目资本金、项目核准、环境保护、土地使用等方面政策。

煤炭资源整合贷款应遵循"关注国家政策、遴选优质客户、锁定贷款用途、监控投资进度"的原则办理。

煤炭资源整合贷款应满足下列条件。

- 贷款金额应根据借款人实际资金需求、还款能力、政府资本金管理要求等因素合理确定，最高不得超过矿业权交易价款的70%。
- 贷款期限依据矿业权交易价款支付安排、借款人预期现金流和投资回收期等因素合理确定，一般不超过三年，最长不超过五年。
- 还款方式：贷款应在审批确定的宽限期满后实行分期还款，一般应按季度或按半年还款，不得集中在贷款到期前偿还。借款人后续转让矿业权并获得全部转让价款的，应一次性收回贷款。
- 担保方式：要求借款人优先以其拥有的矿业权做抵押，或提供其他足值、合法、有效的保证或抵（质）押担保。借款人如果因政府问题暂时无法办理矿业权抵押登记手续，那么必须提供银行认可的其他阶段性担保（借款人信用等级在AA−级以上的除外），并承诺在取得矿业权且能够办理抵押登记手续时立即办理。以采矿权设定抵押的，应同时执行银行采矿权抵押担保管理相关规定。

四、石油行业（以昆仑银行为例）

1. 物采通

物采通是昆仑银行为中石油物资供应商开发的集融资支持、资金结算和理财服务于一体的综合金融服务方案专属产品。

适用客户：为中石油成员单位提供各类原料、设备、配件等物资供应的服务商。

产品特点包括如下四个方面。

- 融资产品多样，流动资金贷款、银行承兑汇票、订单融资、发票融资等均可选择使用。

- 融资金额较高，能够有效满足企业与中石油物资的资金需求。
- 还款方式灵活，支持到期一次性归还、分期归还等多种方式。
- 担保方式简便，仅需提供物资供应产生的应收账款质押。

融资要素包括如下四个方面。

- 授信金额：依据借款人与中石油成员单位交易金额测算，供货前的授信金额不超过交易额的70%，供货后的授信金额可增加到交易额的90%。
- 授信期限：1~3年。
- 担保方式：以借款人与中石油成员单位基于物资供应交易产生的应收账款债权为质押担保。
- 还款方式：可灵活选择结算资金到账即期归还、分期归还或到期一次归还。

2. 油企通

油企通是昆仑银行为中石油的供应商开发的集融资支持、资金结算、理财服务于一体的综合金融服务方案特色产品。

适用客户：为中石油成员单位提供工程施工、技术服务、物资供应及其他配套服务的各类供应商。

产品特点包括如下四个方面。

- 覆盖全部交易环节的融资支持：可根据交易环节的不同，选择使用订单融资（取得供货通知、开工通知、中标通知等）、工作量融资（产生一定的工程量、供货量、服务量等）、合同融资（签署正式的交易合同）、发票融资（开具发票进行结算）等多种产品。

- 融资金额：随着交易环节的变化逐步增加，能够有效满足企业与中石油交易活动的资金需求，从订单阶段的40%持续增加到发票阶段的90%；交易金额越高，融资金额越多。
- 还款方式：结算资金到账即期归还。
- 担保方式简便：仅需提供交易活动产生的应收账款质押。

融资要素包括如下四个方面。

- 授信金额：依据借款人与中石油成员单位交易金额和交易环节测算，履约前的授信金额不超过交易额的40%，履约后的授信金额可增加到交易额的90%。
- 授信期限：1～3年。
- 担保方式：以借款人与中石油成员单位基于交易活动产生的应收账款债权为质押担保（含订单）。
- 还款方式：结算资金到账即期归还。

3. 石油石化商品融资

石油石化商品融资是指借款人向昆仑银行质押其库存的石油石化商品，并接受昆仑银行委托第三方物流公司的仓储监管，由昆仑银行为其提供的短期融资业务。

质押商品的范围包括原油、燃料油、石脑油、成品油、润滑油、化肥、天然气［含CNG（压缩天然气）和LNG（液化天然气）］、非常规天然气、液化石油气、甲醇、橡胶、沥青、煤制或转化的石化产品。

目标市场：全国范围，主要围绕中石油的各类油气产品销售板块，优先支持中石油成员单位推荐的重点客户。

适用客户：有固定仓储设施的石油石化产品经销商与生产商。

产品特点主要有如下三点。

- 解决油气石化产品库存资金需求。
- 质押比例较高，最高可达80%。
- 操作灵活，一次签约，多次使用。

融资要素包括如下六个方面。

- 授信金额：最高不超过石油石化商品核定价值的70%，且原则上不得超过借款人上年度销售额。
- 授信期限：不超过一年。
- 贷款利率：结合中国人民银行规定的同期限同档次贷款基准利率合理确定。
- 监管费用：由借款人与物流监管公司协调确定，目前的通行标准为1%～1.5%。
- 担保方式：以借款人自有的石油石化商品为质押，由第三方物流监管公司现场24小时监管。
- 还款方式：到期一次性归还。

4. 促销贷

促销贷是昆仑银行为采购中石油油气、化工产品的客户群体开发的专属产品。

适用客户：从中石油购买各类油品、天然气、化工产品的采购商与经销商。

产品特点主要有如下三点。

- 担保方式多样，可采用信用、油气石化产品监管、股权质押等多种方式。
- 融资金额较高，能够有效满足企业与中石油油气产品采购的资金需求。
- 办理方式灵活，一次签约，多次使用。

借款人需具备的条件主要有如下三个方面。

- 与中石油成员单位建立油气产品采购合作关系六个月以上。
- 通过在昆仑银行开立的结算账户办理油气产品采购的资金结算。
- 与中石油成员单位签订供销合同。

融资要素包括如下四个方面。

- 贷款金额：依据借款人与中石油成员单位交易金额测算，最高可达采购金额的100%。
- 贷款期限：1～3年。
- 担保方式：信用、油气产品质押监管、股权质押等。
- 还款方式：可灵活选择分期归还或到期一次归还。

5. 燃气贷

燃气贷（又称"燃气类客户融资"）是指银行为满足天然气产业链中游管输客户、下游天然气城市分销、CNG和LNG加气站客户日常经营和项目建设的资金需求，而提供的融资产品。

燃气贷主要面向天然气中游管道运输及地下存储相关企业，下游城市燃气、工业园区天然气供应相关企业，以及CNG和LNG加气站运营商。

融资用途包括天然气管网项目建设、天然气各类企业日常运营流动资金需求，天然气液化、LNG远洋运输及LNG的接收、储存和再气化，管道天然气、CNG和LNG的销售及配套建设等。

产品特点主要有如下三点。

- 融资产品多样，流动资金贷款、项目贷款、国内贸易融资、银行承兑汇票、保函表内外融资产品等均可选择使用。
- 融资金额较高，能够有效满足企业的资金需求。
- 还款方式灵活，根据借款人生产经营产生的现金流、综合收益、生产经营周期及筹资能力合理确定还款计划。

五、房地产行业

房地产（又称"不动产"）是房产和地产的合称，两者具有整体性和不可分割性，具体是指土地、建筑物及地上的附着物，以及房地产物权[①]。房产是指建筑在土地上的各种房屋，包括住宅、商业、厂房、仓库、服务、文化、教育、办公、医疗和体育等用房；地产则包括土地和地下各种基础设施，例如供热、供水、供电、供气、排水、排污等地下管线以及地面道路等。

房地产划分为以下四类。

- 住宅房地产，包括商品性住房（简称"商品房"，如普通住宅、别墅、公寓和集体宿舍等）和保障性住房（如廉租住房、经济适用住房和政策性租赁住房）。

---

① 房地产物权除所有权外，还有所有权衍生的租赁权、抵押权、土地使用权、地役权、典当权等。

- 商业房地产，指各种非生产性、非居住性物业，包括写字楼、公寓、会议中心以及商业服务业经营场所等。
- 工业房地产，主要指工业类土地使用性质的所有毛地、熟地以及该类土地上的建筑物，包括工业制造厂房、物流仓库及工业研发楼宇等。在我国，工业房地产的土地批租年限为五十年。
- 旅游房地产，指依托旅游资源而建的且融旅游、休闲、度假、居住为一体的置业项目，包括旅游景点地产、旅游商业地产、旅游度假地产与旅游住宅地产。

房地产行业的风险主要包括国家宏观调控政策变化风险（包括货币政策变化与土地政策变化）、行业流动性紧张风险、企业竞争加剧风险及房地产泡沫风险等。

房地产企业的风险主要包括项目合规风险、资金不足风险、项目建设风险、项目销售风险、挪用资金风险等。

房地产贷款的主要特征是贷款金额大、用款周期长、有不动产做抵押。

我国的房地产行业曾是拉动各地区经济发展最重要的支柱产业，也是广大人民群众安居乐业的保障。银行发放的房地产开发贷款，具有金额大、期限长、条件复杂、管理要求高等特点，同时也给银行带来了业务品种多、利息收入多、存款结算多等综合效益，因此成为各家银行重点营销的业务品种。

银行可根据房地产开发的土地储备、开发建设、房屋销售、物业经营四个阶段的资金需求，提供不同授信品种的资金支持。

1. 土地储备阶段

（1）土地储备贷款

土地储备贷款是银行向土地储备机构发放的用于收购、整治土地和提升土地出让价值的短期周转贷款。资金主要用途包括支付征地补偿费、安置补助费、地上附着物和青苗补偿费、场地平整费，缴纳土地出让金，等等。土地储备贷款的唯一还款来源是土地拍卖款。

适用对象：经省市人民政府批准成立，受政府委托并依法从事土地收购、整理及储备工作的独立法人机构，其所在城市经济发展稳定，财政状况良好，土地收购、储备、出让等行为规范。

申办条件：储备土地的性质、权属关系、测绘情况、土地契约限制、土地在城市整体综合规划中的用途与开发计划相符。

贷款采取土地抵押担保方式，且抵押率不得超过抵押物市场评估价值扣除应当上缴政府的土地出让收益以后的70%。银行应设立土地储备机构资金专户，对土地经营收益进行监控。

（2）土地整理贷款

土地整理贷款是指银行向具有地方政府背景的土地整理实施单位（土地储备中心、城投公司等）发放的专项用于购买农民宅基地、农用地以及土地整理的中长期定向贷款。本贷款可为当地政府的农村城镇土地的收储提供资金保障，也可为银行营销拆迁户非常可观的储蓄存款沉淀提供良好机会。

2. 开发建设阶段

（1）住房开发贷款

住房开发贷款是指银行向房地产开发企业发放的用于住房及其配套设施建设的贷款，一般要求企业以土地和房产为抵押或由企业的股东提供担保。对于综合性房地产项目的贷款，如果其中住宅部分投资占总投资比例超过50%，那么该贷款也按此住房开发贷款管理。

（2）商用房开发贷款

商用房开发贷款是指银行向商业地产开发商发放的用于写字楼、商场、购物中心、宾馆（酒店）等商用项目及其配套设施建设的贷款。对于综合性房地产项目贷款，如果其中非住宅部分投资占总投资比例超过50%（含），那么该贷款也按商用房开发贷款管理。

（3）限价商品房开发贷款

限价商品房开发贷款是指银行向开发商发放的专项用于限价商品房开发建设的贷款。限价商品房是指经城市人民政府批准，在限制套型比例、限定销售价格的基础上，以竞地价、竞房价的方式，招标确定住宅项目开发建设单位，由中标单位按照约定标准建设，按照约定价位面向符合条件的居民销售的中低价位、中小套型普通商品住房。

（4）经济适用住房开发贷款

经济适用住房开发贷款是指银行向具有政府背景的经济适用房开发机构或房地产开发企业发放的专项用于经济适用住房开发建设的贷款。

经济适用住房是指政府提供政策优惠，限定套型面积和销售价格，按照合理标准建设，面向城市低收入住房困难家庭供应，具有保障性质的政策性住房。

经济适用住房项目条件包括如下四个方面。

- 建设项目已列入当地经济适用住房年度建设投资计划和土地供应计划，能够进行实质性开发建设。
- 已取得建设项目所需的国有土地使用证、建设用地规划许可证、建设工程规划许可证和建设工程施工许可证。
- 建设项目规划设计符合国家相关规定。
- 银行规定的其他条件。

贷款条件主要有如下四点。

- 贷款额度最高不超过投资总额的65%，特殊情况可放宽至70%。
- 贷款期限一般不超过三年，最长不超过五年。
- 贷款利率按照中国人民银行及银行利率政策执行，可考虑适当优惠。
- 采用按月（季）结息、分期分批或按销售进度比例归还贷款本金的方式。

（5）公共租赁住房建设贷款

公共租赁住房（以下简称"公租房"）建设贷款是指银行向地方政府全资或控股设立的保障性住房建设公司，以及经政府批准或授权从事公租房建设的房地产开发企业发放的用于建设公租房及其配套设施的贷款。

根据运作模式不同，银行支持的公租房项目分为两种：一是由地方政府全资或控股设立公司专门负责保障性住房建设；二是根据地方政府委托，由房地产开发企业负责公租房建设，项目建成后由政府回购。

（6）保障性住房项目贷款

保障性住房项目贷款是指银行发放的用于借款人自行建设、收购或长期租赁保障性住房项目的贷款。

适用客户：城市保障性住房建设投资中心或经市政府授权具有保障性住房经营主体资格的企（事）业法人。

办理条件：如果该项目是收购或长期租赁的保障性住房项目，那么项目自有资金比例应符合银行要求，项目未来租赁市场前景较好，且项目出租、出售所产生的现金流能够覆盖银行贷款本息。如果该项目是自建的保障性住房项目，那么借款人应具备房地产开发资质，且项目取得政府有关部门的批准文件，并符合国家产业、土地及环保等相关政策。

（7）"三旧"改造贷款

"三旧"改造贷款是指银行向借款人发放的用于旧城镇、旧厂房、旧村庄改造所产生资金需求的贷款。

适用客户：参与旧改项目建设、签订旧改项目改造协议或与国土部门签署旧改项目用地出让合同的单位，以及房地产开发商、村集体经济组织（或由其实际控制的企业法人）、旧改项目原业主（特指国有性质旧厂房用地权属人）等。

贷款用途：资金可用于支付"三旧"改造项目拆迁阶段的拆迁费、补偿费（含拆迁保证金）、安置费（含安置房建设费用）、复建房建设费、土地综合开发费等相关费用。

还款来源：项目的二级开发资金、销售收入、财政返还专项资金（借款人改造土地成本费用）、改造主体单位经营收入或筹集的其他资金等。

贷款所需资料主要包括以下几项。

■ 借款人董事会或相应决策机构同意借款且同意以物业抵押或质押担保的决议。

■ 旧改项目已纳入有权部门的改造规划和年度计划，提供旧改项目改造方案批复、"三旧"改造项目改造协议、"三旧"改造项目用地出让合同。

■ 涉及旧村庄、旧城镇旧改项目的，应提供房屋拆迁许可证等资料，并已与原业主签订有关拆迁补偿安置协议。

■ 提供工程承包合同及工程款付款凭证复印件；对于工程款尚未完全支付的，工程承包商应出具放弃工程款优先权利的声明。

■ 项目前期自有资金投入（包括土地费用、拆迁费用、"三通一平"费用等）凭证复印件。

（8）高校学生公寓建设贷款

高校学生公寓建设贷款是指银行向借款人发放的用于建设有偿租给

高校在读学生使用的学生公寓及配套后勤服务设施的贷款。借款人必须是教育部或省（部）级单位所属的高等学校、高校后勤服务实体或由其合法委托开发学生公寓的企业法人。

（9）房地产企业票据业务

在房地产企业票据业务中，银行除了提供贷款之外，还提供银行承兑汇票和商业承兑汇票的开票和贴现业务。房地产公司和建筑公司可将其用于支付工程款和购买材料款等。企业还可通过票据业务降低综合融资成本。

3. 房屋销售阶段

在房屋销售阶段，银行向房屋购买人提供抵押贷款，给各方带来好处：对于开发商而言，有利于促进房产的销售，加速资金回流；对于购房人而言，可提前获得房产的使用权，买房还具有保值和增值的功能；对于银行而言，贷款安全，有房产作为抵押担保，有借款人长期稳定的现金流作为还款来源。

（1）法人购房抵押贷款

法人购房抵押贷款是指银行向企事业法人发放的用于购买写字楼，并以该楼为抵押担保，以企业经营收入或房租收入为还款来源的长期贷款。

对各方的好处：对于企事业单位而言，通过抵押购房可改善办公环境，提升企业社会形象；对于购房人而言，租房办公也需要付租金，不如买房办公付利息，十几年后还可获得一套自有房产，买房具有保值和增值的功能；对于银行而言，贷款安全，有基本保障，还可以支持企事业单位发展，密切银企关系；对于开发商而言，有利于房产的销售，加速资金回流。

贷款条件：贷款金额为购房款的60%；贷款期限一般为3～5年，不超过十年。

担保要求：在过渡担保期间，借款人要选择具有较强经济实力、良好经营状况、回购担保能力、较强担保意愿的开发商担保，或银行认可的第三方企业作为保证人。在取得房屋产权证之后，借款人应及时将法人购房抵押贷款变更为房产抵押担保贷款。

风险防范：主要应防范虚假抵押风险、房价虚高套现风险、担保脱保风险、抵押未落实风险及操作风险等。

（2）标准厂房抵押贷款

标准厂房抵押贷款是指银行向借款人发放的专项用于购买自用标准厂房（包括现房和期房）的中长期定向贷款。

标准厂房是指在开发区（工业园）内，开发商统一规划、集中建造的生产经营场所，一般具有通用性、配套性、标准化等特点，能够满足入园中小企业的基本生产经营需要（不包括客户自行建设的自用厂房）。

适用对象：有购买标准厂房融资需求的中小企业客户。

贷款条件主要包括以下三个方面。

- 贷款额度依据客户所购厂房总价款及贷款期内还款资金来源等因素确定，小企业客户贷款金额最高可达 2 000 万元。
- 贷款期限依据客户还款资金来源合理设定分期还款金额，银行可给予客户半年的宽限期（宽限期内可只付息、不还本），贷款期限最长可达七年。
- 贷款以客户未来经营收入为还款来源，并采用分期还款方式。

贷款条件主要有以下四点。

- 符合国家产业政策和园区规划，并且满足国家环保标准。

- 经营年限必须在五年（含）以上，企业近两年均保持赢利。
- 已与标准厂房项目开发企业签订厂房认购合同，约定单价、面积、总价和交付时间等核心要素。
- 已向标准厂房项目开发企业支付不低于厂房总价款三成的首付款。

4. 物业经营阶段

（1）经营性物业抵押贷款

经营性物业抵押贷款是指银行向借款人发放的，以其拥有的经营性物业为抵押担保，以该物业的租金收入（主）和借款人其他经营收入（辅）为还款来源的贷款。

经营性物业是指已竣工验收并正式投入商业运营的不动产物业，包括商场、摊位、商品交易市场、综合商业设施、标准仓储设施、写字楼、星级宾馆酒店、工业用标准厂房、综合用房、位于工业园区且整体对外出租的厂房等。经营性物业需要经营管理规范、经营利润稳定、现金流较为充裕、综合收益较好。

贷款用途：商用物业在经营期间的维护、改造、装修、招商等资金需求；借款人统筹安排的其他合法用途，如置换负债性资金和超过项目资本金规定比例以上的资金等。

适用对象：企业（事业）法人，抵押人对经营性物业享有独立合法的处置权。

贷款特点：贷款期限一般在两年以上、十年以下；还款方式灵活，可根据实际情况按月、季、半年、一年分次还本。

贷款管理原则：从优选择经营资产，注重第一还款来源，审慎评估现金流量，合理确定金额期限，严格实施账户监管，定期评价资产价值。

六、建筑施工企业贷款

建筑业是专门从事建筑安装的生产行业，包括房屋和土木工程建筑业、建筑安装业、建筑装饰业、其他建筑业四个大类。其中的土木工程建筑更可细分为铁路、道路、隧道和桥梁工程建筑，水利和港口工程建筑，工矿工程建筑，架线和管道工程建筑，以及其他土木工程建筑。

建筑业上游联系着建材、钢铁等工业生产部门（建材、钢铁消耗大户），下游联系着房地产业等部门。建筑业本身产业链条较长，从工程设计、施工承包、施工建造到施工监理、建筑装饰等，细分门类齐备，都具有各自的运行特点。

建筑施工企业的主要特征是生产区域流动性大、每个项目建设周期长、生产质量问题突出、安全问题突出、资金密集、劳动力密集。

建筑施工企业主要风险是宏观经济下行导致工程量减少的风险、施工能力不足风险、流动性紧张风险、被拖欠工程款风险、节能减排政策合格风险等。

银行为了满足建筑施工企业生产经营不同的资金需求而提供的贷款品种如下。

1. 建筑安装企业流动资金贷款

建筑安装企业流动资金贷款是指各类承担建筑安装、市政建设及从事房屋修理、建筑物装饰等施工任务的公司所需要的流动资金贷款，是一种银行为解决建筑安装企业在完成施工任务时所需要的垫底流动资金而发放的贷款。

2. 对外承包工程企业贷款

对外承包工程企业贷款主要是指对外承包工程、出口劳务技术合作的对外承包工程企业所需的人民币周转资金贷款。它主要包括：派出人员的费用以及在国内备料支用的人民币；承包国外工程带动设备出口，在国内支付的设备预付款；企业在与国外业主进行结算过程中所发生的临时性垫支。

3. 基建材料供销企业贷款

基建材料供销企业贷款是指专门供应基建材料的供销企业及农房建材供应公司因购销材料所需的流动资金贷款，是一种银行主要为解决采购建筑生产企业适用的原材料、燃料、辅料等资金需要而发放的贷款。

4. 建材、建筑工业生产企业贷款

建材、建筑工业生产企业贷款是指建材生产企业、建筑机械生产企业及为建筑施工服务的木材加工厂、木构件、钢筋混凝构件、金属构件等加工生产企业所需的流动资金贷款。

5. 其他企业流动资金贷款

其他企业流动资金贷款是指施工机具租赁公司、工程承包公司、地质部门的物资供销机构和附属修配厂，以及为基建服务的勘察设计单位等所需的流动资金贷款。

6. 中标工程流动资金贷款

中标工程流动资金贷款是指建筑施工企业以其中标的建筑施工权或中标工程应收款为质押，银行对其发放贷款以满足工程所需的启动资金。

施工企业条件：经营情况良好，资产负债结构合理，有按期偿还债务的能力，过往未发现拖欠银行借款本息等不良记录，具备与履行合约相适应的资质和能力，过往工程施工无不良记录，信用良好，在贷款行开立基本账户或一般结算户。

　　贷款条件：贷款金额按中标合同价格和资金周转率计算，贷款期限一般为施工合同所规定的工程建设期再加三个月，具体利率按中国人民银行及贷款行有关规定执行。

七、船舶行业融资

　　船舶制造业具有投资总额大、赢利能力低、受世界经济周期波动影响大等特点，业内企业面临的风险相对较大。船舶建造是典型的面向订单生产模式。对单船而言，销售是确定的，但对船厂而言，每个产品都不一样，并且每年的生产能力利用率、销售及盈利情况都各不相同。

　　根据国际惯例，船舶一般分为五个生产节点建造，船东分节点验收后进行付款，前四个节点（合同生效、开工、上船台、下水）的付款比例一般为船价的40%～60%，船东在最后一个节点（交船）支付全部尾款。

　　船舶授信业务是指银行针对船厂（含船舶出口代理公司）提供的专项用于船舶建造所需的贷款、开证、保函、结算等业务。由于船舶建造生产周期长、总造价较高，船厂授信需求很大。

　　船舶制造业的风险主要有市场周期性波动的投资风险、船厂建造能力不足风险、生产能力过剩风险、造船模式落后风险、成本控制不到位的亏损风险、人民币升值的风险、船东弃船风险等。

　　对于船舶的制造、购买、经营，银行可提供以下贷款资金支持。

1. 在建船舶抵押贷款

　　在建船舶抵押贷款是指银行以正在建造中的船舶为抵押，向造船企业发放的流动资金贷款。借款人（抵押人）必须独立拥有被抵押船舶的所有权。作为抵押物的建造中船舶，若为分段建造的，应该完成至少一个以上的船舶分段并且正处于建造阶段；若为整体建造的，应该已经安放龙骨并正处于建造阶段。

2. 购买船舶抵押贷款

购买船舶抵押贷款是指银行为满足国内船舶购买企业的资金需求，以所购买的船舶为抵押担保及其他担保条件，并以船舶营运收入为还款来源，向符合要求的船舶购买企业发放的中长期抵押贷款。

适用对象：从事水路运输或水上作业的企业，或从事租赁业务的企业。

办理要点：拟购船舶必须为成品船舶，包括集装箱船、散货船、油船、客滚船等通用船舶，可以是新船或已使用年限在十年以内的二手船，但不接受在建船舶做抵押物；抵押船相关证件齐全，包括船舶所有权证书、船舶国籍书、适航证书、船舶检验证书、船舶营运证、船舶最低安全配员证书等；贷款期限一般不超过五年，船龄与贷款期限之和应低于《老旧运输船舶管理规定》；申请人必须有固定或连续的运输合同、船舶租赁合同或证明稳定经营收入的书面证明。

3. 经营性船舶抵押贷款

经营性船舶抵押贷款是指银行以船运公司拥有的经营性船舶为抵押，并以船舶营运收入为还款来源发放的流动资金贷款。银行可以完全控制船舶，同时又不影响船运公司正常经营。

八、绿色信贷

绿色信贷是指银行要以信贷资金促进人类社会与自然环境达到和谐生存、共同发展的绿色文明。绿色信贷概念的推出，提高了企业借款的门槛，银行要把符合环境检测标准、污染治理效果和生态保护作为信贷审批的重要前提。

绿色信贷的目标就是要帮助和促使企业降低能耗、节约资源，扭转企业污染环境、浪费资源的粗放经营模式，避免企业陷入"先污染后治理、再污染再治理"的恶性循环。

绿色信贷主要包括两个方面：一是支持节能环保、新能源、新能源汽车三大战略性新兴产业生产制造端的贷款；二是支持十二大类节能环保项目和服务，包括绿色农业开发项目，绿色林业开发项目，工业节能节水环保项目，自然保护、生态修复及灾害防控项目，资源循环利用项目，垃圾处理及污染防治项目，可再生能源及清洁能源项目，农村及城市水项目，建筑节能及绿色建筑项目，绿色交通运输项目，节能环保服务项目，以及采用国际惯例或国际标准的境外项目。

银行绿色信贷业务主要有以下品种。

1. 合同能源管理项目贷款

合同能源管理项目贷款适用于节能服务公司进行合同能源管理项目建设、运营，并采用项目未来收益权质押或其他担保方式，以节能收益为主要还款来源。本产品分为固定资产贷款和流动资金贷款两种模式。

适用对象：各类节能服务公司，且必须经国家发改委或当地合同能源主管部门备案，国家工信部推荐的工业节能服务企业名单内的小企业；采用合同能源管理形式的电力、工业、建筑、照明及农业领域节能改造项目。

这类贷款的准入条件包括两个方面。

■ 节能服务公司具备同类合同能源管理项目运作经验，企业连续经营两年及以上，或者实际控制人从事节能服务行业三年及以上。同时，节能服务公司原则上已承接过三个（含）以上节能服务项目，其中有一个（含）以上已进入回款期。

- 用能单位主体资质好，生产经营符合国家产业政策导向，生产装置不属于落后产能范畴，且支付能力强。优质用能单位范围：合同的委托方或用能单位为市区级以上政府部门、政府直属企业、大型国有企业、国家五大能源公司、二甲以上医院、四星级以上酒店、世界五百强企业、上市公司（必须三年内未亏损）、学校、大型办公楼宇、大型商场百货大楼以及规模连锁商业等。

贷款条件主要有如下四点。

- 贷款金额最高不超过节能服务项目投资总额的70%，其中投资总额仅包括前期设备的投入及工程施工等款项，不包括项目后期维护及贷款利息。
- 贷款期限最长五年。
- 还款期限与项目回款周期匹配，原则上每期还款金额不超过节能服务项目当期总收入的70%；一般按季等额本金还款付息，宽限期内无须归还本金（宽限期不超过半年）。
- 担保方式为应收账款质押。对于民营企业，企业实际控制人或主要自然人股东必须提供个人无限连带责任担保。必要时，银行可要求借款人按贷款总金额的50%以自己所在城市房产为抵押，抵押率最高可至100%。

产品特点：融资专项用于合同能源管理项目建设、运营，采用合同能源管理项目未来收益权质押或其他担保方式，以节能服务公司分享的节能效益为主要还款来源；提供项目融资结构安排、政府补贴、国际援助基金、清洁发展机制碳融资业务、节能量交易业务等咨询顾问。

2. 排污权质押贷款

排污权质押贷款是指申请人以主要污染物排放权为质押担保,向银行申请并获得的贷款。申请人可以质押主要污染物排放权,并以其交易转让所得偿还贷款。用于质押的主要污染物排放权应当是申请人自有的、有偿取得的,并可以依法转让。贷款资金可应用于购买主要污染物排放权、支付主要污染物排放权有偿使用费、节能减排技术改造以及正常经营周转等活动。

产品优势:融资期限长,最长三十六个月;融资比例高,最高达100%。

适用客户:已有排污权或拟购排污权的企业法人。

办理要点:借款人凭污染物排放权评估价值证明书申请贷款业务,并提供符合要求的基本资料;借款人经银行审批通过后签订借款合同和抵押合同,到核发排污许可证的环保部门办理质押登记手续。

3. 节能减排项目融资

节能减排项目融资适用于符合损失分担条件的客户,资金用于能效、新能源和可再生能源、碳减排和资源综合利用等领域。

适用客户:拟实施节能项目的中小企业。

准入条件:申请人市场潜力较大,具有核心竞争力;拟实施项目属于提高能效、可再生能源应用等领域,其中能效项目的最低节能量为15%。

产品特点:引入损失分担机制,适当降低担保门槛,解决企业担保难问题;有固定资产贷款和流动资金贷款两种模式;企业根据项目实施的现金流和自身的经营情况确定还款期限,可解决还款压力。

> **案例** 节能减排贷款荣获中国十佳绿色信贷项目奖

北京某公司的新型干法水泥生产线上的纯低温余热发电项目，是北京银行首笔中国节能减排融资贷款项目。银行通过对该项目技术方案、设备、实施方、最终用户等各方面的细致考察，对项目潜在风险进行分析界定，设计了综合的融资方案和风控措施，于2007年11月为其审批通过两笔合计3 200万元的节能减排融资项目贷款，以支持其建设两条新型干法水泥生产线纯低温余热发电项目。

在银行信贷支持下，该项目于2008年7月投产运行，实现并网发电。截至2008年12月末，该项目发电总电量1 402万千瓦时，实际取得电费收入618万元（含税），每年可节约近2万吨标准煤，减少二氧化碳排放4.9万吨，对减少环境污染和温室效应具有非常重要的意义。在21世纪亚洲金融年会绿色融资分论坛上，北京银行信贷支持的该项目荣获了"2008年中国十佳绿色信贷项目奖"。

4. 结构化融资

结构化融资是指银行运用结构化方式为节能环保企业或项目提供的融资。

适用客户：想通过信托、资管等渠道融资的优质大型节能环保企业。

产品特点：可个性化设计，流程相对便捷；单笔融资金额大，期限灵活。

5. 碳资产质押融资

碳资产质押融资是指银行向申请人提供的以碳资产为质押担保的授信业务。

适用客户：碳减排项目的业主。

准入条件：项目已获得有关机构注册，碳资产具备可交易性。

产品特点：采用可交易的碳资产作为主要质押品，为企业盘活未来碳资产。

6. 碳金融客户资产专项管理

碳金融客户资产专项管理是指银行为企业实现碳资产的专业化组合管理和增值服务。

适用客户：参与试点碳交易的企业，在贷款行开立碳配额交易资金结算账户。

产品特点：可为企业提供碳配额组合运营管理。

7. 光伏发电项目贷款

光伏发电项目贷款是指银行向借款人发放的，用于建设光伏发电项目所需资金或偿还已建成光伏发电项目其他债权的固定资产贷款，以项目发电收入和国家财政补贴收入为主要还款来源。

适用客户：投资建设和经营光伏发电项目的企业法人，既可以是项目公司，也可以是项目公司的主要控股股东；择优支持并网型晶硅光伏发电项目及分布式电站，暂不介入薄膜光伏电站、离网光伏电站项目。

贷款条件：贷款金额不超过项目总投资的70%；贷款期限一般不超过八年（含建设期），最长不超过十年。

8. 购置新能源汽车贷款

购置新能源汽车贷款是指银行向借款人发放的用于购买新能源汽车的贷款。新能源汽车是指以LNG、CNG、电力及汽柴油替代品等新能源为燃料的汽车，包括纯新能源汽车和新能源与汽柴油混合使用的双燃料汽车。

目标市场：全国范围，主要围绕中石油成员单位投资经营的LNG、CNG加注站能够有效辐射的区域进行营销拓展，优先支持中石油成员单位推荐的重点客户。

适用客户：公路运输企业，城市公交、出租车公司及需要购置LNG、CNG汽车的其他企业。

产品特点主要有以下三个方面。

- 解决交通运输企业购置新能源汽车的资金需求。
- 担保方式多样，客户可选择汽车生产厂商回购担保、汽车抵押、保险公司提供的信用保险等多种方式。
- 还款灵活，客户可结合经营现金流灵活设定。

贷款条件包括以下六个方面。

- 贷款金额：最高不超过所购新能源汽车价格的60%，且不超过近两年运输平均收入的50%（地级市的城市出租公司、公交公司可不受收入比例限制）。
- 贷款期限：原则上为三年，最长不得超过五年。
- 贷款利率：结合中国人民银行规定的同期限同档次贷款基准利率合理确定。
- 担保方式：以借款人所购新能源汽车提供财产抵押担保，同时提供与银行合作的汽车厂商回购担保或者保险公司信用保险担保。
- 付款方式：一次性全额支付至所购汽车的厂商指定账户。
- 还款方式：每半年还款一次。

九、旅游行业

作为第三产业的龙头产业，旅游业是国民经济新的重要增长点。随着人们消费升级和低端旅游市场趋于饱和，消费者越来越倾向中高端旅游，由此酒店住宿、交通出行、娱乐等全旅游产业链服务亟待升级。然而，受限于经营规模和经营水平，旅游产业链上众多参与企业的财务状况较差，抵押物有限，信用数据积累不足，银行如何在安全的前提下提供好融资服务值得探讨。

1. 旅游项目权益担保贷款

旅游项目权益担保贷款是指银行在借款人持续经营具备综合偿债能力的情况下，以借款人的旅游项目权益收入为第一还款来源，为满足借款人在生产经营中各项合理资金需求而提供的贷款。

借款人准入标准包括如下三点。

- 借款人过去两年年均门票收入应不低于人民币××万元，同时旅游景区应为国家4A等级（含）以上景区或世界遗产景区。
- 借款人财务管理规范，经营及财务状况较好，在中国人民银行征信系统中无不良信用记录。
- 借款人通过合法合规渠道取得或控制旅游项目权益，获取权益收入。

旅游项目准入标准包括如下七点。

- 项目运营三年以上并已签订中长期销售或服务合同，或者取得政府有权部门中长期经营授权。
- 能落实收费权益质押或项目资产抵押手续，或银行认可的担保条件。

- 借款人若不拥有项目资产产权，就必须提供拥有项目经营控制权的证明文件。
- 项目主要资产在融资期限内不得转让或抵押。
- 景区交通便利，与交通主干线、主要运转中心应有畅通的交通方式，游客到达景区所需的时间在三小时以内。
- 景区知名度高，具有一定特色，配套设施齐全。
- 景区收费科目和收费标准经发展改革部门和旅游主管部门认可。

适用景区：以经营自然景观、人文历史遗址、休闲商务场所等为主，包括住宿、交通、餐饮、娱乐等配套服务在内，主要向外地游客提供服务的旅游景区或景点。

提交材料：借款人除按照一般贷款管理办法要求提供的材料外，还必须提供权益资产产权、签订的中长期运营合同或项目经营授权证明文件，以及借款人整体经营计划及对项目的经营计划（包括市场预测和现金流量测算）。

2. 景区收益权质押授信

景区收益权质押授信是指银行以旅游景区收益权为质押担保，以经营收入为还款来源，向借款人提供的授信服务。贷款资金可用于旅游景区的日常营运、升级、扩建、修缮等。授信品种包括流动资金贷款、银行承兑汇票、保函等。

景区收益权是指旅游景点、公园等因提供有偿的旅游、休闲等服务而收取一定费用的权利，包括旅游景区的经营权、门票收费权、道路及交通工具收费权及景区内的其他收益权等。

授信条件：贷款金额不高于景区收益可还贷金额，贷款期限一般为3~5年，按月（季）分期还本。

适用客户：经营旅游景区的企事业法人。

3. 游船抵押贷款

游船抵押贷款是指银行以旅游客船为抵押，且由游船公司或经营者个人承担连带责任担保，以游船经营收入为还款来源，向借款人发放的流动资金贷款。贷款资金用于游船的日常维护、购买、更新改造及旅游相关用途。

适用客户：经营收入稳定，资信良好，拥有旅游客船的公司或挂靠公司的企业或个人。

贷款条件：贷款金额按抵押游船评估价的70%，贷款期限为一年，按月分期还款。

4. 旅游金融服务（以桂林银行为例）

桂林银行以"中小企业伙伴银行、市民银行"为市场定位，以小微金融、社区金融、旅游金融、"三农"金融为业务特色，努力打造"服务领先的银行、最具创新力的银行、最具竞争力的银行"。

为推进旅游金融发展战略，桂林银行不仅通过"景区贷""游船贷"等产品为旅游企业提供支持，还发行了"ATM（自动取款机）全球取款免费"的漓江卡，并在此基础上推出了八桂旅游卡、漓江便捷卡等一系列满足商旅客人需求的联名卡。

十、医药行业

我国是人口大国，人们对健康的重视和人口老龄化催生的"银发经济"，都利好医药行业，因为未来社会对药品和医疗器械的需求在不断增长。医药企业的社会融资渠道十分有限，这成为银行提供金融服务的条件。

1. 医保回款授信业务

医保回款授信业务是指银行依据申请人的医保供应链回款账户流水金额，向借款人提供的信用授信业务。

适合对象：市二级（含）以上医院、医药销售公司、医疗器械公司。

产品特点：以医保回款为基础，无须抵押的信用类贷款，解决了企业无法用医疗用地及房产抵押的难题。

办理条件：纳入市医保供应体系，同时将市医保回款账户开在银行。

授信品种：短期流动资金贷款、循环贷、银行承兑汇票、保函及国内信用证等。

授信条件：贷款金额最高不超过本年及上一年年均医保回款额的70%，贷款期限为三年（含）以下，贷款利率参照银行当期贷款利率，担保方式为信用保证。

贷款资料：营业执照、组织机构代码证、资质证书、纳入医保供应体系的批复文件等基础资料；连续三年及近期的财务报表；相关医保账户、主账户的流水情况；首次用信的用途证明材料，包括合同、发票等；银行要求的其他材料。

2. 医药企业保理业务

医药企业保理业务是指银行向经营状况较好的医药企业提供量身定制的国内保理业务。

适用客户：向医院等卫生医疗机构或地级市、军级（含）以上医药采购平台直接供货的医药企业。

产品特点：专为医药、医疗器械供应商量身打造，具有较强针对性和实用性；基于供应商的应收账款设计开发产品，为医药供应商提供融资服务。

办理条件主要包括以下几点。

- 具有独立法人资格的企业，依法进行税务登记，照章纳税。
- 企业产权明晰，管理规范，财务制度健全，员工队伍稳定，经营正常，具有合法稳定的经营收入，具备买方认可的供货能力。
- 具备国家认可的 GSP（药品经营质量管理规范）资质、医疗器械经营许可资质或药品经营许可资质。
- 产品和服务质量良好，符合国家及行业标准，与同类产品相比市场竞争力较强，企业以往没有发生因产品或服务质量问题涉及诉讼或贸易纠纷的情况。
- 信用等级条件是卖方在贷款行的信用等级为 BBB 级（含）以上。
- 卖方如果申请公开保理，除具备上述五项条件外，还应满足：

  ——成立时间在两年（含）以上。

  ——合作期间的履约交货记录及销售回款情况良好，购销双方有一年（含）以上稳定的供销关系。

  ——买方应为市三级合格（含）以上医院，或地级市、军级（含）以上医药采购平台。

- 卖方如果申请隐蔽保理，除具备上述五项条件外，还应满足：

  ——成立时间在三年（含）以上。

  ——合作期间的履约交货记录及销售回款情况良好，购销双方有两年（含）以上稳定的供销关系。

  ——贷款行信用等级为 A 级（含）以上。

  ——买方应为市三级甲等医院，或地级市、军级（含）以上医药采购平台。

- 买方应达到以下条件：

  ——经营正常，管理规范，财务状况良好，偿债能力较强，具有到期足额支付采购货款的现金流。

  ——以往与供应商签订订单的撤单率较低，无拖欠供应商货款及其他不良记录，未发生重大贸易纠纷。

06
国内贸易融资类

近些年来，固定资产投资增长减缓，项目贷款需求减少，中小企业贷款市场也趋于饱和，而国内贸易总量在快速增长，因此发展国内贸易融资业务已经成为许多银行战略转型的方向，成为银行大力开拓授信业务的新板块，也成为银行竞争客户的一项重要手段。

与传统的流动资金贷款相比，银行开展国内贸易融资业务能带来许多好处。

- 优化信贷结构。贸易融资可以将部分流动资金贷款逐步改造为期限短、流动性强、风险低的国内贸易融资业务。

- 优化资金收益。贸易融资品种丰富、功能齐全，可以带动企业在银行的结算、资金、理财等中间业务。银行在取得融资利息收入的同时，还可以取得多项综合收益。贸易融资是企业中间业务的主要收入来源之一。

- 优化风险控制水平。贸易融资用途明确，业务背景的真实性容易核实。每笔交易都有对应的物流和资金流，还款来源明确。贸易融资与企业交易过程结合紧密，有利于银行掌握信贷资金进入和退出的主动性。贸易融资有利于降低对房地产抵押担保和关联互保的依赖性。

- 优化客户群体。贸易融资可以依托交易链，有效扩大客户基础，将业务对象由核心客户延伸至多个交易对手。

- 优化服务功能。贸易融资有利于丰富银行融资产品,并且能够依托客户贸易链为客户提供结算、融资服务,提高综合服务能力和收益水平。
- 优化经济资本占用。国内贸易融资、国内信用证对经济资本的占用分别比流动资金贷款和银行承兑汇票低。

在传统信贷管理的基础上,银行开展国内贸易融资有必要在三个方面进行深入转变。

- 从客户风险管理深入转变为对交易风险的管理。
- 从贷前风险管理深入转变为对贷款操作环节及单据控制的管理,贷款发放后深入转变为对物流、资金流的跟踪监控。
- 从对单个企业的考察深入转变为对上下游交易对手、整个交易链的考察,更加全面地、动态地把握和控制风险。

国内贸易的主要参与方是买方和卖方,因此银行也就分别向这两方提供融资。

一、买方类融资

银行对买方提供的融资产品主要有以下六种。

1. 开立国内信用证

信用证是指银行根据买方(开证申请人)的申请,向卖方(受益人)开出的书面付款承诺,保证在收到符合信用证规定单据的条件下,由银行向卖方支付货款。信用证又分为即期证(即期付款)和远期证(远期付款）两种。

从道理上说，银行为了规避买方货到后不付款风险，应该先向买方收取100%足额保证金才会为其开出信用证；但在实际中，对于优质客户，银行通常会减收或免收保证金（简称"免保开证"），实际是变通地向企业提供了融资。

在国内信用证项下，银行还可以根据买卖双方的资金需求提供多种融资业务。

信用证业务适用以下两种情况。

- 国内贸易买卖双方互不熟悉，或者买方对卖方的履约交货能力存疑，抑或卖方对买方的按期付款能力存疑，双方希望借助银行信用证使得贸易成交。
- 国内贸易中有延长付款期限需求，买卖双方流动资金不充裕，有贸易融资需求。

办理信用证业务有如下六个要点。

- 国内信用证适用于国内企业之间商品交易的信用证结算，开立国内信用证必须具有真实、合法的商品交易背景。
- 国内信用证与买卖合同相互独立，银行在处理国内信用证业务时，不受买卖合同的约束。
- 银行做出的付款、议付或履行国内信用证项下其他义务的承诺，不受申请人与开证行、申请人与受益人之间关系的制约。
- 受益人在任何情况下，不得利用银行之间或申请人与开证行之间的契约关系。
- 在国内信用证结算中，各有关当事人处理的只是单据，而不是与单据有关的货物。

- 国内信用证的办理事项，按各家银行制度要求执行，包括国内信用证的开立、修改、通知、付款、注销，单据的审核，保证金的管理，以及其他规定。

小知识 **信用证业务中的主要当事人**

开证申请人是指向银行提出开立信用证申请并承担支付信用证款项义务的法人或其他经济组织，一般为买卖合同的买方。

受益人是指有权收取信用证款项的法人或其他经济组织，一般为买卖合同的卖方。

开证行是指接受开证申请人的申请，开立国内信用证并承担审单付款义务的银行机构。

通知行是指受信用证开证行委托向受益人发出信用证通知书的银行机构。

议付行是指对汇票或单据审议无误后，向受益人支付信用证款项的银行机构，一般是卖方所在地银行。

2. 国内信用证买方押汇

国内信用证买方押汇是指银行作为开证行，在收到委托收款行或议付行国内信用证项下的单据后，应开证申请人要求，代其垫付信用证项下应付款项的短期资金融通。

适用客户：以国内信用证为结算方式且有融资需求的买方客户。

适用情况：买方遇到临时资金周转困难，无法按时付款赎单；买方在付款前遇到其他新的投资机会，且预期收益率高于押汇利率；买方将付款期限由延期改为即期——缩短付款期限可以提高议价能力。

申请条件：客户在银行开立基本账户或一般存款账户；客户在银行有相应的可用授信额度；客户依法合规、经营正常，在银行的现有融资无逾期、恶意欠息或垫款；产品质量和服务较好，客户履约记录良好，且与上下游具有良好稳定的供销关系；信用证项下货物是其主要原材料或主营商品，具有较好的市场价值和稳定的市场需求，押汇时商品价格处在市场价格波动的合理范围之内。

3. 国内信用证信托收据融资

国内信用证信托收据融资是指银行在国内信用证项下，先替买方对外支付款项（买方押汇），同时以信托收据的方式让买方持有货物进行销售，以销售款归还银行付款本息。

买方可以不动用自有资金就先拿到货物进行销售，获得利润；银行则可以控制货权，在确保安全的前提下获得融资利息收入。

信托收据是买方先将货物所有权转让给银行，再从银行借出货物时出具的收据。信托收据的作用在于，表明货物的所有权归银行，买方只是以受托人的身份接受银行的信用委托并对货物办理提货、存仓、保险、加工、销售等，信托收据直到买方偿清银行款项才失效。

信托收据主要是银行解决从提货到销售这段时间对货物的控制权问题。如果买方破产倒闭了，那么其他债权人对信托收据项下属于银行的货物不可进行处置。若买方出售货物后尚未收回货款，那么银行有权凭信托收据直接向货物的下家买方追收。

信托收据由买方向银行签具，表明其作为银行的信托人，代银行保管有关单据和货物，同时做出七项保证：以银行名义代办货物存仓；如果银行有要求，买方就应立即退回有关单据；在售货前代购保险，以保证货物的安全；如果银行有要求，买方就应立即将货物归还给银行；允许银行职员或代理人在任何时候进入仓库检查货物；不得将货物抵押或将应收账款质押给他人；代银行保管收回的货款。

办理要点：信用证为即期信用证，具有包括货运单据在内的全套完整单据，符合"单证一致、单单一致"的审核条件；借款人近年来的上下游客户结构、生产经营、现金流量、存货和应收账款周转等情况良好，具有稳定的生产经营能力及本次融资相关的货物销售能力；信用证项下货物具有较好的市场价值和稳定的市场需求，销售和还款来源可靠；如果采购行为中存在关联交易，那么银行应从严审查交易背景和价格的公允性。

4. 采购融资

采购融资是指银行为购货方提供的用于支付购销合同项下应付款项的短期融资业务。

根据国内贸易合同约定的结算方式不同，采购融资分为预付款融资和应付款融资。预付款融资是指银行为购货方提供用于以预付方式向销货方先行支付货款的信用支持方式。应付款融资是指银行为购货方提供用于向销货方支付应付货款的信用支持方式。

办理采购融资业务应遵循"贸易背景真实、锁定融资用途、严格受托支付、货权清晰完整"的原则。采购融资必须用于该笔交易项下购货方对销货方的付款。

5. 回购担保贷款

回购担保融资是指银行向货物购买方提供信用贷款，用以购入销售方的产品。同时，销售方向银行担保，当购买方不能及时偿还银行贷款时，由销售方从购买方处回购产品，并将款项用以偿还购买方的银行贷款。

6. 未来提单质押贷款

未来提单质押贷款是指银行以借款人远期定向购买货物的提货权为质押，提供短期流动资金贷款，用于支付给确定的供货商。

本业务适用于大宗物资的经销商，多为钢铁经销商、汽车经销商、煤炭经销商、燃料油经销商等客户。

通常供应商属于较为强势的客户，要求先款后货。借款人通过这种融资模式可以满足采购资金的需要，获得供应商提供的价格折扣。

办理要点：供应商实力较强，能够在确定的日期内发出货物；借款人应提供与供应商签订的供货协议；由银行委托的物流公司全程监管商品运至借款人指定仓库，货物提单交由银行保管，物流公司根据银行指令控制货物的进出。

二、卖方类融资

银行对卖方提供的融资产品主要有以下十八种。

1. 国内信用证打包贷款

国内信用证打包贷款是指银行在国内信用证项下以借款人（信用证受益人）的预期货款为还款来源，为解决借款人在货物发运前，因支付采购款、组织生产、货物运输等业务的资金需要而提供的短期贷款。

办理国内信用证打包贷款业务应遵循"贸易背景真实、贷款用途明确、履约能力较好、回款风险可控"的原则。信用证项下贷款人的贸易背景必须真实可靠，购销双方具有长期、稳定的业务合作关系。

适合对象：国内贸易中收到信用证且有融资需求的卖方，可以缓解企业在备货阶段生产及采购等环节流动资金压力，增加经营规模和贸易机会。

国内信用证打包贷款必须满足以下条件。

- 信用证的开证行在贷款行合作名单内并有核定的授信额度。
- 信用证符合银行关于国内信用证结算管理的有关规定。
- 信用证是不可撤销、不可转让的。
- 信用证项下应收账款没有瑕疵，借款人未将其转让给任何其他人，也未在其上为任何其他人设定任何质权和其他优先受偿权。
- 信用证不包含对受益人和贷款行不利的条款。
- 信用证不包含限定他行议付的条款。

2. 国内信用证卖方押汇

国内信用证卖方押汇是指银行在卖方发货后，凭单证相符单据有追索权地向卖方提供短期资金融通的业务。押汇还款来源为从开证行收回的货款。

产品特点：卖方在收到货款前可提前得到资金，增加当期现金流，从而改善财务状况，融资手续相对于流动资金贷款等更为简便易行。

适用客户：采用国内信用证结算方式并有融资需求的卖方。

- 卖方发货后，遇到临时资金周转困难。
- 卖方发货后，遇到新的投资机会，且预期收益率高于押汇利率。

申请条件主要考察以下五个方面。

- 对于未收到到期付款通知书的卖方押汇业务，申请人应在银行已获批相应的授信额度，已收到到期付款通知书的卖方押汇业务可不占借款人授信额度。

- 借款人应为信用证受益人且必须在银行开立基本账户或一般存款账户，并自愿接受银行信贷监督和结算监督。
- 借款人生产经营状况正常，产品质量和服务较好，履约记录良好。
- 与信用证项下购货方有稳定、良好的合作关系，销售回款正常。
- 信用证项下货物是其主要原材料或主营商品，具有较好的市场价值和稳定的市场需求，押汇时商品价格处在市场价格波动的合理范围之内。

国内信用证卖方押汇的办理流程包括如下六个步骤。

- 卖方提交单据和国内信用证卖方押汇申请书，签订国内信用证卖方押汇合同。
- 银行经审核单据后，将押汇款项划入卖方账户。
- 银行将单据寄往开证行进行索汇。
- 开证行收到单据后提示给信用证项下开证申请人。
- 开证行到期向银行付款，银行归还押汇款项。
- 如果开证行到期不履行付款责任，那么银行对卖方有追索权。

3. 国内信用证议付

国内信用证议付是指议付行收到开证行到期付款的确认书后，向卖方（受益人）给付对价的融资行为（需扣除议付利息和手续费）。

按是否保留对受益人的追索权，国内信用证议付分为有追索权（回购型）议付和无追索权（买断型）议付。

议付应满足"单证一致、单单一致"的条件。信用证及其项下单据存在不符之处或不能确认单证一致的，应由开证行进行有效承兑，即书面同意接受不符之处并对信用证项下款项承担到期无条件付款责任。

　　对于有开证行有效承兑的来证，议付行可办理买断型议付，否则只办理回购型议付，即如果开证行到期不付款，那么议付行对卖方有追索权。银行对于无把握的单证，可以直接婉拒议付。

　　适用客户：采用国内信用证结算方式并有融资需求的卖方。

- 卖方流动资金有限，想获得银行的资金来快速周转并开展业务。
- 卖方虽获得开证行付款确认，但在收款前遇到临时资金周转困难。
- 卖方虽获得开证行付款确认，但在收款前遇到新的投资机会，且预期收益率高于押汇利率。

　　申请条件主要包括以下四个方面。

- 申请人应为信用证受益人且必须在银行开立基本账户或一般存款账户，并自愿接受银行信贷监督和结算监督。
- 借款人生产经营状况正常，产品质量和服务较好，履约记录良好。
- 与信用证项下购货方有稳定、良好的合作关系，销售回款正常。
- 议付可不占借款人授信额度。

　　国内信用证议付业务的办理流程如下。

- 卖方与议付行签订融资协议，向议付行提交销售货物单据。
- 议付行审核单据无误后，将单据寄往开证行进行索偿。
- 开证行收到单据后向议付行进行付款确认。
- 议付行在收到开证行付款确认并与卖方签署国内信用证议付合同后，将议付款项划入卖方账户。
- 开证行到期向议付行付款，议付行收回议付款项。

议付行在议付前，还应登录中国人民银行应收账款质押登记系统，确认本笔融资所对应的应收账款不存在已被质押、转让和异议登记等情形。

| 小知识 | 议付和押汇的区别 |

1. 从业务关系来看

议付是一种票据买卖关系。议付行支付合理对价后就成为"正当持票人"，并拥有了票据项下的一切权利，受信用证有关法律和票据法的约束。

押汇是一种权利质押关系。银行不拥有质物所有权，它拥有的是在单证一致的情况下要求开证行付款的权利，受国内合同法（借款合同）、担保法的有关规定约束。

2. 从办理银行来看

议付只能在议付银行办理。如果信用证为限制议付，那么只有指定银行可以办理。如果信用证为自由议付，那么任何银行都可办理。

押汇可以由任何愿意的银行办理，且可在信用证（L/C）、电汇（T/T）、付款交单（D/P）、承兑交单（D/A）、赊销（O/A）等支付方式下叙做。

3. 从追索权来看

在两种方式下，银行（议付银行、押汇银行）在开证行拒付时都对受益人拥有追索权，但银行与受益人约定放弃的除外。

4. 国内信用证代付

国内信用证代付是指在国内信用证项下，开证行应开证申请人申请，以承诺到期偿付的条件，委托代付行先向受益人兑付信用证项下款项，待融资到期日，开证申请人通过开证行向代付行偿还融资本息及费用。

在这项业务中，开证行（委托行）办理的是信用证委托代付业务，代付行（受托行）办理的是信用证受托融资业务。

对头寸紧张的委托行来说，如果能找到合适的代付行合作，那么既可以向卖方提供融资，又不占用自己的资金头寸。

对头寸富余的代付行来说，代付资金由委托行承诺到期偿还，风险较低，且可获得融资利息收入。但在代付之前，代付行要调查清楚委托行的实力和信誉。

信用证受托融资业务流程如下。

- 开证行向代付行申请办理信用证受托融资业务，逐笔提交国内信用证正本及项下单据的复印件，并承诺对提交的业务申请资料及相关贸易背景的真实性、开证的合法合规性承担全部责任。
- 代付行审批同意后向开证行进行报价，并就代付价格（包括利率、费用等）与开证行达成一致。
- 开证行通过报文通知代付行付款金额、付款日期、融资期限、付款价格、付款路线等付款细节。
- 代付行收到开证行的付款指示后应及时准确地按照开证行的付款路线对外付款。
- 融资到期时，开证行向代付行偿付融资本息及相关费用。
- 开证行可以提前偿还融资，但必须提前征得代付行同意。

5. 国内信用证福费廷

在可议付延期付款国内信用证项下，银行在收到开证行真实、有效的到期付款确认后，无追索权地从信用证受益人处买入应收账款，同时收取利息和相关手续费，银行持有该债权至到期日并从开证行实现债权。

适用客户：持有可议付延期付款国内信用证，并且有提前实现未到期债权融资需求的卖方客户。

对卖方的好处：卖断应收账款，改善财务报表；规避开证行风险，获得无追索权融资；准入门槛低，不占用企业在银行的授信额度。

申请条件主要包括以下四个方面。

- 申请人应为国内信用证中规定的受益人，并通过银行交单。
- 贸易背景真实，事务历史记录良好，经营同类商品的销售未发生过贸易纠纷。
- 依法合规、经营正常，在银行的现有融资无逾期、恶意欠息或垫款。
- 产品质量和服务较好，履约能力强，履约记录良好，申请人与上下游客户具有良好的供销关系。

6. 国内信用证应收账款转让

借鉴国际信用证款项让渡业务模式，国内信用证受益人将开证行确认付款的应收账款经银行出让给投资人，以获得资金融通。银行根据出让人（受益人）的指示，监管国内信用证到期回款资金划至受让人（投资人）的指定账户。

功能与优势：转让方式操作简便，解决了卖方客户短期融资需求，也为投资人提供了安全可靠的投资渠道和资金收益。

适用客户：接受延期付款国内信用证方式结算且有融资需求的卖方客户，有短期、固定投资收益需求的客户，单笔资金达到一定规模的私人银行客户，有跨境人民币业务背景和提高收益需求的客户。

7. 国内订单融资

国内订单融资是指银行以购销双方已签署订单项下的预期销货款为还款来源而发放的贷款，用于满足销货方在货物发运前因支付原材料采购款、组织生产、货物运输等方面的资金需求。订单是指销货方将所生产货物的所有权转移至下游购货方，购货方向其支付价款的买卖合同。

办理订单融资应遵循"订单真实有效、锁定融资用途、业务全程监控、结构融资覆盖"的原则。

订单融资风险防控要点如下。

- 办理订单融资必须坚持"客户+债项"双重维度的风险管控。调查、审查、作业监督和贷后管理各环节均必须重视风险防控并根据职责有所侧重。
- 在客户层面，除关注借款人的基本经营状况和偿债能力外，还必须重点关注借款人是否存在以下负面信息或异常行为。
    ——财务报表虚假，在银行或其他金融机构存在欺诈、骗贷行为。
    ——在银行有不良贷款、逾期欠息或表外垫款记录。
    ——在银行或其他金融机构办理的代理投资业务存在拖欠本金、收益或管理费用的情况。
- 在多家银行融资，且融资银行数量与企业经营规模明显不符。
- 过度融资明显或涉及民间融资。
- 被贷款行列入潜在风险客户名单。
- 陷入停产、半停产或者存在拖欠人员工资等情况。
- 银行同业存在显著的融资压降或退出现象。
- 贷款行认定的其他情形。
- 在债项层面，重点关注的风险点包括如下两个方面。
    ——贸易背景不真实。借款人不能提供与融资相匹配的订单，或下游购货方未对订单予以确认；借款人无法提供与订单相关的采购合同、发票、收货证明以及运单等要件；要件属于伪造、变造、失效，或者要件之间的钩稽关系不符；关联企业虚构贸易背景，虽提供真实完整手续但没有对应的实物交易发生。

——资金流向异常。贷款资金流向销货方以外的第三方账户，回流至借款人或其实际控制人个人账户，流向股市、楼市等法规禁止领域。

■ 采购项下商品未如期到货。与订单相关的采购项下的原材料未如期到货，或借款人提交的物流单据与采购合同约定事项不符，包括商品名称、规格、数量及销货方等。

■ 订单项下商品未如期交付。借款人未有效组织生产经营以履行订单义务，或者借款人未能如期交付货物。

■ 借款人未按时收到货款。借款人交付货物后，未按订单约定如期收到货款。

8. 赊销信用险融资

赊销信用险融资是指在供货方向银行认可的信用保险机构投保国内贸易信用保险后，银行凭相关单据、投保凭证、赔款转让协议等资料，向供货方提供的短期资金融通。

信用保险承保的是买方信用风险，包括因买方破产、无力偿付债务以及买方拖欠货款而产生的商业风险。企业在保险公司投保了信用保险以后，拿着保单可以在银行申请贷款。

信用保险中的赊销信用险，是保险公司为国内商业贸易中延期付款或分期付款行为提供信用担保的一种信用保险业务。投保人（被保险人）是制造商或供应商，保险人所承担的是买方的信用风险。赊销信用保险的目的是保证被保险人（债权人）能安全收回赊销贷款，保障商业贸易的顺利进行。

9. 保理融资

保理融资是指银行在受让产品或劳务卖方（债权人）转让的应收账

款的基础上，为卖方提供的融资服务，具体方式包括应收账款预支、开立银行承兑汇票、开立进口或国内信用证、开立保函等。

对于卖方客户而言，保理可以向买方提供远期付款条件，增加销售商品的竞争力，有利于拓展市场业务。客户也可以及时收到现金，满足企业生产经营需要，改善企业财务报表状况。

对于银行而言，保理可以向企业提供贸易背景真实的融资业务，安全性高。银行可以获得贷款利息和费用收入，也可以获得存款结算等综合收益。

保理融资条件：融资比例一般不超过受让应收账款金额的90%；融资期限最长为应收账款的付款期限与融资宽限期之和；融资利率按银行规定办理，计收方式有后收息和先收息两种；费用按照银行规定收取；保证金可视应收账款质量按一定比例收取。

按业务所在地域，保理可分为国内保理和国际保理。国内保理是指买卖双方均在境内的保理业务，国际保理是指买方和卖方中至少有一方在境外（或境内关外）的保理业务。

通常，保理分为十三类：有追索权保理、无追索权保理、公开型保理、隐蔽型保理、循环额度保理、非循环额度保理、逐笔保理、池保理、授信类保理、非授信类保理、双保理、单保理和特定保理。

- 有追索权保理是指买方不论何种原因到期不付款时，银行都有权向卖方追索或反转让应收账款，或卖方有义务按照保理合同约定金额从银行回购应收账款。有追索权保理的应收账款的坏账风险由卖方承担，有追索权保理又称回购型保理。
- 无追索权保理是指应收账款因买方信用风险而到期无法收回时，银行不能够向卖方追索。无追索权保理的应收账款的坏账风险由银行承担，无追索权保理又称买断型保理。

- 公开型保理是指应收账款转让一经发生，卖方单独或联合银行以银行认可的方式将应收账款转让事宜书面通知买方，并取得买方确认文件的保理业务。公开型保理又称明保理。

- 隐蔽型保理是指按照银行与卖方的约定，卖方转让应收账款时并不立即通知买方，银行仅委托卖方作为收账代理人继续向买方收款，当约定期限届满或约定事项发生时，银行可将应收账款转让事实通知买方，并要求买方付款的保理业务。隐蔽型保理又称暗保理。

- 循环额度保理是指卖方将买方在一定期限内的特定应收账款转让给银行，银行核定在有效期内可循环使用的融资额度。

- 非循环额度保理是指对具体已发生的特定的一笔或若干笔商务合同项下的应收账款所设立的融资额度。额度使用完毕后，即不再使用。

- 逐笔保理是指保理融资的发放、偿付，要与受让的应收账款逐笔对应。

- 池保理是指卖方将对特定买方一定时期内的多笔应收账款转让给银行，在满足"应收账款池内应收账款余额×融资比例+保理保证金账户余额≥融资余额"的前提下，银行为卖方提供的一笔或多笔保理融资服务。在保理业务中，保理融资的金额、期限不受单笔应收账款限制。

- 授信类保理包括保理融资、坏账担保等。

- 非授信类保理是指银行不承担买方或卖方的信用风险，提供的服务包括：应收账款管理服务（应收账款对账、应收账款到期提示、应收账款分析报告等），资信调查服务（买方资信调查和评估、提供行业信息报告），应收账款催收服务。

- 双保理是由包括银行在内的两家保理机构共同为买卖双方提供保理服务的保理业务。同一家银行系统内两家经营机构合作开展的双保理称为行内双保理。

- 单保理是银行单独为买卖双方提供保理服务的保理业务。
- 特定保理是指针对特定市场需求，银行还可以办理以下保理业务。

　　——保险项下保理。银行受让卖方已向保险公司购买信用保险的应收账款，卖方将其在保单项下的赔款权益转让给银行。如果买方到期未付款或未足额付款，那么保险公司向银行支付赔款。

　　——租赁保理。租赁公司将租赁服务产生的未到期应收租金转让给银行，银行在综合评价租赁公司的信用风险、经营水平、财务状况、担保安排以及承租人各项条件后，为租赁公司提供保理业务。

　　——反向保理。银行向生产核心企业指定的供应商提供保理融资及应收账款管理等服务。

　　——再保理。银行从商业保理公司、银行（包括系统内分行）等机构买入保理资产，从而在持有期内对原保理资产中的买方享有债权。再保理业务分为买断型再保理和回购型再保理。

　　保理融资业务应防范的主要风险包括虚假交易骗贷风险、关联交易风险、多头融资风险、回款失控风险、拒付风险等。

10. 租赁保理

　　租赁保理是指租赁公司将租赁合同项下未到期应收租金债权转让给银行，银行支付租赁公司一定比例的融资款项后，作为租金债权受让人直接向承租人收取租金。

　　银行租赁保理支持经营性租赁、结构性租赁、售后回租等多种租赁业务，并可选择叙做有追索或无追索保理。租赁公司若要办理融资期限在三年以上的无追索权保理业务，那么应追加租赁物做抵押。

　　适用对象：拥有融资租赁牌照，已经叙做或正在安排优质融资租赁项目，有融资或优化财务报表需求的租赁公司。

租赁保理的特点包括以下五点。

- 承租企业通过"融物"达到"融资"的目的，加快生产设备更新与升级，实现快速发展。
- 承租企业可享受加速折旧计提抵税的优惠政策。
- 盘活承租企业的固定资产，调节现金流。
- 租赁公司可改善财务指标，优化财务结构。
- 认可的融资租赁物种类多，范围广。

保理条件：保理额度为应收租金扣除相关费用后的80%，最高可至90%；保理期限可根据实际用款情况合理设计，最长可达三年。

租赁公司应提供下列资料。

- 租赁公司的营业执照、机构代码证等一般基础资料和业务申请书。
- 承租企业的营业执照、机构代码证等一般基础资料复印件。
- 融资租赁合同、租赁物买卖合同、租赁物和应收租金的所有权证明文件等。
- 回购方的相关资料（如有）。

案例 **银行采用融资租赁保理模式，助力企业扩大设备销售**

一家与东莞农商银行合作多年的优质客户，是专业从事模机及各种液压设备生产和销售的大型机械制造企业。其销售的设备每台价值500万～2 000万元，客户遍布全省各地，部分涉及省外。为了扩大生产销售，加快设备资金回笼，该企业提出与银行合作，为下游企业提供融资。

在引进一家融资租赁公司（出租人）后，该机械制造企业推荐了8～12

家长期合作、信誉良好、资产实力强且预计购买设备金额较大的下游企业（承租人）。

东莞农商银行采用融资租赁保理业务模式，向融资租赁公司提供了融资支持。融资金额根据对应融资租赁合同的应收租金总额确定，每户不超过1 500万元。融资期限不超过三年，利率为同期贷款利率上浮30%，一次性支付保理费0.15%。承租人以分期付款形式，每月支付等额租金。

担保措施包括：出租人提供融资金额5%的保证金；机械制造企业提供回购担保，办理租赁物抵押和购买保险；银行为第一抵押权人和保险受益人。

在银行资金的大力支持下，该企业机械设备的销量不断增加。

11. 工程机械租赁保理

工程机械租赁保理是指在优质工程机械制造企业（厂商）承诺回购或承担连带责任担保的前提下，银行为融资租赁公司提供的设备融资租赁款保理业务。

根据银行是否保留对租赁公司的追索权，工程机械租赁保理可分为有追索权设备租赁款保理和无追索权设备租赁款保理。

如果厂商为银行重点类客户，那么银行可以为融资租赁公司办理隐蔽型保理，但在租赁公司与承租人签署的融资租赁协议中不得存在禁止、限制租金转让等限制性条款。

12. 工程项下保理

工程项下保理是指建筑施工承包商将其向优质项目提供建筑施工服务所获得的应收账款转让给银行，由银行为承包商提供应收账款融资及商业资信调查、应收账款管理等综合性金融服务。

银行原则上只受理公开型、有追索权工程项下保理业务。银行对工程项下买断型保理业务实行承包商名单制管理，即银行只受理名单内建筑企业及其部分下属企业的保理业务。

13. 医保项下保理

医保项下保理是指医院将其因向基本医疗保险参保人员提供医疗服务所获得的应收账款转让给银行，由银行为医院提供短期贷款的业务。其中，基本医疗保险包括城镇职工基本医疗保险、城镇居民基本医疗保险及新型农村合作医疗保险。

医保项下保理业务仅限于办理有追索权保理，即在银行向医院提供保理项下融资后，若医保管理机构在约定期限内不能足额偿付应收账款，那么银行有权向医院追索未偿融资款项。

14. 商业汇票质押项下保理

商业汇票质押项下保理是指银行以客户持有的商业汇票（银行承兑汇票或商业承兑汇票）为质押，向其提供有追索权的保理融资。本业务适用于持有商业汇票量较大的企业，例如电力集团、钢铁集团等。这些企业对财务费用较为计较，通常在市场贴现利率走高的时候改贴现为质押（转换融资方式可以降低融资成本）。

15. 电子保理

电子保理是电子供应链供应商在线保理的简称，是指银行与核心企业基于电子信息交互模式，为其上游供应商办理的在线保理业务。电子保理主要为公开型单保理业务。

根据是否保留对供应商的追索权，电子保理可分为有追索权保理和无追索权保理。

根据购销双方交易所处阶段、核心企业信用等级的不同，电子保理可分为履约保理、普通保理和保付保理三类。

- 履约保理：核心企业仅对供应商提交的货物或服务进行验收，但不对应收账款债权进行确认。
- 普通保理：核心企业要对应收账款债权进行确认。
- 保付保理：核心企业不仅要对应收账款债权进行确认，而且要承担到期无条件付款责任。

电子保理可采用循环方式办理（简称"电子循环保理"），即供应商与银行签订循环保理合同后，在合同规定的额度和有效期内，供应商可在线自助提款、还款，并可循环使用额度。

16. 反向保理线上化模式

反向保理是指由买家（核心企业）向银行推荐供应商和提供应收账款信息，银行在买家保证付款的条件下向供应商直接发放贷款。

反向保理线上化模式是指，在线上供应链金融系统中，核心企业可提供供应商应收账款（发票）信息，供应商可在线完成应收账款转让及融资申请等操作，银行自动完成转让审核、融资在线发放及回款资金处理。

反向保理线上化模式具有三大优势：审批便捷、效率高和信息透明。

反向保理线上化模式审批便捷体现在如下三个方面。

- 核心企业推荐的供应商直接达到银行授信客户准入条件，对供应商只进行基本资质审查，降低准入门槛。
- 根据买卖双方之间的交易规模分配确定卖方的保理融资额度。
- 供应商单笔出账无须提供纸质发票或合同，买方认定的应收账款是可接受的。

反向保理线上化模式效率高体现在如下三个方面。

- 额度审批快，时效性强。
- 核心企业应付款（发票）信息在线直接导入，供应商单笔出账无须提供任何材料，只需在网银上勾选拟融资发票并提交申请，银行在线进行出账审核并完成放款，时间以分钟计。
- 核心企业回款后，系统自动完成清分、核销、还款，快捷准确。

反向保理线上化模式信息透明体现在如下三个方面。

- 供应商可在线实时查询发票状态、出账流程、回款处理等情况，全面掌控。
- 核心企业可实时掌握供应商授信使用情况及融资发票信息，增强对供应商的了解。
- 提供融资、应收账款等多项自动预警提醒，客户可提前进行资金的准备，有效避免逾期情况的发生。

反向保理线上化模式的开办流程大致包括如下五个步骤。

- 银行与核心企业达成支持供应商融资合作意向。
- 银行为核心企业核定间接额度，双方签署供应商保理业务合作协议（线上化版）。
- 银行为供应商核定直接授信额度。
- 银行与供应商签署国内保理业务合同（线上化版）、承诺函（供应商线上保理业务）及线上供应链金融系统使用协议。
- 供应商注册成为银行和企业网银正式用户，并申请开通线上供应链金融服务。

17. 发票融资

发票融资是指银行在销货方（借款人）赊销商品后，在不让渡应收账款债权的情况下，以销售货物所产生的商业发票为凭证，以发票所对应的应收账款为还款来源，向销货方提供短期贷款。

办理发票融资应遵循"贸易背景真实、锁定应收账款、物权清晰完整、购销双方兼顾"的原则，并符合国内法律法规及银行有关规定。

18. 应收账款综合解决方案

应收账款综合解决方案是指企业将在国内外采用赊销方式进行商品销售所形成的合格应收账款债权转让或质押给银行并办理登记，银行向企业提供包括资金融通、坏账担保、应收账款管理、应收账款催收等综合性的金融服务。

银行从上游供应商与下游采购商关系的角度出发，通过提供各项服务和融资，巩固汽车、钢铁、能源、家电等行业核心厂家，与上游中小供应商及境外买家建立的长期稳定关系。

应收账款综合解决方案适用范围主要有两个方面。

- 为汽车、钢铁、能源、家电等核心生产厂家提供配套服务的中小供应商（国内）。
- 与境外买家建立长期稳定业务关系的出口贸易企业（国际）。

这项金融服务的产品优势较为明显，体现在如下五个方面。

- 适用多种结算方式：银行针对内外贸中信用证、托收、汇款等各种结算方式下产生的应收账款，配合不同产品应用，为客户提供应收账款管理和融资服务，为采购商提供较为宽松的支付条件，进一步扩大供应商的销售。

- 授信担保灵活：以合格应收账款转让或质押形式代替传统不动产抵押方式，更贴合客户实际需求。
- 专业的应收账款管理服务：准确掌握收款情况，降低管理成本。
- 融资效率高：采取池融资方式，客户在授信期限内可根据企业销售状况在不超过最高限额的情况下循环使用授信额度。
- 融资方式多样：融资方式包括流动资金贷款、开立银行承兑汇票、开立信用证、开立保函等。

三、存货类融资

对于有融资需求的企业来说，如果不能提供房产、地产、机器设备等不动产抵押来获得第三方担保，就较难获得银行的贷款。企业以存货进行质押担保，则提供了一种新的融资渠道。

根据《中华人民共和国物权法》的规定，企业可用作质押担保的存货范围已经得到很大程度的扩展，包括采购过程的原材料、生产阶段的半成品、销售阶段的产成品等。在实际操作过程中，银行通常也会让第三方物流企业作为监管方参与进来。

1. 存货质押融资

存货质押融资是指银行以借款人合法拥有的储备物、存货等商品为质押物，向借款人提供的短期流动资金贷款。通过与借款人及符合银行条件的仓储单位——接受银行委托对货物进行有效看管——签订三方合作协议，银行可以实现对质押存货的转移和占有。

存货质押融资的授信方式除贷款之外，还有银行承兑汇票、商业承兑汇票、保贴、信用证等。

质押商品主要是制造企业或流通企业的流通性较好的大宗物资，例如钢材、汽车、油料、不锈钢、粮食、有色金属、煤炭、棉花、木材、塑料原材料等。

质押方式分为静态质押和动态质押两种模式。静态质押是指质物在质押期间处于封存状态（不改变质物形态、数量和占有人），直至贷款完全清偿后方可解除质押。动态质押是指银行确定质物的品种、数量、质量和价值的最低要求后，借款人在质押期间可自由存储或提取超出银行最低要求之外的质物。

（1）对各方好处

对于企业尤其是中小型商贸企业而言，有货质押融资可以盘活存货占压的资金，获得银行的资金支持，加速资金周转，扩大经营规模。

对于仓储单位而言，好处显而易见：因增加货源而增加收入。

对于银行而言，存货质押保证了贷款资金的安全，而将存货交由专业仓库保管也可以让其更加放心。

（2）业务注意事项

- 借款人应具备的条件：占有较大市场份额，有稳定的购销渠道；在银行保持一定的存款规模和结算量；无任何悬而未决的争议和债权债务纠纷；有良好的信誉和履约记录，银行贷款无逾期和欠息；无欠缴税款；银行认为必要的其他条件。
- 仓储单位应具备的条件：资信状况良好，综合实力当地排名靠前；必须选择与银行同城的仓库；拥有法人资格或经法人授权；注册资本、仓储面积、储位出租率、仓库年吞吐量、经营年限等条件满足银行要求；具备对库存商品进行估价和质量检验的能力；有良好的管理能力和现代化的管理技术，经营正常、财务指标良好，有较强抗风险能力；无任何悬而未决的争议和纠纷。

■ 质押存货应具备的条件：货物的产权必须明确；货物的物理、化学性质稳定，在银行债权的诉讼时效及诉讼期内，质物不会发生物理、化学变化；货物具有活跃的交易市场，价格稳定，易于折价变现；货物规格明确，便于计量，符合国家有关标准；必须有明确依据确定货物的实际价值，包括增值税发票、进口报关单、商检证明等，否则必须由银行认可的权威机构对其进行评估，所需费用由出质人承担。

■ 贷款展期及质物处理：在存货质押贷款到期后，如果客户不能按时还清本息，那么原则上银行不予展期，应立即对所质押货物进行处理。质物的处理应以银行认可的公开拍卖的方式进行，不得与出质人协议以物抵债。如果贷款到期后确需展期，那么企业必须提出明确理由以及切实可行的货物销售计划和还款计划。

（3）风险与防范

质押的存货在质押期间必须落实保险手续，保险受益人为银行，相关费用由借款人承担，或由仓储方投保。

存货的质押率不得超过规定比例，对质押货物价值的确定应遵循发票价值和当前市场孰低原则。

在银行的存货质押贷款余额，不得超过借款人上一年销售收入的一定比例。

银行应对存货质押商品的行情进行日常跟踪，建立信息库，发现异常情况，及时要求客户补充保证金或增加质押货物等，并防止价格的大幅波动可能给银行带来的损失。

2. 异地存货质押贷款

异地存货质押贷款是指银行以借款人异地仓库的存货为质押物提供的融资。这项业务是在本地存货质押融资的基础上，对远距离存货质押业务的一种拓展。仓储公司利用自身具有全国仓储网络的优势，或利用其他仓储公司仓库，甚至是客户自身的仓库，向银行出具仓单并代银行就地监管商品。借款人持仓储公司出具的仓单向银行申请借款。

本业务适用于那些注册地和经营地处在不同地区的公司，例如燃料油、沥青、煤炭、化肥、铁矿石等物资的进口商。这类客户注册地大多在北京、上海等城市，但是进口商品的交付地多在港口城市，例如广州、上海、天津等地。

3. 仓储公司担保贷款

仓储公司担保贷款是指银行根据仓储公司的规模、经营业绩、运营现状、资产负债比例及信用程度等，授予其一定的担保额度。凡是仓储公司在额度内提供担保的货主（借款人），银行均可予以贷款。

仓储公司包括大型国有仓储企业（比如中外运、中铁物流、中储等企业），以及那些管理规范、经营状况良好的大型民营仓储企业。

本业务有利于借款人更加便捷地获得融资，减少原先向银行申请质押贷款时的多个申请环节，同时也有利于银行充分利用担保人仓储公司监管货物的管理经验，强化对货物全过程监控的能力，降低贷款风险。

4. 海陆仓融资

海陆仓融资是指银行在传统仓单质押融资模式的基础上，对仓储质押监管、陆路运输监管、铁路运输监管、沿海运输监管、远洋运输监管等任意组合的供应链，向借款人提供货权全程质押监管的融资模式。

海陆仓融资=订单融资+保理融资（要求监管公司进行全程控货）

本产品适用于物流贸易商，比如煤炭经销商、原油批发商、钢铁经销商、沥青经销商等客户。其经销链属于典型的两头大、中间小。银行可借助两端大客户的良好商业信誉和物流公司对货物的全程控制来锁定风险。

5. 标准仓单质押融资

标准仓单质押融资是指银行以借款人自有的标准仓单质押而发放的短期流动资金贷款。本业务适用于以标准仓单为原材料进行生产的工业企业，或是销售标准仓单的商贸企业，包括在三大交易所（大连商品交易所、郑州商品交易所、上海期货交易所）或全国棉花交易市场等特殊商品交易市场的交易会员单位。

标准仓单是指符合交易所统一要求的，由指定交割仓库在完成入库商品验收并确认合格后，签发给货主用于提取商品并经交易所注册生效的标准化提货凭证。

（1）对各方好处

- 企业（借款人）通过质押仓单获得了资金，可以开展更多的业务。
- 交易所能吸引更多的企业来交易，获得更多的收入。
- 对于银行（授信人）而言，规范化操作简便易行，安全性和收益性较高。

（2）授信品种

- 先质后贷：借款人以自有标准仓单质押申请授信，以满足其正常生产经营流动资金需求的授信业务。还款来源可以是借款人的自有资金，也可以是通过卖出期货合约方式（或非卖出期货合约方式）对标准仓单进行处置所得的资金。

- 先贷后质：借款人以拟交割所得标准仓单质押申请授信，以满足其标准仓单实物交割资金需求的授信业务。还款来源仅限于借款人的自有资金。

（2）授信条件

- 授信额度：标准仓单质押授信业务属供应链金融业务范畴，纳入银行对借款人的授信额度统一管理。除有特别规定之外，标准仓单质押授信业务适用于银行公司授信业务的相关管理规定。
- 授信用途：标准仓单质押授信业务的融资用途不得违反银行授信政策要求，严禁对借款人进行期货交易保证金授信，严禁借款人挪用信贷资金，违反国家规定从事股票交易、期货交易、固定资产投资项目或其他非主营业务投资项目。
- 授信期限：应与借款人生产经营周期、资金回笼周期及其所在行业的平均经营周期相匹配。单笔业务的授信期限原则上在半年以内，最长不得超过一年（含），且不得超过标准仓单有效期或所载商品品种的保质期。对于期限超过半年的授信业务，借款人应提交合理有效的证明文件。

（3）注意事项

首先，对借款人的要求：成立时间在一年以上；资信状况良好，内部管理规范，无不良记录；借款人与期货公司不存在关联关系；从事与标准仓单所载商品品种相关联的生产、加工或贸易活动；符合银行公司授信业务规定的其他条件。

其次，对期货公司的要求：具有中国证监会核发的期货经纪业务许可证，并按规定通过年检；必须为交易所会员，成立时间原则上在两年（含）以上；分类评级原则上在B级（含）以上；具有持续赢利能力，信誉良好，无重大违法违规记录；有合格的经营场所和业务设施，有健全的风险管理和内部控制制度；银行认为合作期货公司应具备的其他条件。

再次，对标准仓单的要求包括两个方面。

- 银行可接受的标准仓单，应是借款人将商品按规定入库后由指定交割仓库签发并经交易所注册所得，或者是借款人自交易所交割所得。
- 银行不得接受的标准仓单：交易所停牌商品品种的标准仓单；上市但最近一个月内无交易的商品品种对应的标准仓单；与借款人生产、经营、贸易活动无关的标准仓单；有效期或保质期在授信到期日之前的标准仓单；有权属争议的标准仓单，或受到交易所按其业务规定采取限制处分措施的标准仓单。

最后，对标准仓单质押率和质押价格的要求：应注意不同商品特性和价格波动情况，质押率一般不得超过75%，预警线为85%，处置线为90%；"先质后贷"业务项下的质押价格，以单笔授信前相关商品期货合约前五个交易日的成交平均结算价为依据进行核定，而"先贷后质"业务项下的质押价格，以交割结算单为准进行核定。

小知识 | 标准仓库质押融资相关概念

质押通道，即质权登记和质权行使通道，是指银行为办理标准仓单质押授信业务向大连商品交易所（或郑州商品交易所）申请取得的特别席位，以行使对标准仓单的质押权和处置权，但不具有期货交易自营和经纪功能。

非交易法人标准仓单账户是指银行为办理标准仓单质押授信业务，通过上海期货交易所标准仓单管理系统申请开立的标准仓单账户。该账户仅用于行使标准仓单的质押权和处置权，但不能进行标准仓单直接交易。

卖出期货合约方式是指银行经借款人同意，通过期货公司在交易所内卖出与已质押标准仓单相对应的期货合约，所得款项用于清偿银行授信的标准仓单处置方式。

非卖出期货合约方式是指银行经借款人同意，通过协议转让、拍卖等非期货交易方式，将已质押标准仓单进行处置，所得款项用于清偿银行授信的标准仓单处置方式。

预警线和处置线是指标准仓单质押率的特定控制数值。当质押率达到预警线对应的控制数值时，银行应要求借款人及时采取相应措施来保证质押率符合要求；当质押率达到处置线对应的控制数值时，银行应立即对已质押标准仓单进行处置，以清偿银行授信本息及相关费用。

6. 仓储浮动抵押贷款

仓储浮动抵押贷款是指企业在正常生产经营过程中，将其自有的、银行认可的货物（一般指原材料、半成品及成品）交由银行认可的仓储公司监管，再以浮动抵押的形式从银行获得的流动资金贷款。

适用对象：有固定的生产经营场所、产品有销路、经营有效益、经营者素质好、能恪守信用的各类所有制形式的经济组织。

业务特点：仓储浮动抵押贷款无须他人担保，可以在自有库场、仓储方库场或第三方库场直接由第三方监管（减少仓管员工作量），存货资金适度转变为生产流动资金；能够以提前还贷或交存保证金的形式实现存货全部或部分出仓，方式灵活，操作快捷。

7. 商品提货权融资

商品提货权融资是指银行与供应商、经销商通过签署三方协议的方式，对经销商提供的以控制商品提货权为前提的融资业务。

业务流程如下。

- 供应商、经销商与银行签订三方协议。
- 经销商向银行缴存汇票金额30%的保证金，银行开立以经销商为出票人、供应商为收款人的银行承兑汇票。银行通知供应商给予经销商提取与汇票金额30%等值的货物。
- 经销商货款回笼，存入保证金账户。
- 银行通知供应商给予经销商提取回笼货款等值的货物。
- 如此反复，直至保证金账户余额等于汇票金额。
- 汇票到期日之前保证金账户金额不足时，供应商于到期日将汇票金额与账户金额之间的差额退还银行。

四、组合类融资

前面我们介绍的银行贸易融资品种，不是为了解决买方购货中的资金需求，就是为了解决卖方售货中的资金需求，都是单方面的。而在现实商品交易活动中，许多企业买入是为了卖出，卖出是为了再买入，从而要求银行能提供全流程的融资支持，为此银行"买+卖"不同融资产品的组合也就应运而生了。举个简单例子，就早期的存货质押贷款而言，银行必须等企业归还贷款后才能释放存货质押物，但现在银行在接受该企业售货的应收账款质押后，就可以先释放存货质押物，这就是存货质押和应收账款质押的组合。

1. 订单融资 + 国内保理组合

订单融资+国内保理组合适用于满足国内贸易项下销货方从订单签署至销货款回笼阶段的短期资金需求，即在购销双方签署订单后，银行为满足销货方在货物发运前备货阶段的资金需求向其提供订单融资，待销货方履约交货形成应收账款后为其办理国内保理业务。

订单融资+国内保理组合可免担保办理保理，借款人在融资对应应收账款形成后应将相应应收账款债权转让给银行。银行如果认为有必要，就可要求客户另行提供担保。

2. 采购融资 + 国内保理组合

采购融资+国内保理组合适用于在国内赊销模式下，借款人向银行申请贷款或开立银行承兑汇票用于对外采购，银行以货物实现销售后的应收账款为第一还款来源并为其办理国内保理业务。

这种组合的融资方式包括流动资金贷款、银行承兑汇票、国内信用证、进口信用证。

办理要求如下。

- 借款人应符合银行采购融资业务管理办法中规定的准入要求。
- 下游购货方信用等级在AA-级（含）以上，或为银行国内贸易融资核心企业。
- 借款人应明确与下游购货方有两年以上良好稳定的供销关系，并能够提供年度采购计划、框架协议、中标书等合同文件。
- 在产品组合中的采购融资阶段，借款人应按照贷款行要求落实合法、足值、有效的担保；在国内保理业务阶段，对于按贷款行国内保理业务信贷政策可不提供担保的，银行可释放相应担保。
- 本组合项下国内保理业务的应收账款应源于销售采购融资对应货物

或销售基于对应货物加工的产成品。

| 案例 | 用采购融资+国内保理组合解决500万元购货资金 |

A公司与上游客户签订500万元采购木料合同，所需资金原计划自筹200万元，另外300万元通过买断公司现有的应收账款解决。但随着央行五次上调存款准备金率及银监局"窗口指导"，银行贷款规模越收越紧，身为中小企业的A公司从银行获得贷款的难度加大。在此情况下，银行采购融资+国内保理组合业务可帮助A公司解决此问题。

A公司将与上游客户的结算方式，由支付现金变更为500万元六个月银行承兑汇票，同时向银行提出500万元销售应收账款保理申请。银行审核500万元应收账款到期日，在确定银行承兑汇票到期付款日前该笔应收账款可以回款后，办理应收账款债权转让并为A公司开出银行承兑汇票。

此时，银行将应收账款作为A公司开立六个月银行承兑汇票的担保。应收账款待回笼后，直接划入开票保证金户。待银行承兑汇票到期时，银行按时全额对外支付。

3. 预付款融资 + 商品融资组合

预付款融资+商品融资组合是指购货方向银行申请融资用于支付国内采购商品所需的预付款，待采购商品货权转移至购货方后，银行立即以该商品为质物为其办理商品融资，并通过全过程引入第三方物流监管公司或销货方进行商品监管，确保银行对其的处置权。

该组合适用于满足购货方从商品采购（所采购货物货权从销货方转移至购货方之前）至存货阶段的短期资金需求。

4. 信用证（进口或国内）+ 商品融资组合

信用证（进口或国内）+商品融资组合是指开证行为购货方开出信用证（进口信用证或国内信用证）用于采购商品，待采购商品货权转移至购货方后，银行即以该商品做质押为其办理商品融资，并引入第三方物流监管公司或销货方对质物进行监管，确保银行对质物的处置权。

5. 商品融资 + 保理组合

商品融资+保理组合是指借款人以其合法拥有的储备物、存货或交易应收的商品为质物，由银行为其办理商品融资业务。在商品或货物实现销售后，借款人将融资对应的应收账款转让给银行，银行接着为其办理保理业务。

6. 经销商融资解决方案

经销商融资解决方案是指银行根据家电、汽车、纺织服装、食品、化工制品等行业的贸易类企业客户特点，量身定制综合金额服务方案。

适用客户包括有融资需求的贸易类企业、行业经销商体系、专业交易市场等。

服务内容包括如下四项。

- 融资类服务：传统授信、供应链融资、理财产品质押融资。
- 结算类服务：票据池、资金结算、免费POS（销售点情报管理系统）机。
- 资产类服务：对公理财（可定制）。
- 增值服务：行业信息咨询、交易撮合。

特色方案：结合客户所处行业特点及实际经营情况，为各层级经销商灵活设计和提供定制金融服务方案，疏通其下级经销商融资渠道，助力销售任务的完成。

<table>
<tr><td>案例</td><td>为经销商量身定制综合金融服务方案</td></tr>
</table>

A空调江苏区域经销商的销售体系庞大，区域内的市级经销商和县级直营商达30余家，县级零售经销商有2 000余家，2013年销售量达到100亿元。

空调销售存在显著的季节性特征，每年9月份是各级经销商囤货的用款高峰期。苏州银行根据A空调江苏区域经销商的经营特点，针对其销售体系中的省、市、县三个层级经销商，分别量身定制了综合金融服务方案，品种包括票据池、信用融资、理财产品质押、"中心仓库"质押融资、空调质押、免费POS等，大大缓解了各级经销商的资金压力，助力年度销售任务的圆满完成。

五、境内外贸易链联动融资

出口贸易是国内贸易的延伸，进口贸易是国内贸易的补充，许多企业的境内贸易和境外贸易已经形成一个链条，银行的联动融资服务也随之出现。

1. 出口贸易链联动融资

随着中国国力的不断增强、出口能力的不断提高以及出口贸易链融资需求的多样化，银行能为企业的境内采购、加工、出口提供从合同签订、采购备货、发货出运到出口收汇的全过程联动融资。

联动融资不仅能够为企业获得和执行订单提供助力，也能对企业未来或当前的应收账款进行融资，并且通过与外汇衍生交易类产品的配套使用，满足企业规避汇率风险、利率风险和改善财务报表等特殊需求。

出口贸易链联动融资有以下品种。

- 出运前融资：订单融资、打包贷款、出口一票通（装船前）。
- 出运后融资：出口押汇、福费廷、出口一票通（装船后）、发票融资、国内保理、出口保理、国内信用保险融资、出口短期信用保险融资、出口项目险项下融资、应收账款池融资、出口退税托管账户质押融资。
- 无追索权融资：福费廷、出口双保理、信保项下出口保理。
- 中长期项目融资：出口买方信贷、出口卖方信贷。
- 配套使用产品：国内信用证、远期结汇。

案例　应收账款池融资模式大大减轻出口企业负担

民生银行某客户年销售规模为15亿元，销售对象超过50家，国内销售和出口销售的比例为3∶7，其出口销售采用的结算方式包括信用证、托收和赊销汇款。国内和出口赊销的账期从三十天到九十天不等，单笔发票金额折合人民币从10万元至480万元不等。客户日常融资以信用证押汇、出口发票融资等贸易融资为主。

该客户的销售结构决定了应收账款管理工作量巨大。财务人员常常加班，基本每天都要奔波在企业和银行之间办理各式各样的融资手续，企业为此付出的管理成本巨大。而且，由于手续烦琐，融资款项常常不能及时到位，影响了企业对外款项的按时支付。

民生银行采用应收账款池融资模式，选取该客户25家销售对象，将出口信用证、托收及国内、出口赊销项下的应收账款都转让给银行，金额打折后组合成应收账款池，为客户提供了5 000万元的应收账款池融资，用款方式为一年期流动资金贷款。应收账款回笼后进入现金池保证金账户，客户向银行转让后续的应收账款,银行将相应现金从保证金账户划给客户使用。

　　银行为客户提供了稳定的一年期的授信资金,而且没有影响客户应收账款回笼资金的使用;客户只要办理一两笔融资手续,平时在正常提交的结算单据之外再附上相关的应收账款转让清单即可,大大减少了以往办理多笔短期融资手续的麻烦。银行还为应收账款池内的应收账款提供管理和催收服务,定期向客户提供对账单,主动将符合划出要求的保证金划到客户结算账户上供其使用。

案例 | **中信保项下融资模式一揽子买断出口应收账款**

　　某上市公司年底应收账款超过3亿元,其中包括3 000多万美元的六年期的设备项目应收账款,3 000多万元的国内大型企业应收账款,6 000多万元的出口赊销项下的应收账款。该公司项目投保中国出口信用保险公司(以下简称"中信保公司")的项目险,赊销投保了中信保公司的出口短期信用险。该公司项目收款期长达六年,未来的汇率走势不明朗,该公司希望能够锁定结汇成本。作为上市公司,该公司还有在报告期内美化应收账款数据的要求。

　　根据以上情况,银行采取中信保公司保险项下融资模式,将该公司账面应收账款进行了如下三种买断操作。

- 国内应收账款:为该公司国内买家建立了专项保理额度,以国内单保理的形式买断其国内应收账款。
- 国外赊销项下应收账款:要求该公司将应收账款以及相对应的出口信用保险保单项下的赔款权益转让给银行,办理了中信保项下出口保理买断。
- 国内项目下的应收账款:要求该公司将项目险项下保单的赔款权益转让给银行,同时考虑到未来美元利率可能会呈上升走势,出于控制融资成本的考虑,银行为其安排了利率掉期交易,将其六年的融资利率锁定为一个固定的利率,按照固定利率以贴现的方式为该公司办理了中长期应收账款的买断。

银行对应收账款的一揽子买断方案，不仅美化了客户财务报表的数据，为其规避了汇率风险，而且锁定了应收账款变现的成本。

案例　订单融资模式帮助客户完成全年出口生意

某客户接到国外采购方一年期连续性订单，每月供货量折合人民币 3 500 万元，账期三十天。但是，客户原材料采购大部分需要支付预付款，而其自身流动资金不足，也没有足额的抵质押物用于银行融资的担保，资金瓶颈严重影响其接单能力。

银行采取了订单融资模式，给予该客户一年期的订单融资 8 000 万元，在协议到期前四个月每月等额还款 2 000 万元，要求客户将合同项下的收款权益转让给银行，设立回款专户专用于订单下出口的收款。

由于银行为客户订单的履行提供了资金支持，分散还款的结构设计兼顾了客户的现金流情况，降低了客户还款的压力，最终帮助客户顺利完成了全年的出口生意。

案例　内外贸联动融资模式解决出口企业先付款后收款难题

A 企业从境内 B 企业购买原材料，加工出口给境外 C 企业。A 企业从 B 企业采购原材料时采用全额预付款方式结算；A 企业向 C 企业出口收汇则以 O/A 赊销方式结算，账期六十天。企业面临的问题是，出口前先要有一笔预付款用于采购原材料，而货款要等商品出口六十天后才能收到，两者之间有时间差的困难。

对此，银行采用了内外贸联动融资模式。第一步，银行先为 A 企业向 B 企业开出银行承兑汇票或国内信用证，办理银行承兑汇票贴现或国内证押汇，解决了A企业购买原材料的支付需求。第二步，A企业发货后为其叙做出口发票贴现，以贴现款归还内贸融资款，最终以境外收汇款结汇归还发票贴现款项。

内贸融资和外贸融资产品的联动融资模式，成功解决了A企业前期境内采购支付需求和后期出口收汇之间结算期限上的困难。

2. 进口贸易链联动融资

进口贸易链联动融资是为进口商供应链管理提供融资服务，核心是实现进口商境外采购与境内销售融资需求的有机结合，旨在帮助进口商扩大销售，解除进口商对国内买方的信用担忧，加快应收账款周转，从而改良购销模式，进一步做大进口规模。

由于资金瓶颈往往存在于供应链上的中小企业，所以融资的直接发放对象以中小企业为主，并依托供应链上的核心企业的责任捆绑进行风险控制，促进进口贸易的顺利进行。

进口贸易链联动融资有以下两种。

- 进口贸易环节：进口物流融资、票证通、假远期信用证、进口票据买断、进口代付、进口押汇等。
- 国内销售环节：国内信用证、商业承兑汇票、国内保理、国内信保融资等。

3. 国内信用证＋进口物流融资

国内信用证＋进口物流融资是指除了银行为企业提供业务周转的资金融通外，在企业进口之前由国内下游买方开出国内信用证，以此保证国内买方的付款信用。

业务流程如下。

- A银行为下游买方向进口商开出国内信用证。
- B银行以进口商收到的国内信用证为保障，为其开立可控货权的进口远期信用证。
- 进口信用证项下单据到达后由监管方代为报关报检。
- 进口商在国内信用证下向下游买方交单。
- 国内信用证到期，B银行从A银行收得的款项，用于偿付进口信用证项下的货款。

4. 进口 T/T 融资 + 国内保理组合

进口T/T融资+国内保理组合是指银行对借款人在原材料进口和国内销售两个阶段分别提供的融资支持。第一阶段，在进口货到付款项下，银行为借款人提供进口电汇T/T融资以对外支付货款。第二阶段，待备货完毕并完成国内销售后，借款人将应收账款转让给银行，银行接着为其办理国内保理业务。

07
供应链融资类

供应链融资（也称"供应链金融"）是指银行将整个产业链中的核心企业和上下游企业联系在一起，综合提供灵活多样授信产品的金融服务。

在经济社会中，一件商品从原材料采购、产品生产到最终消费，要由供货商、制造商、分销商、零售商、最终用户按顺序形成完整的链条。在整个供应链中，处于强势地位的核心制造企业往往在交货、价格、账期等贸易条件方面要求苛刻，但上下游配套企业恰恰大多是中小企业，因难以从银行获得融资而资金链十分紧张，从而影响整个产业的发展。

供应链融资最大的特点就是，在供应链中，将供货商、制造商、分销商、零售商以及最终用户连成一个整体，借助核心制造企业和第三方物流企业的资信，解决了上下游配套中小型企业难以达到银行传统授信评级要求和抵质押物担保条件不足问题。银行支持的资金一旦注入配套企业，也就等于进入了供应链，从而可以激活整个链条的运转，为各家企业都赢得了更多的商机。

对于供应链融资模式和传统融资模式的区别，我们可以从图1-1中看出来。

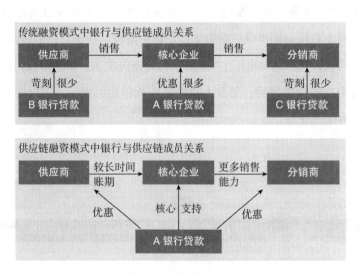

图1-1 传统融资模式和供应链融资模式的区别

资料来源：中国资金管理者沙龙（CTS）。

传统国内贸易融资模式的特征是"双边型"，即银企双方是一对一进行的，不同的银行对不同企业一对一各自授信，往往只关注单个企业状况和业务风险。

而供应链融资模式的特征是"链条型"，即参与主体有银行、核心生产企业、上下游中小企业及支持型企业（如仓储公司）。银行以供应链中的核心企业为中心，关注"$M+1+N$"①供应链中所有企业资信状况和交易全过程风险，整合物资流、信息流和资金流，向核心企业及其上下游企业提供综合金融服务。

适合供应链融资的客户群主要有三类：（1）资源优势突出的央企，例如石油、煤炭、电力等能源类企业的采购和销售；（2）财务指标突出、技术优势明显、内部管理规范的大型制造类企业（例如汽车、电器等企业）的采购和销售；（3）具有稳定资金来源的政府机构（例如各级行政机关、军队客户等）。

对于银行向供应链中的各个参与主体提供的授信品种，本书有关章节均已有介绍，包括流动资金贷款、票据业务（开票、贴现）。但除了常规品种之外，银行还可针对上游供货商、核心生产企业、下游分销商三种不同客户的需求，分别提供有特色的融资解决方案。

通常企业流动资金被占用的形式，主要分布在应收账款、预付账款和库存三个方面。相应地，银行的供应链融资产品主要是应收类融资、预付类融资和存货类融资三大类。

一、向上游供货商提供的融资

上游供货商大多采用赊账的方式向核心企业销售原材料。因此，银行对上游供货商的融资方案以应收账款融资为主，同时配备订单融资、保理、票据贴现、政府采购账户封闭监管融资等产品。

1. 订单融资

参见第一章第六节"国内贸易融资类"中的"国内订单融资"。

---

① M为上游供货商个数，1为核心企业，N为下游分销商个数。

2. 应收账款融资

应收账款融资是指在供应链中的核心企业承诺支付的前提下，上游供货商可用未到期的应收账款向银行申请融资。

在这种模式中，供应链上游的中小型企业是融资需求方，核心企业是应收账款的债务企业并对债权企业的融资进行反担保。一旦融资企业出现问题，银行便会要求债务企业承担弥补损失的责任。

应收账款融资使得上游企业可以及时获得银行的短期信用贷款。这不但有利于解决融资企业短期资金的需求，加快中小型企业健康稳定地发展和成长，而且有利于整个供应链的持续高效运作。

3. 商业承兑汇票保贴

保贴即保证贴现，是指银行承诺在授信额度和期限内以约定的贴现利率，对供货商提交的由核心厂商签发的商业承兑汇票予以贴现。

适用客户：主要以商业承兑汇票为收款结算方式的企业。

一些核心厂商的上游原材料供货商虽规模较小，但属于重要供货商，核心厂商常用商业承兑汇票的方式结算货款。银行接受核心厂商信用，以真实原材料供应合同为基础，对核心厂商出具的商业承兑汇票予以贴现。

经银行承诺保贴的商业承兑汇票，使收款企业的接受度大为提高，因为持票人可持该票随时到银行办理贴现获得现金。

二、向核心厂家提供的融资

核心企业自身具有较强的实力，对银行的融资规模、资金价格、服务效率都有较高的要求。银行的授信品种主要有流动资金贷款、票据业务（开票、贴现）、账户透支以及本书介绍的各种授信业务。

三、向下游分销商提供的融资

核心企业对下游分销商的结算，一般采用先款后货、部分预付款或一定额度内的赊销。分销商想要扩大市场销售，超出核心企业赊销额度的采购，就需要采用现金（含票据）的付款方式。因此，银行对下游分销商的融资方案主要以动产和货权质押的预付款融资为主，配备的产品主要包括短期流动资金贷款、票据的开票、保贴、国内信用证、保函、附保贴函的商业承兑汇票等。

1. 采购融资

采购融资是指银行向购货方（借款人）提供的用于向供货方支付购销合同项下应付款项的短期融资业务。采购融资分为两种方式：一种是预付款融资，即银行基于购销合同中约定的"预付款"结算方式，向购货方提供一定比例的融资，用于向供货方先行支付货款；另一种是应付款融资，即银行基于购销合同中约定的"货到付款"结算方式，向购货方提供一定比例的融资，用于向供货方支付应付货款。

办理采购融资业务应遵循"贸易背景真实、锁定融资用途、严格受托支付、货权清晰完整"的原则。

2. 采购融资 + 保理组合

采购融资+国内保理组合适用于在赊销模式下，购货方（借款人）向银行申请采购融资来进行对外采购的情况，待货物实现销售后，银行以销售货物形成的应收账款为第一还款来源为其办理保理业务。

办理采购融资+国内保理业务组合应明确下游购货方，核心企业与下游购货方有两年以上良好稳定的供销关系，并且下游购货方能够提供年度采购计划、框架协议等合同文件。

在采购融资阶段，购货方应落实合法、足值、有效的担保。在保理业务阶段，相应担保就可以得到释放并进而转为应收账款质押。

3. 代理采购融资

代理采购融资是指在特大型集团客户成立专门的采购子公司或分公司的情况下，银行以采购公司与其母公司签订的代理采购协议为依托，向采购公司提供融资业务，用于满足采购公司的采购资金需要，并以销售回款为第一还款来源。

4. 集中采购融资

集中采购融资是指银行向多个中小分销商统一提供采购资金并保证资金能安全交付，以便向核心厂商集中签订产品购买合同，集中进行批发采购，从而获得价格上的优惠，也属于银行的一项增值服务。本业务适用于具有一定资金实力的中小贸易商，它们一般都属于某个大型核心厂商的二级分销商。

5. 预付款融资 + 商品融资组合

预付款融资+商品融资组合是指银行向购货方提供融资用于支付国内采购商品所需的预付款，待采购商品货权转移至购货方后，银行即以该商品做质押为其办理商品融资，并引入第三方物流监管公司或供货方对质物进行监管，确保银行对质物的处置权。

本组合适用于购货方从商品采购（货权从供货方转移至购货方之前）至存货阶段的短期资金需求。

6. 未来货权融资

在很多情况下，企业在支付货款之后的一定时期内往往还不能收到现货，但它实际上拥有了对这批货物的未来货权。

未来货权融资（又称"保兑仓融资"）是下游购货商向银行申请贷款，用于支付上游核心供应商在未来一段时期内交付货物的款项，同时供应商承诺对未被提取的货物进行回购，并将提货权交由银行控制的一种融资模式。

在这种模式中，下游融资购货商不必一次性支付全部货款，即可从指定仓库中分批提取货物并用未来的销售收入分次偿还银行的贷款；上游核心供应商将仓单抵押至银行，并承诺一旦下游购货商出现无法支付贷款的情况便对剩余的货物进行回购。

未来货权融资是一种"套期保值"的金融业务，极易被用于大宗物资（比如钢材）的市场投机。为防止虚假交易的产生，银行等金融机构通常还需要引入专业的第三方物流机构对供应商上下游企业的货物交易进行监管，以抑制可能发生的供应链上下游企业合谋给金融系统造成的风险。

7. 保兑仓

保兑仓是指银行以承兑汇票方式帮助购货方完成进货和销售的业务。操作方式为，银行在收取一定比例的保证金后，为分销商（买方）向核心生产商（卖方）开出银行承兑汇票，生产商见票后将货物发至指定仓库看管，银行允许分销商在保证金数额内提取货物去销售，之后按销售回笼款金额再次提取货物去销售，直至仓库内货物全部卖完。保是"保证"，兑是"兑付"，仓是"仓储"。

仓库可以是生产商的仓库，也可以是银行指定的第三方仓储公司的仓库。保兑仓业务适合汽车、钢铁、化肥等行业的生产与销售企业，销售的货物应具有质量和价格稳定、易于保管和变现等特征。

（1）对各方的好处

对于生产商而言，赊销可以增强分销商的销售能力，扩大产品的市场份额；赊销可以稳定固定的销售渠道，并在激烈的市场竞争中取得产业链竞争优势；赊销可以实现销售收入，减少应收账款；获得的银行承兑汇票可以背书转让或贴现。

对于分销商而言，保兑仓业务可以通过大批量订货获得生产商给予的更高比例的返利（折扣）；当销售季节性差异明显的产品时，通过在淡季批量订货，从而在旺季货源充足，分销商可获得淡季付款的商业利益。

对于仓储公司而言，保兑仓业务可以助其扩大货主和货物来源，增加业务收入。

对于银行而言，开票可获得保证金存款，由于控制了仓库内的商品，且由生产商提供差额还款担保，业务风险低。

（2）操作流程

- 银行与生产商（卖方）、分销商（买方）签订三方金融服务协议。
- 银行向买方收取一定比例的承兑保证金（比如30%），为买方签发银行承兑汇票，专项用于支付卖方货款。
- 卖方收到银行承兑汇票后，将货物发至银行指定的仓库。
- 银行签发提货通知单，仓库凭提货通知单向买方发货。
- 买方销售货物之后向银行续存保证金，银行再次签发提货通知单，如此循环操作，直至保证金达到100%和银行承兑汇票到期。票据到期，银行保证兑付。
- 如果保证金余额低于银行承兑汇票金额，即买方不能完全实现销售时，那么卖方就要收回货物，并将承兑汇票与保证金的差额部分以现款支付给银行。

（3）主要风险

- 客户资信风险：客户的业务能力、业务量及商品来源的合法性，对仓库来说都是潜在的风险；在滚动提取时，存在"提好补坏""以次充好"的欺诈风险。

- 仓单风险：仓单是质押贷款和提货的凭证，是有价证券，也是物权证券，但有些仓库所开的仓单还不够规范，有的甚至以入库单做质押凭证，以提货单做提货凭证。

- 商品变化风险：并不是所有的商品都适合做仓单质押，因为商品在某段时间的价格和质量都是会随时发生不利变化的。

- 商品监管风险：在质押商品的监管方面，仓库同银行之间的信息不对称、信息失真或信息滞后，都会导致质押商品的监管风险。

- 内部管理风险：许多仓库的信息化程度很低，还停留在人工作业的阶段，会增加内部人员作业和操作风险。

8. 厂商银（厂厂银）授信

厂商银授信是指银行在上游生产厂家保证担保的条件下对其下游经销商提供授信支持，上游生产厂家需履行约定付款、商品回购或连带保证责任。如果银行的授信对象不是下游经销商而是下游厂家，那么厂商银授信称为厂厂银授信。授信品种包括流动资金贷款、银行承兑汇票等。

（1）业务流程

- 银行、上游生产厂家、经销商（或下游生产厂家）三方签订协议。

- 银行根据经销商的经销规模和申请，在授信额度内将贷款或票据定向支付给生产厂家，厂家安排生产和备货。

- 经销商将款项足额存入银行后，银行向生产厂家发出发货指令，将货发送给经销商。

- 如果经销商在银行授信到期日没有足额提货，那么上游商品生产厂家必须按协议约定履行付款或连带保证责任。

（2）产品优势

厂商银授信业务对上游厂家的好处主要有如下四点。

- 降低厂家负债比例，降低企业财务成本，提高产品竞争力。
- 大量减少应收账款，大大加快资金回笼速度。
- 支持厂家迅速扩大销售规模。
- 通过与合作银行紧密合作，对经销商资信情况和财务状况有更深入的了解。

厂商银授信业务对经销商（或下游生产厂家）有两个方面的好处。

- 取得经销或总经销权，争取厂家更大的返利。
- 解决经销商融资担保难的问题，取得银行融资，有效扩大销售规模。

9. 厂商银储四方合作授信

厂商银储四方合作授信是指银行借助物流公司的作用，实现资金流、物流与信息流在银行、厂家、经销商和仓储公司四方监控下封闭运作，从而达到四方共赢的目的。厂家需要承担回购责任、连带担保责任或约定付款责任。货物需要由银行认可的监管公司进行监管。

厂商银储四方合作授信是经销商依托上游生产厂家的信誉和实力获得银行授信，货到之后再转为动产质押，解决了经销商的采购和销售环节需要的资金。专门支持"弱势"经销商的资金困境，能有效提高厂家产品的市场竞争力，扩大经销商的销售规模。

（1）业务流程

与厂商银三方合作授信相比，厂商银储四方合作授信的不同点在于上游生产厂家收到预付款后，不是将生产出来的产品放在自己的厂子里，而是发至授信银行指定的仓储公司进行监管，同时必须办理好存货质押手续。

（2）产品优势

对上游厂家而言，厂商银储四方合作授信的好处有如下四点。

- 降低厂家负债比例，降低企业财务成本，提高产品竞争力。
- 大量减少应收账款，大大加快资金回笼速度。
- 支持厂家迅速扩大销售规模。
- 通过与合作银行紧密合作，对经销商资信情况、财务状况有更深入的了解。

而对经销商及下游厂家来说，这种授信业务有三个方面的好处。

- 解决采购和销售环节的融资需求。
- 取得经销或总经销权，争取厂家更大的返利。
- 解决经销商融资担保难的问题，取得银行融资，有效扩大销售规模。

（3）办理要点

- 需取得上游厂家的密切配合，共同签订三方或四方协议，厂家通常需要承担回购责任、连带担保责任或约定付款责任。
- 采用厂商银储四方合作授信方式的融资，需要由银行认可的监管公司进行监管。

10. 存货融资

在很多情况下，需要融资的企业除了货物之外，并没有应收账款，也难以获得供应链中其他企业的信用担保。此时，金融机构可将该企业的存货作为质押向其授信。

在这种模式中，抵押货物的贬值风险是金融机构重点关注的问题。但银行等金融机构可能并不擅长质押物品的市场价值评估，同时也不擅长质押物品的物流监管，因此可以根据第三方物流企业的规模和运营能力，将一定的授信额度授予物流企业，由物流企业直接负责融资企业贷款的运营和风险管理。这样既可以简化流程，提高融资企业的产销供应链运作效率，同时也可以转移自身的信贷风险，降低经营成本。

11. 供应链综合金融服务（以交通银行为例）

针对客户经营发展业态，交通银行供应链金融业务将供应商、制造商、分销商和零售商直至最终用户连成一个整体的功能网链，为其中的小企业客户提供各类有针对性的供应链融资产品组合，主要包括两大类：银行承兑汇票贴现、商业承兑汇票贴现、应收账款质押融资、国内保理、订单融资等供应商融资方案；银行承兑汇票、国内信用证、电子供应链贷款、保兑仓等经销商融资方案。

（1）服务对象

供应商、制造商、分销商、零售商、最终用户等供应链全流程上的相关企业。

（2）供应商融资方案

■ 银行承兑汇票贴现：合法持有银行承兑汇票的小企业客户，在汇票到期日前，为了取得资金而将票据转让给银行的票据行为。银行承兑汇票贴现期限从贴现之日起至汇票到期日止。

- 商业承兑汇票贴现：合法持有商业承兑汇票的小企业客户，在汇票到期日前，为了取得资金而将票据转让给银行的票据行为。商业承兑汇票贴现业务期限最长不超过票据到期日。

- 应收账款质押融资：借款企业将其合法拥有、具有真实贸易背景且无争议的应收账款质押给银行作为授信担保，银行以贷款、承兑、国际贸易融资等多种形式发放的用于满足企业生产或贸易领域配套流动资金需求的金融服务。融资比例最高85%，融资金额最高2000万元，期限根据应收账款期限确定，最长为一年。

- 国内保理：银行应供应商的申请，受让供应商在国内贸易中以赊销方式向核心企业销售货物或提供服务所产生的应收账款，并为其提供贸易融资、应收账款管理及催收、信用风险担保等金融服务。融资比例最高90%，融资金额最高2000万元，融资额度期限最长为一年。

- 订单融资：在购销双方签署订单合同后，银行应订单接受方（供应商）的申请，依据其真实有效的订单合同，以订单项下的预期销货款为主要还款来源，向借款人提供用于满足订单项下原材料采购、组织生产、施工和货物运输等资金需求而提供的短期融资。融资比例最高70%，融资金额最高2000万元，单笔订单融资期限最长为一年。

（3）经销商融资方案

- 银行承兑汇票：出票人签发的，经银行承诺在指定日期无条件支付确定的金额给收款人或持票人的票据，符合条件的企业可有敞口开具。纸质银行承兑汇票最长期限为六个月，电子银行承兑汇票最长期限为一年。

- 国内信用证：在国内商品贸易活动中，银行依照小企业的申请开出的、凭符合信用证条款的单据支付的付款承诺。银行开立的国内信用证为不可撤销、不可转让的跟单信用证。国内信用证最长期限为六个月。

- 电子供应链贷款：银行与供应链中的核心企业实现系统对接，通过与核心企业的数据交互获得企业经营相关的数据，在此基础上实现供应链业务中所涉单据与指令的双向电子化交互，为核心企业的上下游链属企业提供高效的融资服务。

- 保兑仓：生产厂商、经销商和银行三方合作。银行就经销商向生产厂商购买货物提供授信支持，根据经销商提前还款或补存提货保证金的状况开具提货通知书并通知生产厂商发货。生产厂商凭提货通知书方可向经销商发货，并在经销商违约时，承担连带责任保证担保、货物调剂销售或差额退款等责任的业务。融资金额最高2 000万元，单笔业务期限最长为六个月。

12. 线上供应链金融服务

线上供应链金融是指银行与核心企业合作，将银行线上供应链融资平台、资金监管系统与核心企业的ERP（企业资源计划）系统、订单系统等多个系统进行连接与信息交互，依托电子签章技术、电子签名法为核心企业的上下游合作商提供全流程的线上融资服务。

13. 线上应收账款池融资

上游供应商对应核心企业的应收账款具有交易较为频繁、单笔金额较小、笔数较多等特征。上游供应商可将其对核心企业一段时间内产生的多笔应收账款整体转让给银行，银行根据应收账款池余额的一定比例为上游供应商提供线上融资，以及线上应收账款管理、应收账款催收等金融服务。核心企业对上游供应商的应收账款融资承担付款责任。

14. 线上预付款融资

通过核心企业 ERP 系统、订单平台等内部系统，银行实时集中采集其与下游经销商间的交易信息，根据买卖双方历史交易习惯、核心企业对下游的控货能力或担保措施等，为下游经销商提供一定比例的预付款融资服务。核心企业对下游经销商的预付款融资承担连带责任保证担保、代偿责任、差额退款责任等。

适用客户：核心企业与其上下游合作商具备较为长期稳定的产业链合作关系，上下游合作商众多且较为分散，需要借助核心企业的银行准入实力进行融资。核心企业具备较强的付款实力、担保或控货能力，有完善的数据系统且能够配合银行系统对接。核心企业通常为企业类客户或电商平台类客户，上下游合作商为企业类或个体工商户皆可。

15. 线上电子采购贷

线上电子采购贷又称"供应链分销商线上融资"，是指银行基于供应链模式为分销商向核心企业支付采购货款而在电子系统中提供的短期融资业务。

办理电子采购贷业务应遵循"优选核心企业、贸易背景真实、信息线上交互、风控机制有效、严格定向支付"的原则。

根据信用增级方式不同，电子采购贷分为厂商银、厂商银储、担保便利贷和信用便利贷四类模式。

- 厂商银模式是指核心企业（厂）承担分销商（商）融资项下商品物权管控责任，并向银行（银）提供商品回购、定向返还货款等信用增级措施的业务模式。

- 厂商银储模式是指核心企业（厂）收到分销商（商）支付的货款后，履行生产备货义务，并将商品交付银行（银）指定的第三方仓储监管机构（储）进行动产质押监管的业务模式。核心企业必须承诺对融资项下商品提供回购或完成调剂销售等信用增级手段。

- 担保便利贷是指核心企业为分销商融资提供连带责任保证的业务模式。

- 信用便利贷是指银行以信用方式或第三方增信方式为分销商提供的小额循环贷款模式。

厂商银和厂商银储业务模式适用于以预付方式结算的国内商品贸易。担保便利贷和信用便利贷适用于以预付方式或货到付款方式结算的国内商品贸易。

16. 线上电子仓单质押融资

线上电子仓单质押融资是银行为市场交易会员特别定制的一项全流程线上融资产品，包括拟交收电子仓单质押线上融资、已有电子仓单质押线上融资两种业务模式。

线上电子仓单质押融资的特点和优势如下。

- 满足卖方和买方融资需求。这种融资方式不仅能解决卖方会员因电子仓单占压资金所面临的流动资金需求，也能满足买方会员因支付仓单交收款项所需的融资需求，且无须先行提供任何抵质押担保。

- 交易行为与融资服务无缝衔接。银行线上融资平台通过与电子交易市场、电子交易平台和仓单管理平台的互联互接和数据协同，实现会员交易、交收、支付行为与银行结算、融资服务的无缝衔接和高效融合。客户无须改变交易操作习惯，交易、融资、交收、支付一站式搞定。

- 电子仓单质押全程办理。线上电子仓单质押融资实现了电子仓单质押、冻结、解除的全线上操作，客户无须再办理传统质押操作的烦琐手续。

- 全流程线上操作、高效便捷，客户体验上佳。各业务参与方均可通过相应的业务处理平台轻松实现自身的各种业务操作处理，大大降低了手工线下操作压力，不仅降低成本，而且交易信息安全、易存储、易跟踪、易查证。单笔出账可控制在半小时到一小时之间，赎单放货五分钟即可完成。
- 数据高度共享，清晰可见，易实时掌控和迅速做出决策。电子交易平台与线上融资平台有关交易价格信息的共享，便于会员客户迅速做出买入或卖出的决策，并可利用银行结算和融资服务，迅速达成决策所期待的效果。

业务申办流程如下。

- 银行与电子交易平台签署合作协议，双方实现系统对接。
- 电子交易平台推荐拟融资的交易会员，并协助银行做会员调查。
- 交易会员提出授信申请。
- 银行审批通过后，为交易会员开通网上银行服务。
- 交易会员可通过电子交易平台或网上银行渠道，针对平台成交记录或持平台确认的电子仓单提出具体的融资申请。
- 银行线上出账审批和发放融资。
- 交易会员可线上查看融资状态等各类信息。

17. 线上现货融资

线上现货融资是指银行与监管方合作，通过银行线上融资平台和监管方仓储监管平台线上协同，为客户提供线上质押、线上出账、线上赎货、线上还款等服务。

（1）产品特点

- 简单便捷。办理融资业务像逛网上商城一样简便。电子化操作减轻了授信客户、监管方及银行三方的手工作业压力，业务办理更简捷，客户融资不需要跑银行，不需要提供纸质资料，业务申请通过网银发起，合同线上签订，出账货权证明、贸易背景等资料扫描上传即可。

- 高效协同。出账可在半小时到1小时之间完成，赎货5分钟完成。客户、监管方、银行三方实现全流程线上化、标准化，通过线上供应链金融系统实现。风险要点由系统自动监控，质物价值批量化自动化管理，出账资金系统自动划转，出账资料在各业务审查点自动流转，业务信息在各系统间实时共享等。

- 信息共享。所有流程均线上进行，交易更安全透明，信息多方共享，有效降低业务运行风险。

- 盘活存货。在没有其他抵质押物或担保的情况下，客户可以从银行获得授信，从而盘活存货积压资金，使融资发挥杠杆效应，进而扩大企业经营规模。

（2）办理流程

- 获得银行授信额度。

- 签署线上供应链金融系统使用协议（授信客户版）、综合授信额度合同（线上业务适用版）、动产监管协议等。

- 注册成为银行企业网银正式用户，申请开通线上供应链金融服务。

18. 线上核心企业协同

银行通过线上供应链金融系统实现与核心企业的数据协同，促进核心企业与供应链中的合作者就商流、资金流、物流和信息流等信息进行线上交互，增强其风险防范能力，提升供应链管理效率及供应链整体竞争力。

核心企业借助线上数据协同的方式，不仅可以实时获取上下游企业的融资数据，还可通过既有的监管方数据通道掌握上下游企业的库存数据，从而预测市场变化趋势，有效防范供应链经营风险，为制定生产经营策略提供数据支撑。

线上核心企业协同业务的产品特点主要有如下三个。

- 无纸化：借助电子签名技术，实现单笔授信合同、赎货申请的全程无纸化操作，取代了传统纸质合同、贸易背景证明等资料。
- 标准化：模式统一，一家分行可做全国业务，借助电子手段打破地域限制，授信政策、操作流程、协议完全统一，核心企业只需与一家分行合作。
- 自动化：预先设定相关控制标准，通过计算机系统的辅助，在日常操作过程中自动识别、控制风险。

这项业务的开通需要核心企业与银行建立合作关系，双方协商同意通过银行"线上供应链金融系统"平台进行供应链金融业务操作，或者需通过双方系统直联对接方式完成业务操作。

19. 线上增值信息服务

线上供应链金融系统整合了供应链上下游各类信息，对业务数据进行数据挖掘处理；为核心企业提供了供应链管理的资金流、物流、商流信息查询，以及下游销售链的总账、经销商分账及经销商额度查询等综合金融信息的查询功能；同时，为授信客户提供了授信额度、业务台账、融资明细、库存押品、商品销售等综合金融信息的查询功能。

线上增值信息服务的产品特点表现在如下两个方面。

- 对核心企业：全面掌握供应链上下游授信客户融资信息、到货赎货数据；可根据系统中的数据分析供应链上下游授信客户的财务状况和商品销售状况，便于制订营销计划、生产计划等。
- 对经销商：实时查询额度信息、库存数据、融资信息，自动生成电子台账相关统计报表；按月、按年查询商品销售走势图，便于掌握各类商品市场状况，安排企业营销计划等。

企业只需开通银行网银，成为线上供应链金融服务的客户，即可专享线上增值信息服务。

二、钢铁金融

中国拉动经济建设和国内生产总值的重要手段就是固定资产投资建设，例如铁路、公路、机场、码头、电站、房地产等，而这些固定资产建设都离不开钢材。银行除了能向钢铁生产企业提供固定资产贷款、技术改造贷款、流动资金贷款等授信产品之外，对钢材的销售也能提供许多授信业务品种。

1. 钢铁销售金融

钢铁销售金融是指银行在钢铁核心厂商、经销商三方合作协议的基础上给予经销商的授信，包括银行承兑汇票、贷款等。核心厂商包括钢铁生产厂家、其销售公司及大型钢铁贸易企业。

业务是采取货权质押模式，即"先票后货、存货质押"。业务流程：经销商先向银行存入一定比例的保证金（比如30%），银行开具以核心厂商为收款人的银行承兑汇票，核心厂商收到银行承兑汇票后按约定时间及地点将货物交付监管方。经销商提货前需向银行存入后续保证金（70%），并凭银行开具的解除质押通知书，向监管方提取货物对外销售。当经销商不能按时存入后续保证金时，由核心厂商通过回购、调剂或其他手段，协助银行处理滞销钢材。

（1）**对各方的好处**

- 对核心厂商而言，银行的供应链金融服务解决经销商融资难问题，并且有利于保持整体销售渠道的稳定和增强产品的市场竞争优势。发货前就收到货款，无疑能加快资金回笼。
- 对经销商而言，没有抵押物，就难以从传统的银行信贷渠道获得资金，而这项银行金融产品可以解决其周转资金问题。
- 物流公司则可以获得来稳定的货主和收益来源。
- 对银行而言，此业务优于传统信贷业务之处在于，既有真实的货物质押担保，又有具备实力的第三方监管机构控制货物的实际流向，还有核心厂商的信誉作依托，风险相对可控。另外，此业务还可有效带动资金结算、理财等业务发展，增加中间业务收入，提高综合收益水平。

（2）**客户准入条件**

核心厂商必须具备以下条件。

- 符合国家产业政策和环保节能减排等方面的要求。
- 主要客户包括国家骨干生产企业或其销售公司，大型钢铁贸易企业，达到一定生产规模的当地龙头生产企业，某种特色钢铁产品的全国性龙头生产企业。

- 经营正常，财务状况良好。
- 内部控制良好，管理规范。

经销商应满足以下条件。

- 原则上与核心厂商建立稳定的购销关系两年以上，且为该厂商在当地的重点代理商。
- 注册资本不低于300万元。
- 资产负债率不高于80%；
- 管理层或股东有过钢铁经销的成功管理经验，有完善的销售渠道，个人无不良记录。
- 销售业绩良好，上年销售收入原则上不得低于1亿元。
- 以往信誉和履约记录良好，经中国人民银行征信系统查询无不良贷款余额，未拖欠税款，未涉及任何悬而未决的争议和债权债务纠纷。
- 经销商是民营企业的，原则上其法定代表人或最大自然人股东愿意提供连带责任担保。
- 原则上不宜有除钢铁经销以外的其他主营业务。

2. 在线钢铁采购贷

在线钢铁采购贷是指银行在线为下游经销商提供的短期流动资金贷款，专项用于向钢铁核心企业支付采购合同项下货款。在此业务中，钢铁核心企业要求下游经销商采取全额预付款结算方式，即对每一批次采购钢铁都是"先款后货"的一次性付款结算方式。

（1）贷款条件

- 单笔贷款金额最高不超过贸易合同约定预付款金额的70%。
- 贷款期限根据商品生产周期、实际交付时间、运输周期和销售周期等因素合理确定，最长不超过六个月。
- 贷款利率根据银行规定执行。

（2）办理要点

- 钢铁采购贷业务主要用于厂商银模式中。
- 经销商和核心企业必须有一年以上的贸易合作关系。
- 贷款采购的商品必须在银行认定的全国商品融资名录内。
- 商品必须为核心企业自产品种，且由核心企业负责商品物权的全程监管。
- 银行必须与核心企业及借款人签订商品监管协议。
- 贷款资金必须由银行受托支付给核心企业。
- 贷款不得办理展期和再融资。

三、汽车销售金融

汽车是中国经济的重要产业，银行对于汽车生产商和汽车经销商在汽车销售过程中的资金需求，可以提供许多授信业务的支持。

1. 汽车销售金融

汽车销售金融是指银行为汽车生产商和汽车经销商提供融资服务，解决经销商资金短缺和融资难的问题，促使汽车销售业务得以顺利进行。

（1）业务流程

■ 银行总行与汽车生产商签订合作协议，约定授信总额、指定汽车经销商名单、分配额度、使用条件等。

■ 银行各地分支机构对生产商推荐的经销商给予授信额度，在收到经销商交来一定比例的保证金后，为其开出银行承兑汇票。

■ 经销商向生产商寄出银行承兑汇票用于购车。

■ 生产商收到银行承兑汇票后发运汽车给经销商，同时将汽车合格证直接递交给银行。

■ 银行按规定的比例向经销商发放汽车合格证。

■ 经销商销售汽车，销售款必须均衡回笼至保证金账户用于补齐开票的保证金。

■ 银行收齐销售款后兑付到期的银行承兑汇票。

■ 如果经销商不能按时支付银行全额保证金，那么生产商应通过汽车回购、调剂销售或其他方式处理滞销车辆，保证银行资金的安全。

（2）对各方好处

■ 对于汽车生产商而言，其全国各地的经销商通过银行授信提高了销售能力，因此促进了自身产品的销售，扩大了产品在目标市场的市场份额；通过银行监控经销商的市场销售，确保产品销售渠道的健康发展；及时获取生产资金，降低了生产成本，减少了应收账款。

■ 对于汽车经销商而言，此业务相当于先取车后付款的赊销方式，减少自身资金的占压；可以获取低成本的银行融资支持，降低销售成本；通过销售额的提高，获取更多的销售收益，享受生产商更多的返利优惠。

- 对于银行而言，银行授信促进了汽车的销售和生产；销售与融资紧密结合，贸易背景真实可靠；通过监管汽车合格证的方式，保证资金的安全；获得保证金存款、结算资金和费用等收益。

（3）银行对汽车生产商和经销商的选择

对于合作的汽车生产商，原则上银行应以国内重点乘用车、商用车生产商为主，根据汽车行业和市场状况选择主流厂家和主流品牌开展业务合作。

而对汽车经销商的选择，银行应从如下几个方面进行考察。

- 经销商已经取得汽车厂商正式代理销售授权，经厂商验收合格且为当地区域的一级授权4S专营店，代理销售的车辆原则上应为国内销售的主流中高端品牌乘用车。
- 经销商管理层或股东有过汽车经销及售后服务的成功管理经验，有完善的销售渠道，能够比较专业地经营与管理专营店，有长期经营专营店的能力。
- 经销商销售业绩良好，具备较强的售后服务能力。
- 经销商若是民营企业，原则上银行应要求其法人代表、最大自然人股东或实际控制人提供连带责任保证。
- 经销商既往在银行履约记录良好，经中国人民银行征信系统查询无不良授信。
- 对经销商的授信额度，原则上不得超过该经销商上年度相应汽车品牌销售额的25%。
- 银行在风险可控的前提下争取多做银行承兑汇票贴现或托收等其他业务，提高综合收益。

（4）主要风险

汽车销售金融业务的主要风险包括对经销商过度授信风险、开票期限过长风险、合格证失控风险与贷后管理失控风险。

2. 在线汽车采购贷

在线汽车采购贷是指当汽车经销商向核心企业采购汽车时，银行引入第三方仓储监管企业对汽车进行动产质押监管，按汽车采购总价款的一定比例在线向汽车经销商提供短期融资。

办理汽车采购贷的原则有如下三个。

- 品牌名单管理：开展汽车采购贷业务的汽车品牌必须纳入名单管理。
- 集中办理原则：采取核心企业所在地分行"一点对全国"的集中办理模式。如果核心企业所在地分行与经销商所在地分行经协商达成一致意见，那么汽车采购贷业务也可由经销商所在地分行办理。
- 分层风控原则：总行负责对汽车供应链整体运营风险进行远程监控，核心企业所在地一级（直属）分行主要负责核心企业风险监控，业务经办行全面负责经销商及核心企业风险管理。

3. 汽车零部件供应商订单融资业务

汽车零部件供应商订单融资业务是指银行将国内订单项下核心车厂或大型零部件企业等支付的货款作为第一还款来源，向汽车零部件供应商提供的短期融资。资金用于解决供应商在货物发运前因支付原材料采购、组织生产、货物运输以及销售形成的应收账款等资金占用需求。

适用客户：汽车零部件供应商。

4. 汽车经销商两方预付款融资

汽车经销商两方预付款融资是指银行依托经销商与汽车厂商双方签订的采购合同或采购订单发放融资款项用于采购车辆，并由经销商或其所属集团提供保证、抵质押等担保措施。在此业务模式中，银行为一方（贷款人），经销商为另一方（借款人、担保人）。

银行结合经销商及所属集团的实际情况采取车辆监管、合格证监管或免监管方式，经销商根据自身销售进度及集团资金统筹安排，以销售款等款项偿还银行融资，然后提取车辆与合格证。

产品特点：差异化的监管模式、多样化的回款模式和灵活的组合担保方式。

适用客户：汽车经销商集团及其下属子公司或独立的一级经销商。

办理流程：借款人提出授信申请，银行专业产品经理分析其融资意向，拟定金融服务方案，经银行审查下达批复函，借款人获得融资额度后用于向整车制造或销售企业采购车辆。

5. 汽车经销商三方预付款融资

汽车经销商三方预付款融资是指银行对汽车经销商提供融资，专项用于向整车制造或销售企业采购车辆的预付款。整车制造或销售企业承担调剂销售、见证见车回购、见证回购、无条件回购、连带保证等责任。在此业务模式中，银行为一方（贷款人），经销商为另一方（借款人），整车制造或销售企业为第三方（保证人）。

产品特点：银行结合实际情况采取车辆监管、合格证监管或免监管方式，经销商根据自身销售进度以销售款归还银行融资、提取车辆与合格证。由核心企业为经销商提供一定条件的担保，从而使其在银行取得更为优惠的授信政策。

适用客户：经核心车厂授权的一级经销商，且银行已与该核心车厂签署了三方网络协议。

办理流程：银行与核心车厂签署三方网络协议，然后经核心车厂授权的一级经销商向银行指定的经营机构（核心车厂通知）提出授信申请，符合授信准入条件后经银行审查最终下达批复函，从而获得融资额度并用于向整车制造或销售企业采购车辆。

案例 调剂销售模式，银行授信支持28家品牌汽车经销商

VT轿车股份有限公司（以下简称"VT轿车公司"）是国内知名汽车生产商VT集团的子公司，为了进一步扩大生产规模，提高该品牌汽车销量，VT轿车公司与吉林银行签订总（部）对总（行）协议，合作开展汽车金融网业务。根据协议内容，VT轿车公司认定全国范围内28家该品牌汽车经销商，由吉林银行分别核定授信额度，解决短期融资需求，帮助扩大销售规模。

银行规避风险的措施是采用VT轿车公司调剂销售模式，即当一家汽车经销商销售困难无法偿还银行贷款时，由VT轿车公司收回汽车，调剂给其他汽车经销商销售，以销售款偿还银行。

世家公司是VT轿车公司本次业务选择的一家优质经销商，在当地销售业绩非常不错。为了扩大销量，该公司来到吉林银行，办理了汽车金融网融资业务。具体操作方案如下。

- 吉林银行与VT轿车公司、世家公司签订三方协议。
- 吉林银行与世家公司签订授信合同、银行承兑汇票协议，与第三方监管商签署监管合作协议。
- 世家公司提供吉林银行所需材料并开立结算账户和保证金账户。
- 世家公司向VT轿车公司提交网络订车计划。
- 经VT轿车公司核准确认后，世家公司交付首笔约定比例保证金，吉林银

行核准后开出银行承兑汇票，并由吉林银行直接交付 VT 轿车公司。

- VT 轿车公司收到票据后出具银行承兑汇票确认函给吉林银行。
- VT 轿车公司向世家公司发车及其合格证。
- 监管商与世家公司共同接货，监管商监管合格证。
- VT 轿车公司根据销售情况存入相应保证金，并向吉林银行提交合格证释放申请，吉林银行确认后通知监管商释放合格证直至解付票据。
- 如果票据到期前 15 日世家公司未能解付票据，那么 VT 轿车公司实行调剂销售，以销售所得款解付到期票据。

按照吉林银行为世家公司设计的金融方案，世家公司在很短的时间内就拿到了融资所需资金，提货量较以往增加了一倍，销售量也与日俱增，票据在几日内就得以解付。该金融方案不仅实现了扩大销售的愿望，融资需求也得到了有效满足，公司利润倍增，规模日益壮大。

案例　厂商回购模式，银行授信支持经销商增加提货量

MR 轻型车股份有限公司（以下简称"轻型车公司"）是以生产轻型车为主的汽车集团 MR 的子公司，在轻型车领域具有一定的市场地位。2008 年金融危机时，受全球经济下滑影响，该品牌汽车销量出现了下滑。2009 年，为了提高自家品牌汽车销量，轻型车公司决定促进下游经销商的采购量。但是，有些经销商因资金实力不足而一时间很难集中采购更多车辆。

为此，轻型车公司与吉林银行签订总对总合作协议，吉林银行对轻型车公司认定的全国范围内 18 家该品牌汽车经销商提供授信支持。规避风险的措施为厂家回购模式，即当汽车经销商因销售困难而无法偿还银行贷款时，轻型车公司负责回购汽车，以回购款偿还银行贷款。

佳明公司是轻型车公司本次业务选择的优质经销商，在当地销售业绩非常不错。此次厂商扩大销量，佳明公司出现了资金紧缺现象，于是办理了汽车金融网融资业务，具体操作方案如下。

- 吉林银行与轻型车公司、佳明公司签订三方协议。
- 吉林银行与佳明公司签订授信合同、银行承兑汇票协议，与第三方监管商签署监管合作协议。
- 佳明公司向轻型车公司及吉林银行提交网络订货计划。
- 经轻型车公司核准确认后，佳明公司交付首笔约定比例保证金，吉林银行核准后开出银行承兑汇票，并由吉林银行直接交付轻型车公司。
- 轻型车公司收到票据后出具银行承兑汇票确认函给吉林银行。
- 轻型车公司向佳明公司发车及其合格证。
- 监管商与佳明公司共同接货，监管商监管合格证。
- 轻型车公司根据销售情况存入相应保证金，并向吉林银行提交合格证释放申请，吉林银行确认后通知监管商释放合格证直至解付票据。
- 如果票据到期前15日佳明公司未能解付票据，那么轻型车公司将负责回购车辆，以解付到期票据。

按照吉林银行为佳明公司设计的金融服务方案，佳明公司在很短的时间内就拿到了融资资金，汽车提货量较以往增加了一倍，销售量也与日俱增，公司利润倍增，规模日益壮大。银行票据在到期日都得以解付，没有出现过逾期。该公司总经理表示，吉林银行的汽车金融网业务为轻型车公司和他自己都及时地提供了很大的帮助，也为汽车产业发展提供了有力支持。

案例　保兑仓模式，银行授信支持汽车4S经销店扩大销售

从一个规模较小的4S店到当地销售规模靠前，品牌影响力逐步提升的知

名销售网点，红旗 4S 经销店是在吉林银行的扶助和支持下逐步发展壮大起来的。用该公司总经理关先生的话说："吉林银行是我们腾飞的翅膀。"

2008 年，吉林银行与品牌汽车"飞驰"厂商开展业务合作，红旗 4S 经销店是厂商选定的优质经销商之一。由于"飞驰"品牌属于大中型汽车，考虑到资金占用量大等诸多因素，厂商与吉林银行商定采用汽车金融网项下的保兑仓操作模式来获得融资支持。

当时，红旗 4S 经销店正处于发展初期，资金非常紧张，得知被选入约定经销商后，关先生第一时间到吉林银行办理此项业务。在经办客户经理的指导下，红旗 4S 经销店得到了如下金融支持方案。

- 吉林银行与飞驰总厂、红旗店签订三方协议。
- 吉林银行与红旗 4S 经销店签订授信合同、银行承兑汇票协议。
- 红旗 4S 经销店提供吉林银行所需材料并开立结算账户和保证金账户。
- 红旗 4S 经销店向飞驰公司提交网络订车计划。
- 经飞驰公司核准确认后，红旗 4S 经销店存入首笔约定比例保证金，吉林银行核准后开出银行承兑汇票，并由吉林银行直接交付飞驰公司。
- 飞驰公司向红旗 4S 经销店发送与首笔保证金对应数量的汽车。
- 红旗 4S 店陆续存入保证金，飞驰公司将根据吉林银行确认向红旗 4S 经销店发出相应车辆，直至到期解付票据。
- 如果票据到期未解付，那么飞驰公司垫付相应价款。

按照吉林银行为红旗 4S 经销店设计的金融方案，红旗 4S 经销店销售速度较以前提高了一倍，销售量也与日俱增。飞驰公司不仅实现了扩大销售的愿望，融资需求也得到了满足，利润倍增，规模日益壮大。

6. 汽车经销商试乘试驾车融资

汽车经销商试乘试驾车融资是指经销商将银行认可的试乘试驾车抵押给银行，获得短期融资用于采购试乘试驾车的业务。部分大型汽车经销商集团下的试乘试驾车可免于办理抵押。

产品特点：业务模式细分为单店融资模式和统贷统还融资模式，借款人可根据自身融资习惯选择不同的融资模式。

适用客户：汽车经销商集团及其下属子公司。

这种融资方式的办理流程分为两种模式。

- 单店融资模式：汽车经销商集团下属子公司（单店）作为借款主体，将自有试乘试驾车抵押给银行，获得融资后直接定向支付至其汽车品牌对应的厂商或其指定的代理收款方。
- 统贷统还融资模式：汽车经销商的母公司或"××系企业"中的一家规模较大、收益较好的核心子公司或投资管理类平台公司，作为统一借款主体向银行申请融资。借款主体将拥有的试乘试驾车抵押给银行，获得融资后统筹安排，用于直接支付或经由子公司定向支付至汽车厂商或其指定的代理收款方，采购试乘试驾车。

7. 汽车经销商中期流动资金贷款

汽车经销商中期流动资金贷款是指银行向优质经销商集团提供两至三年期限的流动资金贷款，用于满足其日常生产经营所需的经常性占用流动资金，同时要求集团提供保证、抵押、质押等担保措施。该资金不得用于权益性、固定资产等各类投资。

产品特点：资金使用灵活、融资用途广泛、融资期限较长。

适用客户：符合银行认定标准的优质经销商集团。

办理流程：借款人提出授信申请，银行专业产品经理分析其融资意向拟定金融服务方案，经银行审批后下达批复，借款人获得融资额度用于其日常生产经营。

08
票据业务类

银行向企业提供的用于支付结算的票据分为支票、汇票和本票三种。支票和本票用于同城结算，汇票用于异地结算。

在汇票中，用于即期结算的是银行汇票，用于远期结算的是商业汇票。在商业汇票中，由银行承诺兑付的是银行承兑汇票，由企业承诺兑付的是商业承兑汇票。

银行票据分类和相应关系如图1-2所示。

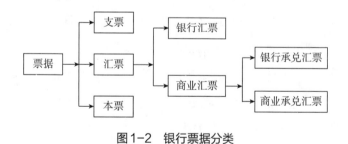

图1-2　银行票据分类

一、银行承兑汇票业务

银行承兑汇票也是银行最常见和最常用的授信业务品种，它的业务规模与流动资金贷款的规模不相上下。在经济领域，银行承兑汇票具有支付手段、结算手段、融资手段等多种功能，在各行各业被广泛使用，深受企业的欢迎。

与银行其他结算方式和贷款方式相比，银行承兑汇票具有如下五个特征。

- 信誉度高。由于银行在社会上拥有较高信誉，开具承兑汇票就是商业信用向银行信用的转化，是以银行信用来保证商业信用，其承兑的汇票到期付款的安全性高。贴现资金主要用于商品交易的流动资金需求，这有利于控制企业融通资金的长期占用，发挥短期融资功能。贴现业务相对贷款说说较为安全，其风险度远远低于贷款的风险度。
- 真实性强。银行承兑汇票的业务以真实的商业交易为基础，它把信贷资金的投放、收回与商品的销售回款紧密结合在一起，企业效益不好或产品没有销路，不可能得到银行承兑汇票。
- 流动性好。企业可以通过贴现将未到期的银行承兑汇票在经过背书之后支付给其他企业，也可通过贴现方式转让给银行，增加企业的可用资金。而银行又可以将经贴现并且符合央行规定条件的票据向央行办理再贴现。这些都可以增加企业和银行的流动性。
- 手续费低。企业要想借用贷款就需要支付利息，而银行承兑汇票不需要付息，只要付手续费就行，大大减轻了企业的财务成本。
- 法规性全。国家制定了有关法律、法规，将银行信用方式票据化，并规范各方当事人的权利、义务和责任，这为商业银行开展银行承兑汇票的承兑和贴现业务提供了良好的前提条件。

1. 承兑类业务

（1）银行承兑汇票

银行承兑汇票是指银行（承兑人）在出票人向收款人交付的远期付

款票据上承兑，保证在指定日期无条件支付款项给收款人（或持票人）的一种结算凭证。银行承兑汇票的出票人和收款人都是企业，而承兑人和付款人则都是银行。"承兑"即承诺兑现。银行开具银行承兑汇票简称开票。

银行可要求出票人缴纳比例不等的保证金。票据最长期限为六个月，票据在此期限内可以进行背书转让。

银行承兑汇票对各方的好处如下。

- 对于购货方（开票申请人）而言，支付货款一般有五种方式：一是用自有资金支付，但条件是自有资金要充足；二是用银行贷款支付，条件是要负担贷款利息；三是延期付款，条件是要看对方是否同意，而且可能会加价；四是用商业承兑汇票支付，条件是要看能否找到对方认可的承兑人；五是用银行承兑汇票支付，这种方式包含了上述四种方式的优点，既相当于现金付款，开票手续费低，成本低，购货方不用负担贷款利息，也属于延期付款，银行承兑信用高，售货方容易接受。
- 对于售货方（汇票受益人）而言，银行承兑汇票有利于商品的销售，相当于拿到了现金，汇票背书后可转手用于支付。
- 对于银行而言，银行承兑汇票帮助购货方完成购货交易，有利于巩固银企关系，增加银行的存款和结算量，增加银行的业务收入。

银行承兑汇票业务应防范的风险主要包括虚假背景开票风险、担保条件不落实风险、开票期限过长风险、擅自挪用资金风险、票款不提前到位风险、业务操作差错风险等。

案例 1 000万元开票额度专项用于原材料采购

某企业注册资本为100万元，主要从事瓦楞纸板和纸箱的生产与销售。由于支付开具银行承兑汇票费用的成本比支付银行流动资金贷款利率的成本低，所以纸制品行业内的大多数业务都采用银行承兑汇票的形式进行结算。该企业为节约财务成本，也计划在银行申请办理银行承兑汇票业务。

银行考虑，虽然该企业成立时间较短，但其生产经营活动已步入正轨，于是提出以厂房抵押为担保方式，给予该公司1 000万元银行承兑汇票额度，专项用于原材料采购。

（2）代理同业签发银票

代理同业签发银票是指全国性大银行接受地方性中小银行的委托，为其客户签发银行承兑汇票。此业务的出票人为中小银行的客户，承兑人为全国性大银行，委托人为那些不具备签发银行承兑汇票资格或其签发的银行承兑汇票市场接受度较低的地方中小银行、农村金融机构、村镇银行、小额贷款公司或农村信用社等机构。

（3）电子银行承兑汇票

电子银行承兑汇票是指出票人在中国人民银行的电子商业汇票系统中，以数据电文形式制作的银行承兑汇票，委托承兑行在指定日期无条件支付确定的金额给收款人或持票人的票据。

这种票据有如下特点。

- 就其所体现的票据权利义务关系而言，电子银行承兑汇票与纸质银行承兑汇票没有区别。
- 以数据电文形式签发、流转，方便快捷，客户依据网上银行为实现渠道，降低企业结算成本、提升结算效率。

- 以电子签名取代实体签章，无假票、克隆票、瑕疵票、遗失等风险。
- 电子银行承兑汇票付款期限为一年。

电子银行承兑汇票的办理条件包括如下几个方面。

- 申请人签发电子银行承兑汇票，其对应的收款人也必须在中国人民银行电子商业汇票系统中网银开通电子银行承兑汇票功能。
- 银行对客户的合法性和基本信息审核无误后，双方签订电子银行承兑汇票业务服务协议。
- 承兑申请人与汇票收款人之间具有真实贸易背景，已签订经济合同。
- 申请人资信良好，资产负债率不超过70%，具有支付票款的可靠资金来源。
- 保证金比例一般不得低于30%，敞口风险金额（汇票金额剔除保证金后的余额）提供银行可接受的担保。
- 电子银行承兑汇票期限必须与商品交易合同约定的付款期一致，但最长不得超过一年。
- 电子商业汇票系统支持的最大票据金额为10亿元。
- 出票人的资产负债率不超过70%。
- 同一企业不得同时在一家银行的两个支行签发电子银行承兑汇票。

电子银行承兑汇票的适用对象包括具有真实贸易背景且有延期付款需求的各类国有企业、民营企业、医疗卫生、机关学校等单位。

（4）电子商业汇票系统

电子商业汇票系统是指依托网络和计算机技术，接收、登记、转发电子商业汇票数据电文的平台。2017年10月9日，电子商业汇票系统被移交给上海票据交易所运营管理，它与中国票据交易系统一同实现了我国票据市场电子化交易的转型升级。

电子商业汇票系统由一个核心模块和两个辅助模块组成。

- 电子商业汇票业务处理功能模块（核心模块），可以进行电子商业汇票（含银行承兑汇票和商业承兑汇票）的出票、背书转让、保证、贴现、转贴现、再贴现、质押、提示付款、追索等一系列操作，同时可与财务公司、商业银行和人民银行的支付系统连接，实现银行体系下的票款对付交易。

- 纸质商业汇票登记查询系统（辅助模块），可以进行纸质商业汇票（含银行承兑汇票和商业承兑汇票）票据行为的信息登记与查询，实现集中登记存储，便于纸质商业汇票贴现和质押业务的查询。

- 商业汇票转贴现公开报价模块（辅助模块），可以进行电子和纸质商业汇票（含银行承兑汇票与商业承兑汇票）的转贴现定向与非定向报价及信息查询。

电子商业汇票系统的作用表现为如下三个方面。

- 有效防范纸质票据的欺诈风险。电子商业汇票只在银行之间的电脑系统中运行，以数据电文代替纸质票据，以电子签名代替实体签章。这使得以往纸质汇票在市场上流通易被伪造、变造的风险不复存在，大大减少了票据欺诈案件的发生。

- 提高了银行票据业务的交易效率。电子商业汇票一切活动均在电子商业汇票系统上记载生成，全流程实现电子化处理，由此免除了纸质票据的传递及保管成本，也降低了查询成本和时间成本，加快了票据周转速度，提高了支付结算效率，加强了系统融资功能，促进了社会经济中更多贸易合作机会的实现。

■ 提升了企业票据资源管理效率。票据实现全国范围的电子化流转，有助于企业实现票据业务区域的合理化配置，有助于企业票据交易对手的多样化选择，也有助于企业实现全面的现金管理，从而提升企业票据资源管理效率。

（5）银票换开银票

银票换开银票是指企业以一张银行承兑汇票为质押，置换开出另一张银行承兑汇票。这种情况发生在企业以银票支付结算时，由于对方对银票的承兑银行、期限和金额都有要求，企业就会到银行提出银票换开银票的需求，比如用小银行票换开大银行票，用不同金额的银票互换，用不同期限的银票互换，等等。

换开银票时，银行通常需要客户除了质押银行承兑汇票之外再存入一定比例的保证金，即新开票金额=质押银行承兑汇票金额×质押率+保证金。

具体换开的方式有以下几种。

第一种换开方式为小行票换大行票。大型银行将客户手中持有的中小银行承兑的汇票采取质押方式，置换成该行承兑的汇票，以提高客户商务采购的支付能力。

本业务适用的情况是，一些企业在收到中小型银行承兑的汇票并用于采购支付时，很难背书转让给上游的大型企业，而且这些票据贴现利率也较高，因此产生了小行票换开大行票的需求。

国内中小金融机构大量签发的银行承兑汇票，在各地的流通往往受到限制，这对大型银行而言意味着一个巨大的票据业务市场。

第二种换开方式为大额票换小额票（大换小）。根据客户变换票据金额的需要，银行将其持有的一张大面额银行承兑汇票质押后，拆分成多张小面额银行承兑汇票，以满足商务采购支付结算需要。

本业务发生的情况是，有些企业（例如钢材经销商或水泥供应商等）向房地产开发商、大型公路项目公司、城市基础设施建设公司售货的结算方式是"持续供货、定期结算"，结算收回的往往都是大额银行承兑汇票。当需要分散从多个上游卖家零散购买货物时，这些经销商就需要进行票据拆分，即把一张大面额的银行承兑汇票拆分成多张小面额的银行承兑汇票。

这类业务属于拆票业务，银行可以要求企业配比一定的存款。新拆出银行承兑汇票的总额＝大票金额十保证金存款金额。

第三种换开方式为小额票换大额票（小换大）。根据客户变换票据金额的需要，银行将其持有的多张小面额银行承兑汇票质押后，合并开成一张大面额银行承兑汇票，以满足商务采购支付结算需要。

本业务发生的情况是，当收到票据量较大的某些中小型企业向上游客户购货付款的时候，有些强势的大型企业由于销售的是紧俏资源，加上人手紧张的因素，往往对所收的票据非常挑剔，不收取小面额（例如50万元）的银行承兑汇票。为此，中小型企业会要求银行将收到的小面额银行承兑汇票置换为大面额银行承兑汇票。

第四种换开方式为长期票换短期票（长换短）。根据客户变换票据期限的需要，银行将其持有的长期银行承兑汇票质押后，置换成短期银行承兑汇票，以满足商务采购支付结算需要。

本业务发生的情况是，许多经销商（比如钢铁、汽车、油料、化肥、煤炭、家电等行业）在销售货物后会收到期限较长的银行承兑汇票。而一些上游供货厂商为了加速资金回笼，对于用现金支付或短期银行承兑汇票支付的经销商，在货物采购价格上会给予优惠折扣。

此时，经销商因不愿负担贴现利息不会将手中的长期票贴现为现金后用于支付，而会到银行要求将手上的长期票（六个月）置换为短期票（三个月），支付给上游厂商。

在"长换短"业务中，银行可根据客户不同的支付需求，将一张长期票置换成一张短期票，也可以将一张长期票拆分为多张短期票。

最后一种换开方式为短期票换长期票（短换长）。根据客户变换票据期限的需要，银行将其持有的短期银行承兑汇票质押后，置换成长期银行承兑汇票，以满足商务采购支付结算需要。

本业务发生的情况是，许多大型钢铁厂商、汽车厂商、家电厂商、水泥厂商、石油厂商、煤矿企业等在销售货物后会收到很多银行承兑汇票，其中很多是短期的。由于这类厂商在从上游供应商采购时处于强势地位，常用长期银行承兑汇票支付，以占用上游客户资金的时间价值，所以它们会到银行要求将收到的短期汇票置换为长期汇票。

（6）**理财产品质押开立银票**

理财产品质押开立银票是指银行在客户购买该行的低风险理财产品后，以该理财产品为质押向客户开出银行承兑汇票。

此业务的对象通常是一些较为强势的高端客户，资金非常充裕。他们一方面存在银行理财产品，可以获得超过存款利率的收益；另一方面，其日常采购又需大量使用银行承兑汇票来进行支付。

（7）**保证金质押滚动开立票**

保证金质押滚动开立票是指银行在收到客户一定比例保证金（如30%）后为其开出银行承兑汇票。在汇票到期兑付之前，客户补足剩余保证金（如70%），银行为其滚动开出新一轮的银行承兑汇票。保证金的形式可以是存款，也可以是票据。

本业务适用于经营周转率较高的经销商类客户，包括煤炭经销商、家电经销商、燃料油经销商、钢铁经销商、水泥经销商、化肥经销商、药品经销商、食品经销商、饮料经销商等，由于其现金周转速度较快，可以提供资金快速弥补银行承兑汇票的风险敞口。

（8）商票换银票

根据客户变换票据的需要，银行将其持有的商业承兑汇票质押后，置换成该行的银行承兑汇票，以满足商务采购支付结算的需要。

本业务发生的情况是，一些中小型客户（例如原油经销商、煤矿经销商、电信设备代理商、药品经销商等）持有大量商业承兑汇票资源，又非常计较财务费用，不愿将手中的商业承兑汇票贴现成现金后用于对外支付，因此会到银行申请将商票质押后换开银行承兑汇票。

具体置换方式和银票换银票相同，多种多样，在金额上可"大换小"或"小换大"，在期限上可以"长换短"或"短换长"。

新签发银行承兑汇票金额=（商业承兑汇票金额+保证金存款）×质押率（一般不高于90%）。

（9）出票人为集团结算中心的银票

出票人为集团结算中心的银票是指银行为集团资金结算中心开出的银行承兑汇票，用于对外支付。本业务适用情况为，目前许多企业集团都成立集团资金结算中心，集中管理下属公司的融资、资金调度。在下属子公司对外签订采购合同后，集团结算中心代理子公司作为出票人，统一到银行开出银行承兑汇票，用于统一对外支付货款。在营销资金由集团公司总部集中管理时，银行可以积极推荐本产品。

2. 贴现类业务

（1）贴现

贴现是指持票人将未到期的商业汇票转让给贴现银行，贴现银行将票面金额扣除贴息后的余额付给持票人的一种资金融通方式。从银行角度来看，贴现的意思是"贴息付现"，即贴入利息，付出现金；从企业角度来看，贴现的意思是"贴息取现"，即贴出利息，取得现金。

贴现业务对企业和银行各有好处，具体如下。

- 对于企业（贴现申请人）而言，"贴现"就是贴出利息后取得现金，以供生产经营使用，是快速取得现金的重要方式。
- 对于银行而言，承兑人的资信可接受，风险性低，审核手续比发放贷款相对简便，可增加存款和结算业务，是有效运用信贷资金的一种好的方式。

适用对象：持有未到期银票而又需要资金的企事业单位。

贴现业务的申请条件主要有如下三点。

- 在贴现行开立结算账户的企业法人或其他经济组织。
- 与出票人或直接前手之间有真实的商品交易关系。
- 能够提供与直接前手的商品交易合同、增值税发票、发运单据等。

贴现业务的条件体现为如下两个公式。

贴现金额＝票面金额－贴现利息

贴现利息＝贴现金额 × 贴现利率 × 贴现天数

其中，贴现利率由双方按市场情况协商确定，一般不能超过贷款利率。贴现天数则是从贴现之日至汇票到期日，最长不超过六个月。

贴现业务的办理程序如下。

- 持票企业填写贴现申请书，提供银票原件、交易合同、发票等。
- 银行审核贸易背景、银票及资料的真实性。
- 贴现行向承兑行查实银票的真实性。
- 银行计收贴现利息，将贴现款项划拨给客户。
- 银票到期前，贴现行向承兑行提示，收回全额票款。

贴现业务的主要风险包括虚假票据诈骗风险、无贸易真实性背景风险、承兑行拒付风险。

（2）卖方付息贴现

卖方付息贴现是指商品交易中的卖方（持票人）将所收到的未到期的商业汇票（银行承兑汇票或商业承兑汇票）转让给银行，银行按票面金额扣除贴现利息后，将余额付给持票人。

在商品交易中，卖方在卖出货物后，收到买方以商业汇票形式支付的货款。卖方在需要现金时，将该汇票拿到银行去贴现，这时银行要扣收的贴现利息由卖方支付。

本业务适合接受票据业务量较大的企业（事业）法人：一方面，企业可以通过贴现获得资金；另一方面，由于贴现利率低于贷款利率，卖方付息贴现可降低企业融资的财务成本。

（3）买方付息贴现

买方付息贴现是指银行在办理票据贴现业务时，贴现的利息由货物的买方（出票人）承担，而不是由货物的卖方（收款人、持票人）支付。

对于卖方而言，为了促进产品销售，接受买方以汇票方式支付货款，需要通过贴现获得现金，而且不必承担贴现利息。买方付息贴现适用于生产和销售的产品淡旺季差异明显，产品比较紧俏的企业。

对于买方而言，不必付出现金就可拿到货物，最多再付出一些贴现的利息。买方付息贴现适用于以批发价大宗订货的企业，只要获取的商业利益比付出的贴现利息更高就可做。一般而言，家用电器、手机、钢材等经销商比较适用这种贴现方式。

（4）终端买方付息贴现

终端买方付息贴现是买方付息贴现形式的一种延伸。它是指委托采购交易中的委托方（终端买方）签发商业汇票作为付款凭证，请受托方对外采购物资。当持票人到银行办理贴现时，贴现利息由委托方（终端买方）承担。

本业务适合业务合作密切的委托方和受托方。例如，在铁道系统采购铁路机车时，铁路部门委托采购公司作为对外采购合同的签约方，签发银行承兑汇票后交付给采购公司用于付款并承担贴现利息。又如，大型开发商（城投公司）签发商业汇票给施工企业用于贴现并承担贴现利息。

（5）**协议付息贴现**

协议付息贴现是指卖方（收款人）在销售商品后，持买方（付款人）支付的商业汇票到银行办理贴现时，根据买卖双方事前商定的协议，各按比例分担并支付贴现利息。

本业务适合买卖双方合作关系融洽的企事业单位。有些企业集团内部的成员企业也通过这种方式调整利润。

（6）**买方付息票据提前解付**

买方付息票据提前解付是指商品交易中的买方（付款方）将卖方（收款方）已在银行办理贴现的买方付息商业汇票，在到期日前申请提前兑付，银行向其退还提前兑付天数的利息。此业务有利于减少买方的贴现利息支出负担。

（7）**回购式票据贴现**

回购式票据贴现是指已在银行办理贴现的客户，在票据到期之前，可根据自身资金安排的需要，随时将该票据进行回购。银行根据其实际用款天数，将已收取的剩余时间的贴现利息返还给客户。客户通过此业务可以减少贴现利息的支出。

（8）**代理贴现**

代理贴现是指货物买方向卖方签发商业汇票后，不是将票据交付给卖方，而是作为贴现代理人直接代理卖方（贴现申请人）在开票银行办理贴现，再把贴现款项划付给贴现申请人。通常，货物卖方在贴现利率低于贷款利率的情况下采用代理贴现。贴现利息常由买卖双方中弱势一方承担。

本业务适合买卖双方信任度高且分处异地的情况，可以节省票据的传递成本。代理贴现多发生在以下行业：汽车厂商与经销商之间、电网公司与电力集团之间、电信设备集团与经销商之间、手机品牌制造商与经销商之间。

如果代理贴现的是银行承兑汇票，那么对承兑银行而言，该行开的票在该行贴现，先赚开票手续费再赚贴现利息，属于"肥水不流外人田"。

（9）集团贴现

集团贴现是指大型企业集团的成员单位将票据背书后转让给集团结算中心，由集团结算中心统一向银行申请贴现，银行将贴现款划付给集团结算中心。

本业务适合规模较大的制造业集团客户，它们通常采取总子公司、总分公司管理模式。下属公司独立对外销售，销售回款多是票据，集中交给集团后统一到银行办理贴现。

（10）先贴后查

一般而言，银行必须先查验票据的真实性才可办理贴现，但查验过程需要拖延好几天时间，因此企业若急需使用资金会受到影响。

对于那些收到很多银行承兑汇票的大型客户（比如大型的钢铁集团、石油化工集团、煤炭集团、汽车集团、家电企业等），银行可在授信额度内和承诺回购的条件下开展先贴后查业务。也就是说，银行可以先办理贴现，如果出现假票或瑕疵票据，就由持票人回购票据。

（11）放弃追索权贴现

银行从持票人手中买入未到期的商业汇票（银行承兑汇票、商业承兑汇票）并在确认基础交易真实的情况下承诺：票据发生兑付风险时，银行放弃对贴现申请人（持票人）的追索权。

本业务的贴现申请人一类是合资企业，尤其是世界500强企业；另一类是国家和地方的大型国有企业，以及各类有收费职能的国家行政机关。它们都是银行的大客户，可提供大量的票据供银行贴现，但不愿意承担票据被追索时的连带偿还责任。

（12）票据池

票据池业务是银行为客户建立商业汇票的实物代保管库和电子信息库，并提供综合金融服务。

票据池的业务品种包括如下四类。

- 保存管理。保存管理包括代存票和取票、票据冻结和解冻、委托收款、委托大额查询查复、委托电子商业汇票系统查询查复、代保管票据信息查询、电子申请查询、业务明细查询等功能。
- 质押融资。质押融资包括票据贴现、单一票据质押、票据池内票据质押融资等。
- 签发银票。客户可通过电子银行签发纸质银行承兑汇票。
- 集团票据管理。银行可为集团客户的总部和各地子公司统一提供票据管理服务，包括托收、贴现、开票、支付等。

票据池业务对客户的好处主要有如下四点。

- 提高资金使用效率。通过票据池，客户可将零散的票据资源进行统一管理、灵活组合，安排不同金额、期限的票据的支付，或通过办理质押新开、贴现等业务盘活票据资产，达到理财和降低财务成本的目的。
- 享受银行专业服务。通过银行专业化管理，客户可有效避免票据在传递过程中遗失和损毁的风险。同时，银行对票据审验的严格把关，有助于及时发现是否有假票、克隆票、瑕疵票、废票等票据风险。

- 减轻财务人员负担。银行提供上门服务和代为办理保管、登记、托收、背书转让等事务，减少企业财务管理人员的管理负担。
- 强化集团统一管理。票据池能够强化集团核心企业的主导作用，使其全面掌控成员单位的票据收支情况，有效解决分散财务管理模式下的效率低下和资源闲置问题。

票据池业务对银行的好处主要有如下三点。

- 获得稳定存款来源，带动负债业务发展。通过票据池，银行可获得大量与代保管票据相关的托收、贴现、质押新开等业务机会，有利于促进票据结算存款的增加和保证金存款的沉淀。
- 拓宽收费渠道，增加中间业务收入。银行可按国家规定和实际情况，对票据保管、真伪辨别、上门服务、电子银行服务等进行收费。
- 锁定票据资源，密切集团客户合作。票据池具有高效配置票据资源、优化客户财务状况和增强客户整体竞争能力的作用，银行可由此切入和深化与集团客户的整体合作。

以浙商银行为例，电子票据池业务有如下20个管理功能。

- 票据实时查询，可以解决有疑问票据的风险防范难题。这包括两个方面：票据异常状态实时查询，即客户通过银行网银或注册登录网上营业厅，直接输入票号实时查询收到的票据是否存在异常状态；签约客户票据代理查询，即票据池签约客户通过网银录入银行承兑汇票的票号、金额、承兑行等信息，银行实时进行查询并在第一时间反馈查复信息。

- 票据虚拟托管，可以解决不移实物票据的风险管理难题。客户不需要提供票据实物，只需要通过网银将票据信息单笔录入或批量导入虚拟票据池，对票据信息进行虚拟托管。银行对客户虚拟托管的票据提供异常状态查询、异常状态自动提醒等服务，解决不移实物票据的风险管理难题。

- 回款优惠计息，可以实现票据托收回款资金收益最大化。票据池签约客户开通票据质押池融资功能时，保证金账户自动启用，票据到期托收回款资金自动入账，保证金账户内存款按支取时实际存期对应的已达期限档次利率自动靠档计息，实现票据托收回款收益最大化。

- 票据动态质押，可以激活票据时间价值，实现增效节支。客户将纸票、电票、商票等票据全部或部分质押给银行，银行根据质押票据的票面金额、承兑机构类型、票据池保证金余额等核定票据质押池融资额度，在该额度内，客户可灵活办理各项表内外授信业务。

- 票据池超短贷，可以通过低成本账户透支减少日常备付金。超短贷是指票据质押池融资项下贷款期限最长不超过三十天且不跨月的短期流动资金贷款。这种贷款可随借随还，减少日常备付金，降低财务成本。

- 票据池直通车，可以有效提升业务办理效率和客户体验。直通车功能是指客户通过网银申请办理票据质押池融资项下业务，银行系统自动受理并进行交易处理，有效提升工作效率和客户体验。票据池直通车主要支持电子或纸质票换票业务、不跨月的超短贷业务。

- 商票入池质押，可以有效降低财务成本，助力链上客户融资。客户将所持有的、经银行授信的未到期电子商业承兑汇票放入票据池进行质押。银行根据入池质押商票的票面金额、质押率等核定票据质押池融资额度，在该额度内为客户办理表内外授信业务。

- 票据在线贴现，可以大大提高业务办理效率。客户可通过网银或柜台灵活、便捷地对已加入票据池的票据发起贴现申请，银行在线为客户办理票据贴现。票据在线贴现支持电子和纸质银行承兑汇票。

- 票据托管托收，可以实现票据的全生命周期管理。客户将商业汇票背书后移交银行，银行对审验合格的票据提供保管、异常状态提醒、到期主动托收等服务。票据托管托收功能能实现票据的全生命周期管理，大大减轻客户票据管理成本，提高工作效率。

- 业务统计分析，可以全面提升票据管理质量与效率。银行票据池业务基于自行开发的票据信息管理系统，可为客户提供入池票据状态、票据交易流水、池融资情况、托收情况、票据池保证金余额等全方位信息查询、统计分析功能。

- 集团额度调剂，可以实现集团内部票据资源优化配置。集团成员单位票据分散入池，主办单位集中管理票据资源，并负责票据质押池融资额度在成员单位间的调剂使用。池额度生成与调剂采取以下两种业务模式。第一，统收统支、集团分配模式。各成员单位票据入池后，按统一规则计算票据质押池融资额度，额度集中到集团主办单位，成员单位需要使用额度时，由主办单位分配。第二，自收自用、集团调剂模式。成员单位票据入池后，按规则分别计算票据质押池融资额度，额度独立使用。如需调剂，主办单位先从成员单位上调额度，再分配给额度使用单位。

- 额度转移计价，可以实现集团内调剂额度的有偿使用。集团票据池主办单位可按约定规则向池融资额度调入使用成员单位收取额度转移费，同时对调出成员单位支付额度转移费，银行配合出具收付利息凭证。主要供自收自用、集团调剂模式项下使用。

- 回款资金归集，可以实现财务公司成员单位资金归集。集团票据池功能可以实现成员单位票据回款资金的顺利归集，增强财务公司对成员单位的资金归集管理，提升资金支持能力。不在银行开户的成员单位也可通过财务公司内部账户实现票据回款资金归集和明细核算。

- 票据线上转贴，可以有效帮助财务公司管理流动性。财务公司将成员单位已贴现的票据入池，根据业务需要，随时在线办理转贴现卖出及买入，有效提高流动性管理。

- 票据双向买断，可以帮助企业优化报表增加财务收益。应客户申请，银行以客户签发并由该行承兑的应付银行承兑汇票及部分现金作为支付对价，无追索权地买入客户持有的应收银行承兑汇票。银行买入票据的托收回款资金用于解付对应签发的票据，解付前产生的存款利息作为现金支付对价，在应付银行承兑汇票解付完毕后支付给客户。

- 信用额度加载，可以放大票据价值，减少日常资金备付。以客户入池质押银票生成的池融资额度为基础，加载一定比例的配套信用额度可用于解决票据池客户的流动性资金需求。

- 电子商票带息，可以将客户商业信用转化为财务价值。付款人用商票进行支付时，双方可约定给予收款人合理的利息，银行出具利息支付和收入凭证。若收款人持有到期，那么票面利息全部归收款人；若收款人申请商票贴现，银行就按票面利息减贴现利息的差额记账。

- 敞口按日计量，可以最大限度减少客户财务费用支出。客户使用票据质押池融资额度时，保证金和银票质押生成的额度每日抵减，银行仅按客户实际使用到的敞口额度（含入池商票质押生成的额度及配套信用额度）计收票据池融资利息（按日积数计算，每日动态计量）。

- 先入池后移票，可以解决票据频繁传递费时费力的难题。客户将拟入池纸质银票的票面信息扫描影像（或拍照）上传，银行根据上传的信息预做记录入池生成可质押融资额度，客户根据约定时间定期将实物票据移交银行。

- 资料扫描上传，可以有效提升业务办理效率。客户申请签发银行承兑汇票或办理贴现等业务，其贸易背景资料可扫描影像（或拍照）上传。小面额银票可视情况免予提供贸易背景资料。

（13）转贴现

转贴现是指银行向同业转让已贴现的商业汇票（银行承兑汇票或商业承兑汇票）。银行可以采取下列两种方式办理。

- 买断：转贴现申请人将票据背书转让给贴现行，由贴现行在票据到期后直接向承兑行收款。
- 回购：分为按票面到期日回购和按固定日期回购。此种方式的转贴现业务可不办理票据背书转让手续，贴现行仅保管票据或委托对方代保管，代保管协议应在转贴现协议中注明。以回购形式办理的转贴现业务，贴现行可不审查交易合同和增值税发票复印件。

转贴现的好处：对于票据买入方而言，由于票据在贴现时已经过卖出方的审核，所以其真实性和安全性比较可靠。如果对方能回购，那么风险更低。对于信贷资金的运用，在期限上和收益上比存放同业方式合适。票据卖出方也可以快速融到资金，解决资金流动性不足问题。

（14）再贴现

再贴现是指商业银行向中国人民银行卖出已贴现的商业汇票。凡符合《中华人民共和国票据法》和中国人民银行现行有关规定，并且已在银行办理贴现和转贴现买入的商业汇票，均可向中国人民银行申请办理再贴现。借助再贴现，票据卖出行可以快速融到资金，解决资金流动性不足问题。

办理再贴现业务的流程：申请行依据《中华人民共和国票据法》《票据管理实施办法》《支付结算办法》和中国人民银行现行有关规定对票据和资料审查无误后，向中国人民银行申请再贴现；经中国人民银行批复后，银行计算出再贴现天数、实付金额和实收金额，制作再贴现凭证，持票据到中国人民银行办理相关贴现手续。

二、商业承兑汇票业务

1. 承兑类业务

（1）商业承兑汇票

商业承兑汇票是承兑人在出票人向收款人交付的远期付款票据上承兑，保证在指定日期无条件支付款项给收款人（或持票人）的一种结算凭证。商业承兑汇票的出票人、承兑人、付款人和收款人都是企业。出票人、承兑人和付款人可以是同一家企业，也可以是不同家企业。

商业承兑汇票是建立在商业信用基础上的信用支付工具，具有权利义务明确、可约期付款、可转让贴现等特点，在钢铁、石化、铁路、电力、电信等行业中经常使用。

商业承兑汇票的承兑人（付款人）必须是履约能力非常强的企业，这样其商业承兑汇票才容易被市场接受，如特大型钢铁集团、大型石油集团、铁道部所属铁路局（公司）、大型电力集团、大型电信集团等。

（2）商票保贴承诺

根据客户变换票据的需要，银行将客户持有的银行承兑汇票质押后，为客户开立的商业承兑汇票提供保证贴现承诺，以满足商务采购支付结算需要。

本业务发生的情况包括建筑公司支付货款给小型水泥搅拌站，或者钢铁经销商支付货款给焦炭乡镇企业等购销结算，这时卖方收到的多是农信社、中小型城市银行的银行承兑汇票，信誉较低，市场流通性较差。

大型商业银行可以帮助持票客户将这些低流通性的银行承兑汇票质押：一种方法是改开该行的银行承兑汇票，客户需要支付0.5%的开票手续费；另一种方法是客户开出商业承兑汇票，银行提供保证贴现承诺，客户需要支付0.1%～0.3%的保贴手续费。显然，客户获得的大型银行保贴的商业承兑汇票，已相当于该行签发的银行承兑汇票，两者在市场中的接受度相同，但客户降低了财务成本。

（3）集团公司承兑的商票

在这种商业承兑汇票业务中，出票人是集团公司的成员单位，承兑人和付款人是集团公司。

集团客户的成员单位在对外采购时，如果向供应商提交的是由集团公司承兑的商业汇票，那么对方更容易接受。

银行可在对集团公司的授信额度内为供应商办理贴现，票据到期时由集团公司扣划成员单位的资金进行兑付。

（4）财务公司承兑的商票

在这种商业承兑汇票业务中，出票人是集团公司的成员单位，承兑人和付款人是集团财务公司。

本产品适用于财务公司类客户。电力集团、煤炭集团、钢铁集团、汽车集团等大型企业集团内部都设立财务公司。通常，集团内的分公司和子公司开出的商业汇票信誉度不够高，但经集团财务公司承兑后，市场的可接受程度就大为提高，银行也愿意办理贴现。

（5）商票团开团贴

商票团开团贴是指集团公司内子公司A作为出票人，委托集团公司签发商业承兑汇票，子公司 B 作为收款人委托集团公司办理贴现。银行在授信额度内给集团公司办理商业承兑汇票贴现，票据到期时由集团公司扣划子公司 A 的资金进行兑付。此业务也相当于集团对承兑汇票自开自贴。

本业务适合对象：一是上下游一体化经营的特大型集团企业，下游企业向上游企业采购商品时结算使用，如电力集团中的发电企业向煤炭企业采购煤炭，石化集团中的炼化企业向原油经营企业采购原油；二是已经成立财务公司的民营企业集团客户，在企业内部已经实现了集团统一采购、统一资金管理的格局。

2. 贴现类业务

（1）商票贴现

银行在办理商票贴现时，只接受实力雄厚的企业承兑的汇票，以确保到期能收回票款。这些企业包括风险评级为低风险级的客户、国家和省级经济主管部门监管的重点企业、上市公司、世界 500 强跨国公司在中国设立的独资或合资企业及其他符合授信条件的企业。

对于商业承兑汇票的承兑人，银行要审查并核定该行对其授信额度的上限。而对于商业承兑汇票的贴现申请人，银行要审查其与承兑人或其前手是否有较固定的业务关系和较大交易量。一般情况下，银行直接对商业承兑汇票的收款人办理贴现，但也受理经过多次背书的商业承兑汇票。

（2）商票保贴

商票保贴业务是指银行承诺并保证，在事先核定的贴现额度内，对特定承兑人承兑的商业承兑汇票，或者对持票人提交的特定商业承兑汇票办理贴现业务。保贴额度是银行给予承兑人或持票人的一种授信业务。商业承兑汇票包括纸质票和电子票两种。

向承兑人提供的保贴业务：只要该承兑人承兑的是商业承兑汇票，银行即予贴现。

向持票人提供的保贴业务：只要该持票人提交的是特定商业承兑汇票，银行即予贴现。

商票保贴业务对各方好处包括如下三点。

■ 对于承兑人而言，只要是在额度内开出的票据，银行都保证给予贴现，相当于给予低息贷款。

■ 对于持票人而言，不需要笔笔审批即可快速获得贴现资金，提高效率，降低成本。

■ 对于银行而言，可以稳定和增加资信良好的商业承兑汇票来源。

商票保贴业务需要注意如下事项。

■ 办理贴现的商业承兑汇票的期限，应与业务交易或企业生产经营周期及资金回笼周期相匹配。纸质票的付款期限最长不得超过六个月，电子票的付款期限最长不得超过一年。

■ 商业承兑汇票贴现利率参考同期限、同档次贷款利率和贴现市场利率确定，不得低于央行再贴现利率。

■ 在规定的期限、额度和使用前提条件下，保贴额度可以循环使用。

■ 办理纸质商业承兑汇票贴现时，银行必须派两个人至承兑人处实地核实汇票真实性，查询人员中至少应有一名会计人员。

09
投资银行业务类

投资银行在现代金融领域中发挥着不可替代的作用，它与商业银行尽管在名称上都冠以"银行"字样，但实质上存在如下几个方面的明显差异。

- 从市场地位来看，商业银行是货币市场的轴心，而投资银行是资本市场的轴心。
- 从功能作用来看，商业银行是资金中介，而投资银行是金融中介。
- 从融资方式来看，商业银行以间接融资为主，而投资银行以直接融资为主。
- 从经营范围来看，商业银行的主要业务是吸收存款和发放贷款，而投资银行主要业务是证券承销、公司并购、资产重组及资产管理等非储业务，投资银行更看重产品服务和资产增值。
- 从收益来源来看，商业银行的收益主要来自存贷利差，而投资银行的收益主要来自产品服务与资产增值所形成的非息收入与服务费。
- 从细分角度来看，商业银行的投资银行业务包括众多的资本市场服务，主要分类有直接融资、结构化融资、财务顾问、资产管理及新出现的跨境投行业务。

一、直接融资

直接融资是资金的需求者直接从资金的供应者手中获得融通资金，凡是债权债务关系中的双方均不是金融机构的融资行为即为直接融资。

1. 债券承销

债券承销是指商业银行作为主承销商、联席主承销商或副主承销商，依据相关承销协议的约定包销或代销债券的行为。

债券是指经相关主管单位、部门审核并经注册通过，具有法人资格的非金融企业或地方政府在债券市场发行的约定在一定期限内还本付息的有价证券，包括非金融企业债务融资工具（含短期融资券、中期票据、超短期融资券、中小企业集合票据、非公开定向债务融资工具、资产支持票据、项目收益票据）、企业债、金融债券、资产支持证券、地方政府债券等。

债券承销分为三种方式。第一种是代销，即银行按照规定的发行条件在约定的期限内尽力推销，到了销售截止日期，将未销售部分退还给发行人，承销商不承担任何发行风险。第二种是余额包销（也称助销），即到了销售截止日期，对未售出的债券余额全部由承销商认购。第三种是全额包销（也称承购包销），即承销商先将债券全部或部分认购下来，并立即向债券发行人支付全部债券价款，然后按照市场条件转售给投资者，转售剩余部分由承销商拥有。承销商赚取的不是发行人支付的手续费，而是转卖债券的价差。

2. 信托融资

信托融资是指银行通过多种非公开的渠道及方法为企业提供除传统银行信贷方式以外的多种其他融资解决方案，主要包含设计、成立、销售各种信托产品理财计划或银行信贷理财计划等协助企业获得融资。

3. 标准化债务融资

标准化债务融资业务是指具有法人资格的非金融企业在银行间债券市场发行并约定在一定期限内还本付息的有价证券。债务融资的

注册机构为交易商协会。目前，标准化债务融资主要包括短期融资券
（CP）、超短期融资券（SCP）、中期票据（MTN）、非公开定向债务融资
工具（PPN）、永续债（PN）、绿色债务融资工具（GN）、资产支持票据
（ABN）等。

4. 非标准化债务融资

非标准化债务融资业务是指银行通过信托公司、证券公司、基金管
理公司、金融资产交易所、资产管理公司、金融租赁公司、私募基金管
理公司或投资咨询公司等第三方专业机构，采用各类贷款形式、股权转
让形式、股权收益权转让及回购形式、资产收益权转让形式，以及委托
债权投资、定向委托贷款等形式满足客户融资需求的项目。

5. 私募股权融资

私募股权融资是指非上市公司通过非公共渠道（市场）的手段定向
引入具有战略价值的股权投资人，向其出售企业股权进行融资。私募股
权融资吸纳权益资本，无须还本付息，仅需视公司的经营情况分配红利，
增强了公司抗风险的能力。银行主要通过搭桥或推介在企业与投资者之
间进行撮合，并在必要的时候为企业提供流动性支持。

6. 私募投资基金

私募投资基金是指银行联合私募基金管理公司或其他基金管理公司，
通过创设公司制基金、有限合伙制基金、契约型基金等基金模式，以及
非公开方式向少数机构投资者和个人投资者募集资金，以满足客户股
权＋债权等多元化的融资需求，并在基金设立、募集、投资、管理和退出
等环节提供全流程的融资顾问综合金融服务。

7. 信贷资产证券化

信贷资产证券化是指银行（发起机构）将欠流动性但有未来现金流收入的信贷资产交付给受托机构向投资者发行证券，使得原本不流通的信贷资产转化为资本市场中可流通的证券。信贷资产包括企业贷款、住房抵押贷款、汽车贷款、消费信贷、信用卡账款等。

8. 选择权贷款

选择权是指银行为高潜力或高成长的客户提供包括授信、投融资、财务顾问等综合金融服务并因此额外获得某些权利。

该选择权指银行指定的、符合约定要求的第三方行权方享有按约定条款（约定行权期间、价格、份额等）获得客户股权或股权收益权（包含客户所持有的其他公司股权和股权收益权），以及按约定条款以市场公允价值转让或分享客户成长收益的权利。

针对选择权业务收益后置的特点，银行选择权业务的贷款利率可适度下调。选择权业务因其兼具股权和债权的特性，仅由银行专营机构开放。

选择权贷款业务适用于科技、文创和金融类客户。目标客户在选择权业务约定期限内，应有明确的资本市场股权融资规划。银行可与目标企业建立长期稳定的银企合作关系，支持企业发展壮大走向资本市场。

二、结构化融资

结构化融资是指银行以融资人未来现金流或相关资产为投资标的，除提供银行自身的资金之外，还与其他金融机构（包括信托公司、证券公司、基金公司、保险公司、租赁公司、资产管理公司及基金子公司、金融资产交易所等）合作，同时使用两种以上的融资工具（包括股权融资工具、债务融资工具、可转债融资工具等），从多渠道获得资金，以满足客户中长期的多元化资金需求。

1. 产品特点

- 为客户提供中长期资金来源。
- 提高客户资产周转率。
- 降低客户资产负债率。
- 实现信用增级，降低融资成本，丰富投资者的投资品种。

2. 适用客户

结构化融资的适用对象主要有四类：未来能产生稳定现金流资产的优质客户，传统行业中的优质大中型企业客户，新能源、新材料、节能环保、生物医药、信息网络、高端制造等新兴产业客户，以及上市公司法人股东等。

3. 办理流程

客户委托银行为主承销商和安排人，聘请专业服务机构开展结构化融资业务，其具体流程包括如下五步。

- 剥离资产，设立资产池。
- 编写各项发行文件，完成各项发行准备工作。
- 获得央行等监管机构批准，发行债券。
- 按约定还本付息。
- 进行债权债务登记，按约定披露信息。

三、财务顾问

财务顾问是指银行利用自身资源、人才、信息与科技等优势，为企业提供持续性和综合性的管理咨询服务，包括为财务管理、投融资、兼并与收购、资产重组及债务重组、发展战略等企业活动提供咨询分析或方案设计等。

银行财务顾问的服务对象有两类：一类是资金筹集者，包括国内外工商企业，银行主要提供并购重组、风险管理、项目融资等顾问服务；另一类是投资者，包括中小投资者或机构投资者，银行主要提供宏观经济分析、行业分析、公司分析和市场分析，提供投资项目策划和投资方案等。

财务顾问业务对客户准入方面没有特殊的要求。但从有助于业务成功运作的角度出发，银行青睐的主要对象为经营状况和财务状况良好的大中型制造类企业、进出口企业、商业企业或合资企业，所属行业发展前景良好，且在行业中具有竞争优势。

银行为客户提供的财务顾问服务包括以下五类。

1. 常年财务顾问

常年财务顾问服务意在为客户的资本运作、资产管理与债务管理等业务提供一揽子解决方案，帮助客户降低融资成本。常年财务顾问是提高客户资金利用效率和投资效益并改进财务管理的顾问服务。

2. 并购顾问

并购顾问服务是为上市公司、非上市公司以及机构客户在涉及股权、资产、债务等各种方式的重组和并购交易中提供的顾问服务。并购顾问服务具体包括如下七种。

- 制订并购方案，设计并购交易结构。
- 作为总协调人，制订并购工作计划和时间表，推动各中介机构开展工作。
- 协助并购方确定目标和并购方式。
- 协助并购方与目标公司进行商务谈判及准备谈判材料等。
- 对目标公司进行尽职调查，建立财务估值模型，评估目标公司价值。
- 协助并购方取得有关主管部门对并购方案的批准。
- 协助并购方进行并购后的整合。

3. 融资顾问

融资顾问服务是指银行为大型建设项目的融资结构与融资安排提出专业方案。融资顾问业务的主要工作包括如下六项。

- 成立专职融资团队，全程负责融资，深入公司进行详尽调查。
- 规划公司发展战略，协助完成合理估值，准备专业的融资材料。
- 通过电话会议、路演等方式，吸引和推荐合适的出资人。
- 与出资人充分沟通，组织出资人考察公司资信。
- 协助公司与出资人谈判，帮助其在关键合作条款上把关。
- 协助签署合同，资金在指定工作日到公司账户。

4. 投资顾问

投资顾问是指银行为有投资意向的客户寻找合适的投资项目、提供项目可行性调研、制订投资方案及投资实施和项目运作等一系列专业金融服务。投资顾问的主要服务内容包括如下几项。

- 出具投资意见书。

- 协助草拟、修改各种投资所需的文书。
- 参与项目谈判并进行法律及财务方面的论证和判断。
- 为投资决策的合法合规性、可行性、风险对策提供依据和意见。
- 提供投资方面的培训，解答有关投资的问题。
- 协助设计投资方案和配套文书，对项目进行可行性分析及出具投资意见书等。

5. 上市顾问

上市顾问是指银行依照《中华人民共和国公司法》《中华人民共和国证券法》及相关法律法规的规定，为有上市意愿且基本符合上市要求的企业提供专业辅导，以达到上市的目的。上市顾问业务具体承担下列责任。

- 为企业股份制改造、资产重组、股份公开发行上市进行总体策划，按照企业要求制订股份制改造和重组方案并协助企业实施重组方案。
- 协助企业选择相关专业中介机构并提供咨询意见，就公司财务审计、资产评估、盈利预测和财务遗留问题提出咨询意见。
- 就企业在完善公司治理结构和进行规范运作方面提供相关政策咨询，并协助企业加以改进。
- 就企业的独立性（包括资产、业务、机构、人员、财务等方面的独立性）是否符合中国证监会首次公开募股标准提供咨询意见，并协助企业进行改进。
- 整体协调企业聘请的各中介机构，采取措施增进企业和各中介机构之间的理解与沟通，提高运作效率，更好地发挥团队的作用和功能。
- 协助企业与上级主管单位、政府各相关主管部门进行沟通。
- 经企业授权，代表企业与其他相关机构进行谈判或沟通。
- 推荐和引进对企业成功上市募集资金有利的战略投资人。

四、资产管理

中国资产管理业务以商业银行理财最为典型，因此传统的资管业务主要围绕"银行理财"展开，其中资金端以零售银行、私人银行、公司银行的客户为主，资产端主要以投资银行业务中直接融资业务与非标融资业务（表外、表表外）创造的资产构成。

2018年，银保监会发布《关于规范金融机构资产管理业务的指导意见》。其中指出：基于"受人之托，代人理财"的本质，资产管理业务是将投资人委托的资金，通过商业银行资产管理业务部门或理财子公司，以资产配置的方式实现委托资金增值的一种管理服务。其实质可以理解为通过管理人将资产与资金进行再分配并获取投资溢价。从长远来看，资产管理业务未来将不仅限于资金的委托，可变现的资产也可以委托进行管理。

目前，银行理财产品根据风险等级可划分分为PR1～PR5五个等级。其中，PR1与PR2主要以货币资金、低风险债券为主，PR3与PR4主要以非标资产、债券、股票等资产为主，PR5主要以股权及股票为主。

资产管理业务从委托形式上可以分为三种：一是为单一客户办理定向资产管理业务，二是为多个客户办理集合资产管理业务，三是为客户办理特定目的的专项资产管理业务。

按照方法与手段的不同，企业资产管理可分为公司上市（主板上市、创业板上市、买壳上市等）、股本扩张（增发新股、配股、送红股、公积金转增股本等）、公司收缩（公司分立、公司剥离、股权出售等）、股份回购、兼并收购、联合或合并、部分或整体产权出让、发行可转换公司债券、发行认股权、租赁等。

根据对象的不同，资产管理业务可分为货币资产管理、有价证券管理、存货管理、长期投资、应收账款管理、固定资产管理和无形资产管理等，另外还有基金型资产管理、非基金型资产管理、国有资产管理、金融资产管理、知识资产管理等。

五、跨境投行业务（以民生银行为例）

1. 跨境并购贷款

跨境并购贷款是指银行向并购方或专门设立的无其他业务经营活动的全资或控股子公司发放的，用于支付并购交易价款和费用的贷款，可满足企业跨境并购活动中的融资需求。

这种贷款业务的特点及优势如下。

- 跨境并购贷款是唯一用于支付跨境股权并购交易价款的银行信贷产品。
- 与表外融资方式相比，并购贷款成本相对较低，期限较长。
- 产品相对成熟，审批流程较快。
- 无资金募集环节。

2. 境外项目融资

银行向中国企业的境外项目公司提供的有追索权或无追索权资金融通，可满足企业对外投资等经营活动中的融资需求。

境外项目融资业务的特点及优势如下。

- 利用融资杠杆，解决项目投资人资金瓶颈。
- 降低项目投资人的投资风险。
- 支持中国企业实施海外资源战略和能源战略，以及推动产业结构调整。

3. 跨境直投或投贷结合

银行为中国企业境外投资项目引入股权投资人，并可根据项目情况提供贷款等多种方式的银行融资，以满足股权和债权融资需求。

这种跨境投行业务的产品特点及优势如下。

- 解决企业自有资金不足问题，引入股权投资人。
- 利用杠杆融资撬动更大规模的项目。
- 银行提前介入，可加快贷款审批速度。

4. 投融资顾问

银行利用既有的客户、资金、信息和网络优势，根据客户需求和业务发展战略，为企业提供包括交易撮合、尽职调查、价值评估、交易结构设计、投融资结构设计、投融资风险评估、协助商务谈判、还款能力评价、投融资资金筹措等在内的财务顾问服务。

投融资顾问可以帮助客户优化资产负债结构和股权结构，压缩非营利和低效资产；拓宽投资渠道，增加投资产品种类；合理搭配投资期限结构，增强投资灵活性和适应性；控制投资风险，增加投资收益；拓宽融资渠道，合理搭配融资期限结构；控制客户综合融资成本，提升客户股东价值的回报；帮助客户梳理企业战略，引入产业链战略合作方，优化商业模式。

投融资顾问业务的产品特点及优势如下。

- 银行在各行业拥有广泛的客户基础，尤其对民营企业的投融资需求拥有丰富的服务经验。
- 与财务、税务、法律、技术、估值、战略等专业中介服务机构有着密切联系，整合专业中介力量为客户提供智力支持。

- 组合运用并购贷款、内保外贷、项目贷款、银团贷款、并购基金、保险资金、信托计划、资管计划等商行和投行服务手段，为客户提供综合化的投融资方案。

5. 境外发债

银行作为承销商为中国企业在境外发行债券提供承销服务，可以满足企业利用境外资本市场募集资金的需求。

境外发债的特点及优势如下。

- 利用资本市场融资优势，降低融资成本。
- 无须银行贷款审批程序，发行程序公开透明。
- 银行具有网络和渠道优势。

10
表外业务类

表外业务是指商业银行记录在资产负债表之外经营的业务。由于银行开展表外业务不会动用银行的资金，所以表外业务规模的大小不会影响银行资产负债总额的变化。但银行开展表外业务有经营费用收入，因此开展表外业务能增加银行当期的收益，进而提高银行资产报酬率。因此，银行开展表外业务，一方面是为了向客户提供更多的金融服务，另一方面也是增加银行的经营收入。

一、证明类业务

1. 资信证明

资信证明指银行接受申请人委托向第三方出具的资信证明书，证明客户在特定时段内在该行办理表内外各项授信业务的信用情况，包括是否曾经发生过逾期（垫款）和欠息情况、资金结算方面有无不良记录、执行结算纪律是否良好等。

资信证明的作用是使第三方对银行客户的资信情况有所了解，从而促进经济活动的顺利进行。

资信证明的特点在于：可以根据客户实际需要，出具标准格式或非标准格式的资信证明书。证明时段原则上最长可达两年。

适用对象主要是在银行开立基本存款账户或一般存款账户及外汇结算账户的企业法人、事业法人和其他经济组织。

2. 信贷证明

信贷证明是指银行应申请人（投标人）要求向工程业主（招标人）出具的文件，表明投标人如果中标，银行可向投标人提供项目建设所需的信贷资金。

信贷证明的作用是解决招标人担心投标人中标后建设资金不足的顾虑。工程建设企业在去参加项目投标之前，都会按招标人的要求请银行出具一份信贷证明，证明其建设资金不成问题。信贷证明只是意向性说明，不具法律约束力，仅供申请人在投标资格预审时使用。申请人如果中标后确有融资需求，那么还必须经银行审查同意，方可获得相关数额的信贷资金。

信贷证明的特点在于：本外币业务均可开具，金额按照招标书确定的招标项目的标的合理确定，有效期最长不超过招标书确定的招标项目施工期限。

适用对象是依法从事经营活动的企（事）业法人及其他经济组织，其招投标项目符合国家产业政策和银行信贷政策。

办理资信证明所需资料包括建设项目招标文件及银行信贷证明书等文本。

二、额度类业务

额度主要是银行给企业一个使用授信的上限数额。

1. 贷款额度协议

贷款额度协议是指银行向企业提供贷款总额度的协议文件。企业可以在协议期限内一次或多次提取贷款，只要历次提款的最高总额不超过贷款额度即可。但是，借款人已偿还了的贷款不能被再次提用。贷款额度协议主要适用于贷款归还后不再使用的企业和项目。

2. 循环额度贷款协议

循环额度贷款协议是指银行向企业提供可循环使用额度贷款的协议文件。企业可在协议期限内多次使用贷款，特点是对于已归还的贷款仍可重新提取使用。这种协议主要适用于能"随用随还"资金的企业，如商业贸易企业。

3. 综合授信额度协议

综合授信额度协议是指银行向企业提供综合授信额度的协议文件，主要内容既有总授信额度，也有各项具体信贷品种的额度，如流动资金贷款、开具银行承兑汇票、开具银行保函、开信用证、打包贷款、押汇等。协议还要规定企业使用额度的约束条件等，具有法律约束力。这种协议主要适用于银行对企业尤其是集团客户的一揽子授信业务。

（1）对各方好处

- 对于借款人而言，从银行得到授信额度让企业全年生产经营所需的资金基本能落实了。企业不必临时一笔一笔去找银行借款。
- 对于担保人而言，一次性签一笔总的担保协议，免去了一笔一笔分别签担保协议的麻烦。
- 对于银行而言，核定授信额度的上限就是核定了风险损失的上限。签署总的额度协议，减少经营管理成本，有利于稳定银行和企业合作的基础。

（2）办理要点

- 核定额度合理，要实事求是，要有计算的依据。不要故意多报，造成额度空置；也不要少报，不能满足客户正常的使用需要。因此，事前详细的调查和周密的计算是十分必要的。
- 各项合同之间的内容要衔接一致。与贷款额度主合同相配套的，还会有许多相关从合同，如担保、抵押或质押、公证、登记、保险等合同，而且每种合同又分若干份。所有这些合同的内容都必须相互衔接，特别是在当事人名称、授信金额、期限、利率等关键条款上不能出现不一致甚至矛盾之处。
- 对于预计不会发生或发生不多的用款，要少签正式合同，以避免无谓地多交印花税。
- 额度之间应该可以调剂使用，但应注意的是，低风险的业务可以占用高风险业务的额度，但高风险的业务不能占用低风险业务的额度。

（3）主要风险

综合授信额度协议主要有授信额度过大的风险、单笔业务操作风险、超额度使用授信风险、企业状况变差风险等。

三、意向类业务

意向是指银行向企业出具的意向性文件，虽然不具有法律约束力，但有助于企业开展生产经营活动。

1. 项目贷款意向书

项目贷款意向书是银行向政府主管部门出具的表明贷款意向的文件。

政府主管部门在审批固定资产项目的可行性报告时，会要求提前落实建设资金的来源。为此，银行应项目建设单位的请求，经过初步评估后出具贷款意向书，作为政府主管部门审批与核准固定资产项目的依据。

项目贷款意向书仅在申报固定资产项目时使用，是不具有法律约束力的非承诺性文件。由于银行不知项目能否获得批准，对项目风险评估也未做详细论证，所以银行只能出具贷款意向文件。

对于国家主管部门正式批准立项，建设单位完成项目可行性研究报告的固定资产项目，银行经审查同意提供固定资产贷款后，可以对外提供贷款承诺函。

项目贷款意向书的特点在于：协助客户向政府主管部门争取项目的审批、核准。

适用对象主要是负责固定资产项目建设的企业法人、事业法人和其他经济组织。

项目贷款意向书业务的办理流程如下。

- 客户向银行提出申请，并提供授信基本资料和项目的有关材料。
- 银行对申请材料及项目的可行性、效益性等进行初步调查和评估。
- 银行出具贷款意向书（有效期从开出之日起到政府主管部门批复项目止）。

2. 贷款承诺

贷款承诺是指银行向企业书面承诺在未来一定的时期内，按照双方确定的条件，应企业的要求，提供不超过一定限额的贷款。贷款承诺具有法律约束力，分为可撤销承诺和不可撤销承诺。在具体使用贷款之前，双方还需签订借款合同。

通常，固定资产建设项目需要的资金量很大，业主单位如果不采用银团贷款的方式融资，就只能向许多银行分别寻求资金的支持。那些想要提供支持的银行就会向业主单位出具一份承诺书，表明能提供贷款的金额、期限和利率等。承诺也是有条件的，即要在满足国家政策和银行授信政策的前提下进行。

贷款承诺的适用对象包括负责固定资产项目建设的企业法人、事业法人和其他经济组织。涉及建设项目应取得相关国家项目核准机关的核准文件。

贷款承诺业务的办理流程如下。

- 客户提出申请，并提供授信基本资料和项目的有关材料。
- 银行对申请材料及项目的可行性、效益性等进行调查和审查。
- 银行出具贷款承诺书。
- 在贷款承诺书有效期内，客户提出融资需求时，银行另行按照项目贷款审批流程办理。
- 贷款承诺书有效期届满、承诺义务履行完毕或客户同意提前解除承诺事项时，贷款承诺书即告失效。

3. 银企合作协议

银企合作协议是指银行和企业双方表达合作意向的书面文件。该协议的主要内容是约定双方的权利和义务，确定银行要向企业提供的金融服务品种、质量和数量，以及企业要向银行提供的存款和结算量等。银企合作协议不具有法律约束力，主要适用于银行和企业双方初步合作的阶段。

4. 信贷咨询

信贷咨询是指银行向客户提供与信贷业务有关的咨询业务，包括企业信息咨询业务、企业财务顾问业务、企业投融资顾问业务。银行通常选择资质较好、经营稳健、有合作潜力且能给银行带来综合效益的客户作为提供咨询服务的对象，以便深入开展业务合作。

11
保函业务类[①]

保函是银行（担保人）应保函申请人（被担保人）的请求以自身资信为保证向保函受益人开出的书面保证，承诺如果被担保人不能履行与保函受益人的合约而使后者遭受经济损失时，由银行负责赔偿损失。

保函对各方有如下好处。

---

① 保函业务也属于银行表外业务，因品种比较多，故单列一节。

- 对于保函申请人而言，由于有了银行提供的担保，保函申请人可以顺利签下借款、工程、贸易等经济合同，从而获得利润。
- 对于保函受益人而言，由于有了银行的担保，保函受益人可以放心和对方签经济合同，把资金、工程、货物等交给对方。
- 对于银行而言，保函可以帮助客户完成经济交易行为，增加和稳定银企关系，收取保证金增加存款，收取担保费增加收入。

保函主要分为融资性保函和非融资性保函。

- 融资性保函是指银行为保函申请人的融资行为承担偿还担保责任而向保函受益人出具的书面保证：当保函申请人不偿还债务本息时，银行承担赔偿责任。融资性保函包括借款保函、透支保函、有价证券保付保函、融资租赁保函、授信额度保函等。由于银行既承担了替人赔付的高风险，又只收取不高的担保费，所以原则上银行应从严受理此类保函业务。在办理业务时，银行应严格按照有关规定，落实有效的反担保措施。
- 非融资性保函是指银行为保函申请人的非融资行为向保函受益人出具的书面保证：当保函申请人不履行合同责任或义务时，银行承担赔偿责任。非融资性保函分为两大类：一类是工程建设项下保函，另一类是货物贸易项下保函。

保函业务的主要风险包括申请人不履约银行被受益人索赔风险、受益人的不合理的索赔风险、反担保人不愿履约或无力履约的风险、各有关法律文件条款不衔接风险、违反法律法规致使银行承担责任风险等。

下文按工程保函、贸易保函和融资性保函三部分进行介绍。

一、工程保函

工程保函是指银行开出的与工程建设有关的担保函。

1. 投标保函

投标保函是指银行应投标人的请求向招标方出具的书面保证，承诺如果投标方中标后发生撤销投标书、擅改报价、不签订施工合同、不提供履约保函等违约行为，那么银行将根据招标方索赔要求予以赔偿。

投标保函适用于施工企业、设备制造企业等银行客户。有时招标方会规定，投标人必须按标的缴纳一定比例的投标保证金，作为投标人可能违约的补偿。但缴纳保证金必然会占压投标人的资金，而使用银行投标保函可以替代保证金。

2. 履约保函

履约保函是指银行应申请人的请求向受益人出具的书面保证，承诺如果申请人发生违反合同的情况，那么银行将根据受益人的要求赔偿保函规定的金额。

履约保函的适用范围较为广泛，从工程承揽到商务合同履行，甚至网络设计的履约、软件工程的履约等。

3. 预付款保函

预付款保函是指银行应预收款人请求向预付款人出具的书面保证，承诺如果预收款人不履约施工合同或没按合同约定使用预付款，那么银行将根据预付款人的要求退还预付款。

本保函业务适用承包工程项目。一般而言，在签订项目承包合同后，工程业主会向承包商支付一笔工程预付款用于开工建设。如果承包商不履行施工合同或未能按合同规定使用预付款，那么工程业主便可凭该预付款保函向担保银行要求退回预付款。因此，预付款保函也被称为定金保函或退款保函。

4. 质量及维修保函

质量及维修保函是指银行应卖方的请求向买方出具的书面保证，承诺如果货物质量不符合合同约定而卖方又不能按时更换和维修，那么银行将根据买方的索赔承担赔偿责任。

本保函业务适用于工程承包、供货安装等项目。业主及买方为避免工程、货物的质量与合同规定不符，而承包方或供货方又不愿或不予进行修理、更换和维修，给自己造成损失，往往要求承包方或供货方提供质量保函。

5. 保留金保函

保留金保函也被称为留置金保函或尾款保函，是指银行应承包商要求向工程业主出具的书面保证，承诺承包工程如果达不到合同规定的质量标准，那么承包商将把工程尾款退回工程业主，否则担保银行将给予赔偿。

在工程承包中，工程业主一般保留5%～10%的工程款作为尾款，待工程保质期满而又无缺陷时再支付给承包商。承包商如果需要业主提前支付尾款，就需提交银行开立的保留金保函，保证在工程保质期内收到业主发现工程有缺陷的书面通知时，银行负责归还保留金。

6. 工资付款保函

工资付款保函是指银行根据国家劳动机关的管理规定，应施工企业要求向工会或当地劳动部门出具的书面保证，承诺如果施工企业不按合同规定支付工人工资，那么银行将根据工会的索赔要求或当地劳动部门的仲裁要求，按照保函规定承担付款责任。

本保函业务适用于从事建筑施工活动的建筑施工企业。政府部门为防止拖欠工人工资行为的发生，向施工企业发放资质证书时，要求其提供付款保函。

7. 对外劳务合作备用金保函

对外劳务合作备用金保函是指银行根据从事对外经济合作企业的申请，向政府主管部门出具的备付保函。通常，国内对外经济合作企业要根据注册地省级商务主管部门的核准，缴纳一定的专项款项，用于解决外派劳务人员突发事件。银行的备用金保函，可替代用现金缴纳。

这种保函业务适用于从事劳务输出的人力资源服务公司。

二、贸易保函

贸易保函是指银行开出的与贸易活动有关的担保函。

1. 关税保付保函

关税保付保函是银行应进口商申请向海关开立的，担保进口商按海关规定履行纳税义务的付款承诺。

本保函业务适用于从事进口业务的客户，尤其是在海关获得了进口货物"先放后征"资格的客户。银行为以下四种进口情况提供关税保付保函。

- 国家相关进口商品减免税政策未明确税率的相关商品货物进口。
- 在境外从事工程建设、展览和展销等过程中，有关设备、器械等物品临时进入本国关境。

- 两头在外的加工贸易企业进口料件。
- 海关对某些货物实行"先放后征"的情况。

2. 保释金保函

保释金保函是指银行应船方或运输公司的请求向扣船国法院出具的书面保证，承诺如果船方或运输公司不履行法院缴纳保释金的判决，那么银行将按保函规定的金额偿付保释金。

保释金保函业务适用于船舶运输项下因发生船舶之间碰撞或海事纠纷而造成船舶和财产被海事法院或海事仲裁机构扣押的情况，此时船方或运输公司需要缴纳保释金，船舶才可被放行。保函可有效避免申请人因船舶或财产被扣押无法运营而产生的各种损失和费用，减少缴纳保释金引起的资金占用。

3. 付款保函

付款保函是指银行应买方或业主申请向卖方或承包商出具的书面保证，承诺如果在卖方或承包商按照规定履行相关义务后，买方或业主若不履行合同规定的付款义务，那么银行将根据卖方或承包商的索赔，按照保函规定承担付款责任。

付款保函适用于贸易项下的买方或工程项下的业主。

4. 延期付款保函

延期付款保函是指银行应申请人（买方或业主方）的要求，向收款人（卖方或承包方）所出具的书面保证，承诺在卖方完成发货义务的若干时日后，或在承包方完成工程建设的若干时日后，申请人将按照合同中所规定的延付进度表中显示的到期时间，分期分批向收款人支付合同价款及利息。

如果申请人未按照合同约定付款，那么银行将在收到收款方的书面索赔通知和申请人具有上述违约事实的证明材料后，以保函金额为限向收款方支付上述款项。

保函的担保金额将随申请人或银行已支付的金额递减。

5. 货代付费保函

货代付费保函的全称为货运代理公司履约付费保函。它是指银行为货运代理公司向航空公司或海运公司出具的书面保证，承诺如果货运代理公司未按时支付运费，那么银行将承担赔付责任。本保函业务适用于货运代理公司，如远洋运输（集团）公司、物流（集团）公司等。

6. 鉴证承诺

鉴证承诺是指鉴证银行在鉴证了购销企业间销售合同的前提下，对销货方开户银行出具的付款承诺，当购货方因任何原因没有足额支付销售合同项下货款，导致销货方开户行向销货方发放的鉴证贷款不能按时足额收回，鉴证银行保证在接到销货方开户行要求付款的书面通知时，无条件在购货方尚未支付的货款限额内，向销货方开户行偿付其尚未收回的贷款本息。

鉴证贷款是指银行根据企业间销售合同及购货方开户银行出具的鉴证承诺或其他有效的付款承诺，对销货方提供的无须其他担保的流动资金贷款。

鉴证承诺办理条件是必须以企业间购销合同为基础。

三、融资性保函

融资性保函是指银行开具的与借款人融资行为有关的担保函。

1. 借款保函

借款保函是指银行应借款人要求向贷款人开立的书面保证，如果借款人到期不归还贷款本息，那么保证人将进行赔付。借款保函的担保金额一般为贷款本金与利息之和，保函自开立之日起生效，至借款人偿清全部本息或保函到期之日失效。保函的担保金额随借款人的偿还而自动递减。

由于借款人还不了款时银行必须为其还款，风险很大，所以原则上银行从严办理借款保函业务。客户经理在受理借款担保业务申请时，应严格按照银行有关规定，落实有效的反担保措施。如果担保公司作为反担保人，那么银行应防范担保公司赔付能力不足的风险，因此在办理时应严格控制。

2. 对外备证担保

对外备证担保是指银行应境内企业（担保申请人）的要求，以备用信用证的方式，向境外机构（受益人）出具担保函。当境外企业（被担保人）未按照合同约定向受益人偿还债务时，银行根据备用信用证的约定，负责履行偿清债务的责任。

可被担保的债务形式包括借款、发行有价证券（不包括股票）、账户透支或延期付款等。

3. 透支保函

透支保函是指银行为被担保人使用第三方银行的透支账户而出具的

保函，保证在保函有效期内，如果被担保人违反透支协议未按期归还透支金额，则在收到第三方银行索赔资料后，代为赔付拖欠的本息。

4. 租赁保函

租赁保函是指银行应承租方请求向出租方出具的书面保证，承诺如果承租方不能按期向出租方支付租金，银行将根据出租方的索赔，承担支付租金责任。

租赁保函的金额应与租金及相应的利息相等。租赁保函一般自承租人收到租赁设备并验收合格后生效，至承租人支付完全部的租金或双方约定的日期失效。

在租赁项目中，出租方为避免承租人无法按期偿还租金，特别是在融资租赁情况下，租期长、租赁对象的特定性等因素会使出租方承担较大的风险，往往要求银行对承租人按期偿还租金进行担保。

对出租方而言，便利了租赁合约的执行，获得了按时收回租金的保障。对承租方而言，有利于取得设备使用权，获得资金融通，促进资金周转。

本保函业务适用于业务发生频繁、金额大、期限长、租赁对象特定的租赁领域，如船舶租赁、飞机租赁、印刷设备租赁、电信设备租赁、铁路机车租赁、医疗设备租赁等。

12

跨境融资业务类

在经济全球化大趋势下，金融全球化也成为一种必然的趋势。随着中国对外开放程度的不断加大，国内企业直接参与全球分工的程度日益加深，境内企业"走出去"和境外企业"走进来"已经成为常态。在这种趋势下，企业跨境金融服务的需求不断增加，呈现出复杂化、多元化和综合化的特点，对商业银行金融创新提出了新的挑战，跨境融资业务应运而生。

一、支持境外项目发展

支持境外项目发展是指银行向在境外开展生产经营活动的企业提供的授信业务，旨在帮助中国企业走出去，获得可持续发展所需要的技术、市场、资源或能源，调整产业结构和规避贸易壁垒。

1. 境外投资贷款

境外投资贷款是指银行为国内企业到境外开展投资和并购等经营活动提供的本外币贷款，以及资信调查、投资环境分析、项目可行性分析等一揽子服务。境外投资贷款可采取多币种，帮助企业规避汇率风险和降低融资成本。

境外投资贷款业务的支持对象是合法登记注册且具有独立法人资格的境内外中资企业。

申请条件包括：借款人经营管理、财务和资信状况良好，具备偿还贷款本息的能力；项目所在国投资环境良好，经济、政治状况基本稳定；项目整体风险较小、预期经济效益良好；贷款使用和担保符合国家外汇管理制度的相关规定；提供银行认可的还款担保（如涉及）；银行认为必要时投保海外投资保险。

2. 跨境并购贷款

跨境并购贷款是指银行向跨境并购交易中并购方或其子公司发放的，用于支付并购交易价款或置换现有并购融资的贷款。

跨境并购交易是指并购方企业通过受让现有股权、认购新增股权、收购资产或承接债务等方式，以实现合并或实际控制已设立并持续经营的目标企业的交易行为。

3. 跨境投贷结合

跨境投贷结合是指银行为中国企业的境外投资项目引入股权投资人，并根据项目情况提供贷款等多种方式的银行融资，解决企业自有资金不足问题。企业通过引入股权投资人，满足股权和债权融资需求，利用杠杆融资撬动更大规模的项目。

4. 对外承包工程贷款（以中国进出口银行为例）

对外承包工程贷款是指银行对企业实施对外承包工程项目提供的本、外币贷款。

对外承包工程贷款业务的支持对象包括中方借款人和外方借款人：中方借款人指具有对外承包工程资格的企业，或者是在境外注册、符合项目所在国家或地区资质要求的中资企业或中资控股企业；外方借款人指境外金融机构、进口国财政部或进口国政府授权的机构，以及其他境外业主。

中国进出口银行向外方借款人发放的对外承包工程贷款业务的承包商，应为中国境内的独立企业法人或其控股、参股（参股比例应不低于30%或可相对控股）的境外子公司或其参与的联营体。

中方借款人应具备以下条件。

- 境内总承包企业具有《对外承包工程管理条例》（国务院令第527号）、《对外承包工程资格管理办法》（商务部、住房和城乡建设部令2009年第9号）规定的对外承包工程资格。境外总承包企业，应具有相应资质。
- 借款人的经营管理、财务和资信状况良好，具备偿还贷款本息的能力。
- 如果进出口银行可对借款人的信用等级进行评定，那么借款人的信用等级一般应在BB级（含）以上，其中以多个商务合同申请合并流动资金贷款的，信用等级一般应在BBB级（含）以上。银行、战略客户提供全额保证担保或以变现能力强的抵押物、质物提供担保的，借款人信用等级可放宽至BB级。
- 对外承包工程商务合同已签订，必要时需经国家有权审批机关批准。
- 对外承包工程项目带动国产设备、材料、技术、劳务、管理、设计、审计及咨询等相关服务的总出口额不低于合同总金额的15%。
- 对外承包工程商务合同金额（或合并申贷多个商务合同总金额）应不低于100万美元，预付款比例一般不低于15%。对预付款比例达不到上述要求的，进出口银行应根据项目业主或付款人的信誉、借款人履约能力及担保方式等具体情况做出分析和判断。
- 项目具有良好的经济效益和社会效益。
- 项目业主或付款人具有相应的经济实力，信誉较好。
- 项目所在国的政治经济状况相对稳定。
- 必要时投保出口信用险。
- 提供进出口银行认可的还款担保（如涉及）。
- 进出口银行认为必要的其他条件。

外方借款人应具备以下条件。

- 借款人所在国政治经济状况相对稳定，或其所在国国别风险可控。

- 借款人资信状况良好，具备偿还贷款本息能力。

- 如果进出口银行可对借款人的信用进行等级评定，那么借款人的信用等级一般在BB级（含）以上，其中，主权客户和境外金融机构客户在进出口银行的信用等级一般在B级（含）以上（已投保中国出口信用保险公司出口信用保险的主权贷款或主权担保贷款可不作评级准入要求）。

- 对外承包工程项目带动中国设备、施工机具、材料、工程施工、技术、管理出口和劳务输出的价值一般不低于合同总金额的15%。

- 借款人提供进出口银行认可的还款担保（如涉及）。

- 在进出口银行认为必要时投保出口信用险。

- 借款人为国际多边金融机构时，如其成员国中有未与中国建交的国家，申请前应取得进出口银行同意。

- 借款人为境外金融机构时，其相关资信材料可通过银行家年鉴、全球银行与金融机构分析库BankScope、穆迪等专业信息渠道获得。

- 进出口银行认为必要的其他条件。

5. 工程保函综合解决方案

如果客户从事"走出去"涉外工程承包、船舶或大型机电设备出口，那么银行可提供品种丰富的专业化的保函业务支持，配套全程的融资及综合服务，解决客户需要的担保和融资需求。例如：在招标阶段，除开立投标保函外，银行还可以为客户出具资信证明、贷款意向书等协助客户达成交易，也可以为客户提供买方信贷、卖方信贷等项目资金安排；在履约阶段，在开立保函为客户提供履约信用担保的同时，银行通过流动资金贷款、进口开证、国内信用证、票据等产品为客户提供境内外采购融资支持；在收款阶段，银行为客户提供进度款结算服务，配套远期结售汇、外汇理财等金融衍生产品，规避汇率和利率风险，实现客户到账资金的保值与增值。

通过与中信保等出口信用保险公司的合作，银行为客户提供交易对手资信调查，及时掌握项目所在国经济动态，了解业主经营变化情况，以便适时采取风险监控和管理措施，确保项目的顺利进行。

6. 国际经济合作贷款（以中国进出口银行为例）

国际经济合作贷款是指中国进出口银行为贯彻"一带一路"倡议、国际产能和装备制造合作、人民币国际化等国家战略，为我国企业"走出去"创造有利条件，促进国际经济金融合作，提升我国经济金融国际影响力，本着"互利共赢"的原则，对境外借款人实施的具有较大国际或区域影响力的项目或满足其他相关资金需求提供的本、外币贷款；或为进一步促进我国产品、技术和服务出口，进出口银行向境外借款人发放的可与出口买方信贷配套使用的本、外币贷款。

国际经济合作贷款业务的支持对象主要是那些在境外登记注册、具有独立法人资格的境外金融机构、境外企业和境外项目公司，以及外国政府授权机构。

国际经济合作贷款业务的申请条件如下。

- 借款人或其主要发起人[①]所在国的经济与政治状况相对稳定，或项目所在国国别风险可控。
- 借款人或其主要发起人生产、经营管理、财务和资信状况良好，具备偿还贷款本息能力。
- 承诺采购的中国产品、技术及服务符合我国及进口国有关规定（如

---

① 此处的主要发起人是指合计持股比例达到项目公司总股本60%（含）以上的前若干股东。

涉及）。

- 中方出口企业向进出口银行所做的书面推荐（如涉及）。
- 借款人提供进出口银行认可的还款担保（如涉及）。
- 借款人为国际多边金融机构时，如其成员国中有未与我国建交的国家，申请前应取得进出口银行同意。
- 借款人为境外金融机构时，其相关资信材料可通过银行家年鉴、全球银行与金融机构分析库BankScope、穆迪及其他专业信息渠道获得。
- 进出口银行认为必要的其他条件。

7. "两优"贷款（以中国进出口银行为例）

"两优"贷款是中国援外优惠贷款和优惠出口买方信贷的简称，是中国政府给予发展中国家政府的优惠性资金安排。中国进出口银行是中国政府指定的"两优"贷款业务唯一承办行。

"两优"贷款的借款人一般为借款国政府主权机构，在某些情况下可以为借款国政府指定并经中国进出口银行认可的金融机构或其他机构，但应由其主权机构提供担保。

申请"两优"贷款的借款人必须提供以下资料。

- 借款国政府借款申请函。
- 商务合同。
- 项目可行性研究报告（建议书）、环评报告。
- 项目业主材料。
- 执行企业和主要分包商或供货商相关材料等。

8. 内保外贷

内保外贷意为境内担保、境外贷款，是指境内银行（担保人）向境外银行（受益人）出具借款保函或备用信用证，由境外银行向境内企业在境外的关联企业（被担保人）提供贷款。如果被担保人未按有关合同偿还债务，那么该债务由担保人偿还。

内保外贷的适用客户包括两类：一是有境外融资需求的离在岸一体化企业，二是在境外设有关联公司的境内企业，尤其是通过境外离岸平台进行中转运作的进口跨境电商。

内保外贷的适用情况：境内集团公司在境外的关联企业需要在当地银行获得融资时，在当地没有可供抵押或质押的财产，如果能向当地银行提供一份中国境内银行出具的借款保函，那么用银行信用代替商业信用就能较为顺利地获得贷款。

内保外贷的业务流程如下。

- 担保申请人提交《对外担保申请书》和有关资料。
- 担保银行在审核材料合格后，对受益人开出借款保函或备用信用证以作为担保。
- 贷款行（受益人）在收到保函后，向被担保人发放贷款。
- 贷款到期后，被担保人应按时全额向受益人归还贷款本息。
- 如果被担保人未能按时全额还款，那么担保银行在收到受益人发出的索偿要求并审核索偿条件成立后，应立即向受益人支付赔款。

办理内保外贷业务必须注意如下几个要点。

- 被担保人仅限于中国境内机构在境外合法注册的全资附属企业和参股企业。
- 被担保人近三年不得连续亏损。
- 担保申请人在担保银行已有授信额度或者缴纳了保证金。

- 银行还可以为企业提供即（远）期结汇、即（远）期外汇买卖等外汇资金服务，协助企业有效规避汇率风险。

9. 保函综合解决方案

保函综合解决方案是银行针对工程承包、境外直接投资、船舶及大型机电设备进出口等企业担保和融资服务需求而设计的由各类保函、信用证、国际保理及相关外汇理财产品组合而成的一揽子全流程金融服务安排。

这种业务适用于从事"走出去"大型工程承包、船舶及大型机电设备等进出口企业，以及需在境外设立公司的境内企业。

保函综合解决方案业务的产品优势有五点。

- 引入银行信用，规避交易风险。
- 获得交易对手支持，获得有利交易条件。
- 保函品种多样化。银行保函申请手续简便，品种众多，专业化管理，可适用于商品、劳务、技术贸易，工程项目承包、承建，物资进出口保管，向金融机构融资，大型机电设备租赁等业务。银行具体可提供履约保函、投标保函、租赁保函、预付款还款保函、付款保函、加工装配业务进口保函、承包工程保函、质量维修保函、留置金保函、关税保函、保释金保函、补偿贸易保函、融资性保函等十多种保函服务。
- 境外分行和境外代理行的网络支持。利用银行先进的代理行网络，为客户提供交易对手及其所在国家风险调查，了解业主经营变化情况，以便适时采取风险监控和管理措施。
- 帮助受益人规避保函开立申请人的基础合同履约风险。

10. "一带一路" 母基金

"一带一路"母基金是指由银行全资下属的股权投资基金管理有限公司发起和管理，按照母基金方式运作，通过PPP、"走出去"、并购重组、产业投资四类子基金，专项投资于"一带一路"区域内的基础设施、互联互通、能源资源、生态环保、新能源、现代农业、文化教育等领域的重点项目，提供股权及债权的综合化融资服务。

11. 海外工程承包企业服务方案

海外工程承包企业服务方案是指银行针对在海外承接各类工程项目的客户在不同阶段的需求，利用银行先进的国际结算手段和丰富的金融服务产品，为客户提供咨询、结算、融资、避险等一揽子的综合金融服务（见图1-3），增强客户在海外工程领域的国际竞争力。

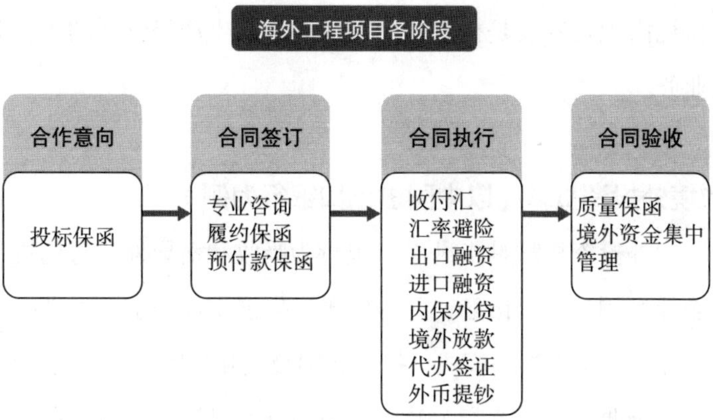

图1-3　海外工程承包企业服务方案

12. "走出去" 企业服务方案

"走出去"企业服务方案是指银行专注于企业"走出去"过程中的各个环节，针对企业开展跨国贸易、投资、兼并收购等不同业务提供的包括跨境结算、融资、汇率避险、资金管理等多种产品的一揽子的综合金融服务方案（见图1-4）。

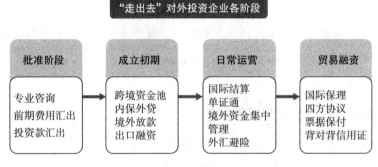

图1-4 "走出去"企业服务方案

二、支持境内项目发展

支持境内项目发展是指银行向在境内开展生产经营活动的企业提供的授信业务。

1. 吸收境外投资贷款（以中国进出口银行为例）

吸收境外投资贷款是指进出口银行为吸收和引导外商对华投资，支持境内企业利用"两个市场、两种资源"发展实体经济，引进国际先进技术装备和生产组织管理模式，提高我国吸收和利用外资的质量与水平，对符合我国吸收外商投资相关政策的境内外商投资项目所需资金提供的本、外币贷款。

这种贷款业务的支持对象为在我国工商行政管理部门登记注册的境内企业，或在境外（中国大陆以外的国家和地区，包括港澳台地区）合法登记注册的境外企业。

吸收境外投资贷款的申请条件如下。

- 借款人具备与拟投资项目相匹配的经济实力和经营管理能力，财务和资信状况良好，具备偿还贷款本息的能力；借款人为境外企业的，其所在国或地区的经济政治状况相对稳定。
- 投资项目预期经济效益良好。
- 借款人建立了良好的公司治理结构和规范的内部管理制度，具有较强的偿债能力和抗风险能力，管理层具有较强的市场开拓能力和创新意识。
- 借款人符合进出口银行授信制度、内部控制和风险管理要求。
- 拟投资项目必须符合国家的商务、产业、国土、环保及节能减排、资源、城市总体规划、区域控制性详细规划、其他外商投资相关政策和进出口银行的信贷准入要求与投向政策（如涉及）。
- 项目各项投资和合作手续齐备，已经我国有关政府部门批（核）准或备案通过，各项必要的审批手续完备，必要时需经外资来源国或地区相关部门审批同意。
- 固定资产投资类项目中的外商出资比例不低于项目资本金的25%；并购类项目在并购完成后外商持股比例不低于总股本的10%。
- 借款人已按国家外汇管理局要求办理境内直接投资外汇登记（如涉及）。
- 提供进出口银行认可的还款担保（如涉及）。
- 进出口银行认为必要的其他条件。

2. 国外贷款转贷（以中国进出口银行为例）

国外贷款转贷是指进出口银行按自主经营、自负盈亏原则运作的自营贷款业务，遵循政策性、安全性、流动性和效益性相统一的原则，用于支持符合我国产业政策和经济社会发展政策的项目。

国外贷款转贷业务包括两类。

- 依据财政部（或其委托进出口银行）与外国政府（或其委托的国外金融机构）或国际金融组织签署的贷款文件，由进出口银行独立评审、自担风险、自主转贷的外国政府贷款或国际金融组织贷款。
- 依据国家发展和改革委员会批准的借用国际商业贷款的转贷专项外债指标，向境外发行债券或与国外金融机构（含中国境内外资银行）签署贷款协议筹集资金，再由进出口银行向中国境内的借款人转贷的国际商业贷款。

国外贷款转贷业务的支持对象分为如下两类。

- 支持符合我国产业政策和经济社会发展政策的项目，该类项目应有利于促进我国经济发展方式的转变、基础设施状况的改善和人民生活水平的提高，应有较好的经济、社会和环境效益。
- 按国家发展和改革委员会批准的借用国际商业贷款的转贷专项外债指标或贷款协议规定的投向和范围使用。

国外贷款转贷业务的申请条件如下。

- 借款人经营管理、财务和资信状况良好，具备偿还贷款本息的能力。
- 如果进出口银行可按现行办法对借款人进行信用等级评定，那么借款人在进出口银行的信用等级一般应在BBB级（含）以上。
- 符合国家有关投资项目资本金管理规定。
- 提供进出口银行认可的还款担保（如涉及）。
- 进出口银行认为必要的其他条件。

3. 绿色中间信贷

绿色中间信贷是指银行受财政部委托，将境外资金方提供的外币贷款发放给国内企业，用于符合条件的节能减排和环境保护等项目。银行负责按时向境外资金提供方还本付息。

4. 外储委贷

外储委贷是指银行受国家外汇管理局委托，以国家外汇储备为资金来源，向企业提供外币委托贷款，主要支持"走出去"或"引进来"项目，包括海外项目融资、出口信贷、并购重组、先进技术或设备进口等。

5. 外保内贷

外保内贷是指境内银行接受境外银行出具的还款保函（或备用信用证）后，向境内注册企业发放的贷款，即境外银行担保、境内银行贷款。

外保内贷适用于境外集团公司派驻境内的子公司需要从境内银行获得融资时。这类公司在境内没有可供抵押或质押的财产，如果能向境内银行提供一份境外银行出具的借款保函，就能顺利地借到贷款。

外保内贷对各方的好处如下。

- 对借款人而言，无须提供有价证券质押或不动产抵押，企业就能较快获得贷款用于生产经营。
- 对于担保银行而言，能够维护借款人及其母公司的业务关系，获得综合效益。
- 对于贷款银行而言，接受银行担保的资信远高于企业担保，风险较低。

外保内贷业务的办理要点如下。

- 境外开证行条件和境内借款人条件应符合境内银行的规定。
- 备用信用证可采用SWIFT（环球银行金融电信协会）或信函两种方式开立，并且需要核实真实性。
- 担保金额必须高于贷款本金、利息和各类费用之和，同时考虑币种贬值因素。
- 贷款期限（原始期限加展期期限）最长不超过五年；备用信用证的到期日应至少为借款人贷款到期日后三十天（含）以上。
- 备用信用证开证行、境外申请人（备用信用证申请人）、借款人等外保内贷业务当事各方均不能为联合国安理会制裁名单中所列机构。
- 银行接受的币种应依照现行外汇管理政策执行。

外保内贷业务面临的风险主要有：借款人不还款风险、备用信用证陷阱条款风险、开证行拒赔风险、汇率变动风险等。

6. 投融资顾问

投融资顾问是指银行利用自身在客户、资金、信息和网络等方面的优势，根据客户需求和业务发展战略，为企业提供包括交易撮合、尽职调查、价值评估、交易结构设计、投融资结构设计、投融资风险评估、协助商务谈判、还款能力评价及资金筹措等多方面的财务顾问服务。

7. 跨境联动综合解决方案

跨境联动综合解决方案是专为"走出去"和"引进来"的跨国经营企业设计的，借助关联公司信用并通过境内外一系列贸易金融结算、融资产品组合，为跨国经营企业提供综合化、一体化、全流程的金融服务方案。

银行跨境联动产品主要有背对背信用证、转让信用证、海外代付、内保外贷和离岸质押宝等。

银行跨境联动产品适用于有融资需求的跨国经营企业。

这类产品的优势体现在两个方面：一是集合银行境内外、离在岸、本外币之优势，为跨境经营企业提供跨国经营全方位、个性化的金融服务；二是专业政策具有优势，银行外汇管理专家可为国内企业"走出去"提供最新外汇管理政策咨询和建议。

三、离岸业务（以平安银行为例）

离岸银行业务是指银行吸收非居民的资金，服务于非居民的金融活动，其特征是交易双方均为非居民。

"非居民"是指在中国境外（含港、澳、台地区）的自然人、法人（含在境外注册的中国境外投资企业）、政府机构、国际组织及其他经济组织，以及中资金融机构的海外分支机构，但不包括境内机构的境外代表机构和办事机构。

1. 离岸流动资金贷款

离岸流动资金贷款是指银行为离岸客户（非居民）提供的流动资金贷款。

2. 离岸国际银团贷款

离岸国际银团贷款是指由境内银行牵头或参与的以离岸客户为借款人的国际银团贷款。

离岸国际银团贷款的产品功能特点如下。

- 贷款金额大。各国银行法很少允许一家商业银行对同一借款人的贷

款数额超过总贷款额的一定比例。国际银团贷款既可以使借款人获
得数额巨大的借款，又使银行不至于承担太大风险和违反法律规定。

- 贷款期限长。多数国际银团贷款都属于中长期贷款，期限一般为五
  至十年。
- 特殊的浮动利率结构。国际银团贷款的贷款期被划分为若干利息期，
  每一段利息期都有一个固定利率，但各利息期之间的利率有差异，
  于是从整个贷款期来看，利率是浮动的。

3. 离岸外汇存款质押在岸人民币融资

离岸外汇存款质押在岸人民币融资是指，银行的在岸客户以其境外
关联公司在银行离岸账户上的外汇存款做质押申请的人民币贷款业务。
在该项业务中，离岸客户为出质人，在岸客户为借款人，发放贷款的银
行为贷款人和质押权人。

本项业务属于在岸授信业务，应按在岸授信业务的有关管理制度办
理。其产品功能有如下三个特点。

- 境外资金境外留存，不受境内外汇管制。
- 境内公司获得授信融资，解决资金需求。
- 人民币融资方式灵活多样，包括贷款、开立银行承兑汇票、信用证、
  保函、保证贴现商业承兑汇票等。

这项业务的基本条件为境内借款人的资质应符合国家外汇管理政策，
需办理离岸存款质押法律手续。

4. 离岸保函

离岸保函业务是指银行根据离岸客户的申请，为其指定的受益人担

保，对其与申请人某项交易中的某项责任或义务的履行所做出的在一定期限内承担一定资金支付责任或经济赔偿责任的书面付款保证。这里所指的保函包括备用信用证。

5. 离岸进口开证

进口开证是指银行根据离岸客户（信用证申请人）的书面申请，在其足额缴纳银行要求比例的保证金后或银行扣减其相关授信额度后，对其指定人（信用证受益人）开出的只要受益人提交相符单据即承付的有条件的付款承诺。

13
综合金融服务

随着社会经济的不断发展，企业对银行金融服务的需求也在不断扩展：从以往单纯的资金结算和贷款支持等基础性金融产品，向综合授信、避险理财和现金管理等更高端和结构复杂的产品需求发展；从单笔交易或某些产品，向要求提供整套"一揽子"金融服务方案和全流程服务支持发展；从个体企业的资金需求，向以供应链为主体的金融服务需求发展。这些都对商业银行金融创新提出了新的挑战。因此，越来越多的银行向集团客户和行业客户提供全方位和全流程的综合金融服务。

一、对集团客户的综合金融服务

随着大型企业集团管理集中化、精细化、专业化和国际化步伐的加快，企业对银行金融服务的需求呈现出投行化、集约化、国际化、产业化、多元化的特点。同时，我国金融市场改革不断深化，融资脱媒化和利率市场化进程呈加速态势。这一切使得银行的创新金融工具业层出不穷。

鉴于此，银行提出"最佳综合融资服务银行"的经营战略，针对集团客户日益多元的企业融资需求，以客户为中心，打造"商行+投行""对公+对私""境内+境外""核心+链条""线上+线下"五位一体的综合融资服务体系，为客户提供一站式、一揽子的综合金融解决方案，以及高效、专业、便捷的服务体验。

1. 多元化融资服务

多元融资服务解决方案不仅关注金融产品的运用，更关注优化企业融资模式、降低企业财务成本、提升企业竞争力等差异化需求。在这类服务方案中，银行以传统融资产品为基础，综合运用结构性融资、直接融资等产品，充分利用商行和投行业务在融资成本、融资渠道和监管政策等方面的差异化优势，为企业提供个性化融资服务解决方案。

2. 资金集中管理服务

资金集中管理是依托商业银行先进的资金清算系统、核心业务系统和网上银行系统，将银行现有的结算、投资、融资和风险管理产品进行整合，将各类金融产品进行综合运用后，为客户量身定制的个性化金融服务解决方案。实施资金集中管理服务能够减少企业无效资金占用量，并提高对子公司的管控和监督力度，进而达到压缩财务成本和提高经营管理效率等目的。

3. 资产管理服务

针对战略客户下属财务公司、资产管理公司、投资公司的理财投资需求，银行可在充分考虑理财周期、回报率、币种、资金规模、风险容忍度等因素的基础上，整合银行传统类理财、资金市场理财、资产支持类理财，并向信托或证券/基金理财等领域拓展，形成特色鲜明的"商行+投行"模式资产管理服务方案，满足企业多层次、跨领域的资产管理需要，真正实现"无边界服务、无障碍运行"。

4. 跨境金融服务

银行拥有极富竞争力的跨境业务合作平台优势，紧跟战略客户"走出去"的跨境金融需求，可通过出口信贷、国际保理、内保外贷、跨境现金管理、国际贸易融资及汇率掉期等产品为客户提供跨境综合金融解决方案；还可以通过贸易结算、跨境资金管理、外汇避险及理财等银行金融服务为客户提供便捷的结算、资金和汇率管理服务。

5. 供应链金融服务

随着社会分工的精细化，现代商业活动的竞争已经从单一企业竞争，发展到整个企业上下游供应链体系和商业生态环境的对抗。银行提供的供应链金融服务，就是通过对供应链上下游诸多企业资金筹措和现金流的统筹安排，合理分配各个节点的流动性，从而实现整个供应链财务成本的最小化，改善商业生态环境。

> **案例**　专业化综合金融服务助集团企业实力更加强大

北京SG公司为一家跨国经营的国有大型钢铁集团企业，成立时间长，经营覆盖面广，产销规模大，财务管理体系规范，信贷融资统一调配，资金收支集中管理，对合作银行要求严格。针对此种情形，HX银行总行牵头成立了营销团队，为其制订了专业化的综合金融服务方案。

针对该企业国际贸易特点，HX银行提供了多元化的进口信用证服务，配合进口代付、增利组合、融资避险产品等，满足企业进口铁矿石的生产需求，减少流动资金占压，降低融资成本；同时针对SG公司与上下游供货商、经销商在物流和资金流方面的联系，提供了"融资共赢链"服务，以打通上下游客户融资渠道，将核心企业与上下游客户连通成为一个整体。

针对该企业境外投资、海外收购需求，HX银行提供了资信调查、融资性对外担保、跨境资金结算、外汇资金等一揽子产品支持，帮助企业解决"走出去"过程中遇到的诸多问题，成功完成海外收购项目。

针对企业直接融资需求，HX银行提供了中期票据、短期融资券、财务顾问等多元化服务，充分利用银行在发行渠道、承销实力、网络分布等方面的优势，为企业提供承销、包销等各项增值服务，帮助企业通过证券市场及时获取成本较低的中短期直接融资。

针对该企业财务集中管理的情况，HX银行提供了"现金新干线"服务，帮助企业搭建集团资金管理平台，使集团企业的财务系统与银行的综合业务系统对接，实现了集团账户资金的日终归集、集中结算、集中支付等功能，大大提高了资金使用效率，降低了财务成本；同时集合企业富余资金，根据资金规模和期限，设计了多种理财方案，满足了企业保值增值的需求。

针对该企业的新建项目，HX银行提供了一揽子授信解决方案，在项目建设期给予项目融资支持，解决项目启动资金问题；在项目投产后，提供人民币中、短期流动资金贷款，配套银行承兑汇票、非融资性保函、进口贸易融资等授信品种，满足企业生产和销售过程中的多种资金需求。

在HX银行钢铁行业专业化综合金融服务方案的支持下，SG公司统一了销售渠道，资金、票据和账务实现了集约管理，现金生产力大幅提升，整体财务管理效率不断提高，生产经营规模不断扩大，综合实力更加强大。

二、对现代服务业的综合金融服务（以中信银行为例）

现代服务业是随着社会进步、经济发展和社会分工的专业化而快速发展起来的行业，具有智力要素密集度高、产出附加值高、资源消耗少及环境污染少等特点。现代服务业既包括新兴服务业，也包括对传统服务业的技术改造和升级，其本质是实现服务业的现代化。银行对现代服务行业可提供全方位的综合金融服务。

1. 现代物流业

仓储及运输融资服务：包括仓储项目融资、运输设备融资、融资租赁以及账户监管等服务。

物流企业并购服务：包括并购贷款、银团贷款以及其他投行服务，解决企业并购整合需求。

快递供应链金融服务：包括为快递类企业提供应收账款质押与保理之类的产品等应收账款类融资服务，并提供设备制造买方信贷、保兑仓、未来货权融资等预付账款类融资服务。

物流线上供应链金融服务：包括为客户提供线上供应链金融服务，提高物流企业融资效率并协助供应链各方监控货物的流动情况和销售情况。

大型物流企业现金管理服务：包括通过现金管理系统或多银行现金管理系统为客户提供现金管理服务，提高其资金管理效率。

2. 医疗卫生业

医院固定资产融资服务：包括固定资产抵押融资、医疗设备抵押融资以及账户监管等服务。

大型医疗机构集团现金管理服务：包括通过现金管理系统或多银行

现金管理系统，为连锁经营模式的国有、民营医疗机构集团提供全面的资金管理服务，提高资金管理效率。

依托医保结算模式的金融服务：包括与当地社保中心联合发行社保联名卡，实现社保卡的缴费、查询等金融功能，缓解医院日常收付结算方面的压力。

金融IC服务：包括通过提供自动机具并发行具有金融属性身份识别卡（又称"金融IC卡"）的形式，与重点医疗机构开展业务合作，协助医疗机构实现自助挂号、自助缴费、自助打印等自助医院服务。

3. 教育服务业

学校基础建设融资服务：包括为客户提供财务顾问、基础建设贷款、银行承兑汇票、招标保函、资金托管等产品服务，并提供大型科研、教学仪器设备融资租赁服务等。

教育培训业融资服务：包括为客户提供商用房抵押贷款、装修抵押贷款、法人账户透支、流动资金贷款、循环贷款等金融产品，全面满足教育培训业发展过程中的资金需求。

校园数字化网络金融服务：包括以电子银行渠道为依托，为高校提供方便、快捷的校内资金结算以及内部资源管理的综合服务，满足高校的信息化、网络化建设需求。

教育资金收付结算服务：包括通过多样化的结算渠道，满足客户日常的资金结算需求，提供代发教职员工工资和补贴、代收学费、代理非税收入收缴等支付结算业务服务，提高资金运作效率。

4. 新闻出版业

产业园区贷款服务：包括为国家级、省市级的新闻出版产业园区建设项目提供开发贷款融资和项目贷款融资，满足园区建设资金需求。

知识产权质押融资服务：包括为中小型新闻出版企业提供知识产权质押融资产品，满足客户资金需求。

数字出版电子金融服务：包括为客户提供电子支付结算、电子商务等电子金融产品，满足迅速发展的数字出版业对电子金融服务的需求。

新闻出版集团公司现金管理服务：包括为各新闻出版集团提供个性化的现金管理服务，满足集团公司内部资金管理需求。

5. 文化创意业

版权质押贷款服务：包括为拥有优质商标权、专利权、著作权、电影电视等版权的文创企业提供版权质押贷款产品，满足客户资金需求。

大型设备融资租赁服务：包括为影视制作、演艺、展览、动漫、游戏等需要采购大型设备的文化创意企业提供融资租赁贷款，解决客户购买设备的融资难题。

文化创意供应链金融服务：包括为上下游客户信用等级较高的文化创意企业提供应收账款质押、收费权质押贷款等产品，满足客户流动资金需要。

文化创意资金结算服务：包括为文化创意企业提供 POS 收款、票据、汇款、国际结算、资金汇兑、现金管理等账户结算类产品，提升文创企业对资金的管理能力。

6. 现代旅游业

酒店融资服务：包括为酒店提供住房装修抵押贷款、分期还款商铺融资、商用房抵押贷款、应收账款融资、法人账户透支、流动资金贷款、采购贷款等产品，全面满足酒店在各个经营阶段的资金需求。

景区基础建设贷款服务：包括为新兴景区提供景区经营权（门票收费权）质押贷款、银团贷款、发债融资等综合性金融服务，支持景区基础设施建设。

旅游演艺业融资服务：包括为旅游演艺业提供版权质押贷款、票房收入质押贷款、著作权质押贷款等多种融资服务，全方位地满足客户的资金需求。

旅游业现金管理与结算服务：包括为客户提供账户管理、收付款管理等现金管理服务，并可提供POS、ATM、CRS（存取款一体机）等机具，完善景区配套金融设施。

7. 信息软件业

软件园区融资服务：包括为国家或者地方重点支持的软件园区提供相应项目贷款，在园区持续经营过程中为其提供经营性物业抵押贷款。

中小信息软件企业融资服务：包括为行业内中小企业提供订单贷款、应收账款质押贷款、知识产权质押贷款等产品，助力信息软件中小企业发展。

信息软件资金结算服务：包括为客户提供票据类结算、代理收付、国内信用证、POS收款等产品；对于涉及进出口业务的企业，可提供进出口信用证、进口代收、跨境人民币结算等产品，全方位满足信息软件企业资金结算需要。

14
公司授信业务发展趋势

公司授信业务是商业银行最重要的利润来源，因而受到各家银行的高度重视。随着中国经济的不断发展，市场和客户需求的不断变化，商业银行的公司授信业务，在原先简单且有限的流动资金贷款、固定资产贷款、项目贷款、委托贷款、票据业务之外，已经出现了许多新的业务发展趋势。

一、行业化

行业化是指银行加大对国民经济中重要行业授信业务的支持力度，提供能满足该行业特征需求的融资产品和金融服务。

有些银行按事业部制设立信贷部门，例如交通金融事业部、能源金融事业部、房地产金融事业部、现代农业金融事业部、文化产业金融事业部等，以做深做强这些行业的业务。

有些银行对某些重点行业提供系列化、多样化的授信品种，以满足不同客户的需求。比如：对农业，银行可提供农村基础设施建设类贷款、城镇化建设类贷款、土地整治类贷款、改善居住类贷款、农业生产类贷款等；对房地产行业，银行可在土地储备、开发建设、房屋销售、经营物业四个不同阶段提供不同的授信业务支持；对其他许多行业来说，银行还会提供诸多专项授信业务，这些行业包括林业、煤炭行业、石油行业、建筑施工行业、船舶行业、绿色行业、旅游行业、医药行业等。

当一家银行在某个行业的授信业务做强、做大、做深，形成稳定的客户群之后，别的银行就难以介入了。

二、多元化

只要是国民经济发展中的企业提出的新需求，银行在资金安全的前提下，都可以提供授信资金支持，比如银行开发和提供的煤炭行业的资源整合贷款、沿海地区的滩涂资源开发贷款、山林地区的林权抵押贷款、影视业的制作贷款、出租车业的运营权质押贷款、旅游业的门票收费权质押贷款、商业的摊位经营权质押贷款、商标权质押贷款等。

三、专业化

随着经济的发展，企业对融资方式提出了许多不同的需求，促使银行某些方面的授信产品朝着更专业化的方向发展，力求做到更多、更精、更细。除了传统的钢铁金融、汽车金融、保兑仓等业务之外，银行业又出现了许多业务品种，比如：在保理融资业务中，银行可提供的产品有租赁保理、工程机械租赁保理、工程项下保理、医保项下保理、商业汇票质押项下保理、电子保理等；在供应链融资业务中，银行可向上游供货商提供的融资品种有订单融资、应收账款融资、商票保贴等，可向下游分销商提供的融资品种有采购融资、采购融资+保理组合、代理采购融资、集中采购融资、预付款融资+商品融资组合、未来货权融资、保兑仓、厂商银（厂厂银）授信、厂商银储四方合作授信、存货融资、供应链综合金融服务等。

银行授信业务的专业化，不仅能满足企业的特殊融资需求，而且能够操作过程中及时解决出现的问题，保证企业生产经营的顺利进行。

四、网络化

随着互联网+和科技金融信息技术的快速发展，公司授信业务具有快捷性、简便性、安全性、保密性等特点，为各家银行所重视并加大开发的力度，并被运用到公司信贷业务中，取得了良好的效果。出现的产品有电子商业汇票、供应链线上金融服务、在线钢铁采购贷、在线汽车采购贷、网络循环贷款、网上商品交易市场融资业务等。

2020年第一季度，新冠肺炎疫情快速蔓延，全国各省市都实行"封城"和居家隔离措施，经济停摆、百业萧条，银行也门可罗雀，传统"面对面"的经营方式受到严峻的挑战，由此催生了远程银行（Air Banking）、非接触服务、云服务等新业态和发展窗口期。

银行业迅速行动起来，积极发挥线上数字化优势。各客服中心与远程银行作为维护客户关系的窗口，充分对接网银、手机银行、小程序等互联网渠道，提供了丰富的非接触服务场景。疫情之下，远程银行创新了多个"非接触金融服务"新亮点，例如云咨询、云贷款、云服务等，彰显了独具服务内涵的综合价值，成为线上非接触金融服务的主场，例如，某些银行的"云工作室"成为线上线下一体化的数字化服务新窗口；某些银行实现对公远程开户，将视频客服系统与企业掌银对接，企业法人无须亲见，即可完成尽职调查；某些银行App（应用程序）可24小时线上办理个人贷款业务；某些银行通过远程视频、人脸识别+人工判断，实现了首次风险评估、e贷首次放款审核、对公账户开户法人面签、个人异地贷款核保面签等服务。

总之，金融科技已经影响并改变着传统的银行客服中心，银行业数字化转型的"四化"加快了远程银行建设的步伐：一是服务智能化，二是渠道一体化，三是数据应用化，四是业务场景化。

五、综合化

许多企业在向集团化、多元化、全球化发展时，对银行的金融服务也提出了更多和更高的要求，从而促使银行朝着综合化的方向发展。大型银行可依托自身金融全能混业优势，为客户提供最佳综合融资解决方案。

银行向大型企业提供的综合金融服务的产品有结构融资、债券承销、资产管理、财务顾问、信贷资产证券化、并购贷款、银团贷款、跨境股权融资、私募投资基金、"一带一路"母基金、选择权贷款、结构化融资、委托贷款、绿色中间信贷、外国政府转贷款、外汇储备委贷、融资类理财、理财直接融资工具、资产流转、服务团队等。

　　向中小微型企业提供的综合金融服务产品有如下几类。

- 贷款类，包括流动资金贷款、创业贷款、置业贷款、并购贷款、选择权贷款、贸易融资、存货融资、承兑汇票、票据贴现、保理、保函等。
- 结算类，包括结算账户、活期存款、支票、企业网银、普通汇兑、代理发薪、代收水电煤气费、电子回单箱、账户金钥匙、集中收款、集中支付、现金管理等。
- 资金理财类，包括定期存款、协定存款、委托理财、信托理财等。
- 个人业务类，包括借记卡、个人网银、贵宾信用卡、理财计划、私人银行、基金代销、个人住房贷款、个人汽车贷款等。
- 保险类，包括商险（如财产保险、责任保险、工程保险）、水险（如货物运输保险、存仓货物保险）和个险（如健康保险、家庭财产保险、车险）。
- 投资银行业务类，包括股权投资、发行债券、公开上市、资产管理、财务顾问。

六、跨境化

　　随着国家"一带一路"倡议的深入推进，许多中国企业都跨境开展业务，中国的银行也在国际结算和贸易融资两项传统国际业务的基础上，向中国的企业提供跨境融资和配套的金融服务。

支持境外项目发展的产品有境外投资贷款、跨境并购贷款、跨境投贷结合、对外承包工程贷款、工程保函综合解决方案、国际经济合作贷款、"两优"贷款、内保外贷、保函综合解决方案、"一带一路"母基金、海外工程承包企业服务方案、"走出去"企业服务方案等。

支持境内项目发展的产品有吸收境外投资贷款、国外贷款转贷、绿色中间信贷、外储委贷、外保内贷、投融资顾问、跨境联动综合解决方案等。

离岸业务的产品有离岸流动资金贷款、离岸国际银团贷款、离岸外汇存款质押在岸人民币融资、离岸保函、离岸进口开证等。

这些都有力地支持了中国企业跨境化、国际化生产经营活动的开展。

第2章
小微企业贷款业务

2020年，我国的小微企业数量已经达到8 000多万家。2017—2019年，我国每年小微企业新增注册数量都超过1 000万家。小微企业行业分布的前三名分别是批发零售业、住宿与餐饮业、制造业。批发零售业的小微企业占到所有小微企业数量的48.91%，住宿与餐饮业、制造业分别占9.79%、8.73%。

当前，我国小微企业已占市场主体总数90%以上，贡献了全国80%的就业、70%左右的专利发明权、60%以上的国内生产总值和50%以上的税收，小微企业在社会经济发展过程中起着非常重要的作用。银行信贷业务大有可为。

这些年来，在国家政策的指引支持下，各家银行都能做到与地方经济同舟共济、风雨相伴，与当地企业携手并肩、合作共赢。各家银行结合本地实际情况，不断推出小微企业贷款业务，有效缓解了当地中小微企业融资难问题，在扶持企业发展壮大的同时，也带动了区域经济的不断发展。

各家银行在对小微企业开展授信业务时提出了许多好的经营理念，比如坚持"立足地方经济，立足中小微企业"的服务宗旨，坚持"高效、灵活、创新、专业"的服务理念，坚持"小微化、零售化、专业化"的发展方向，坚持"新理念、新技术、新流程"的发展思路，从而使小微企业金融服务得以不断创新发展。

一是机制创新，以适应小微企业经营管理要求。各家银行成立了总行级小微企业专营机构，建立了覆盖全国或区域的小微企业金融专业服务体系。在经营管理上，专营机构直接负责全行小微企业信贷业务的拓展，实现小微企业贷款集中、简捷、高效运作。在风险管理上，各家银行推行专门针对小微客户的信贷审批流程，使特色产品体系与小微客户的授信绿色通道紧密衔接，为小微客户提供高效的金融服务。

二是产品创新，以适应小微企业的不同融资要求。许多银行针对不同行业、不同类型小微企业客户的多样化融资需求，开发设计了几大产品系列和几十种小微企业融资产品，形成一套丰富完善的小微企业融资产品体系，基本满足了各类小微企业的融资需要，许多特色小微企业融资产品更是受到客户、政府、合作机构的认可与欢迎。有的银行对小微客户所处的行业、发展阶段、供应链等进行市场细分，为客户提供与其行业、发展周期、现金流特点相匹配的专业化金融服务方案。有的银行联手证券、基金、保险、信托等金融公司，共同为小微客户提供跨平台的综合性金融服务，实现金融资源和市场渠道的整合与联动。

三是流程创新，以适应小微企业业务办理的时效要求。流程创新是指打造"信贷工厂"模式，简化授信流程，实行客户经理快速调查、风险经理前移审查、审批主管批量处理，实现小微企业贷款业务流程式、批发式运作，采用国际上先进的小额微贷、打分卡等技术，在风控优先的前提下，不断提高办事效率。

具体而言，针对小微企业对资金需求"短、小、急"的特点，银行提供的小微企业贷款具有以下特点。

- 对象广泛。贷款对象涵盖法人企业、非法人企业（含个体工商户）。银行一般要求企业经营年限在两年以上，法定代表人（实际控制人）的主业从业经验在四年以上。
- 品种多样。授信品种包括小额贷款、贸易融资、票据承兑和贴现、保理、贷款承诺、信用证、保函等表内外业务。
- 条件优惠。融资期限最长可达三年，享受优惠利率，还款方式灵活多样，优质客户可获得信用（免担保）贷款。

- 办理高效。银行设有便捷高效的审批流程，一般三个工作日内可发放贷款。

需要说明的是，小微企业也属于公司法人，因此本书第一章所述的许多公司授信业务品种，同样适合于小微企业使用。但银行人员应该注意到小微企业具有与大中型企业不同的特征。

- 经营范围广泛。经济社会涵盖三百六十行，只要社会有需求的商品，就有小微企业生产经营的身影，由此决定了银行面对的小微企业借款人五花八门。
- 对资金需求"短、小、急"，即期限短、金额小、时间急。
- 经营风险高。由于小微企业具有产品市场变化快、经营管理水平不高、资金链不稳定、信息来源不透明、缺乏抵质押担保条件等特点，所以贷款的风险比较高，银行必须高度重视。

以公司名义申请小微企业贷款的，借款人需具备以下条件。

- 具有良好的信誉和较强的经济实力。
- 经营情况良好，资产负债结构合理，有按期偿还债务的能力，过往未发现拖欠银行借款本息等不良记录，信用等级在A级以上。
- 提供完备的营业执照、组织机构代码证、税务登记证、公司章程、验资报告。
- 在银行开立基本账户或一般结算账户，结算记录良好。
- 有权机构同意借款的决议。
- 其他资料要求：纳税证明、企业流水、合同订单、水电费发票等。

以个体工商户名义申请小微企业贷款的，借款人需符合以下条件。

- 具有完全民事行为能力的自然人，年龄18（含）~60周岁（不含）。对于两个以上共同借款人借款的，两个人均需满足以上年龄条件。除配偶外，共同借款人需为同一经营实体或经营项目的出资人或股东。
- 具有合法有效的身份证明、户籍证明（或有效居住证明）、婚姻状况证明。
- 借款人具有合法的经营资格，能提供个体工商户营业执照、合伙企业营业执照、企业法人营业执照、营运证、商户经营证、摊位证或其他合法有效的经营资质证明。
- 具有稳定的收入来源和按时足额归还贷款本息的能力。
- 具有良好的还款记录和还款意愿，借款人及其经营实体在银行及其他已查知的金融机构无不良信用记录。
- 在银行的信用评级为C级（含）以上。
- 银行要求的其他条件。

小微企业贷款基本流程如下。

- 申请贷款。借款人向银行申请贷款时，应提供：营业执照、组织机构代码证、税务登记证明或营业执照（例如三证合一），对需年检的，还应有最新的年检证明；法定代表人身份证明；经财政部门或会计（审计）师事务所核准的前三个年度及最近一期财务报表和审计报告（成立不足三年的企业，提供自成立以来的年度和最近一期报表）；公司合同或章程；企业董事会（股东会）成员和主要负责人、财务负责人名单和签字样本等；信贷业务由授权委托人办理的，需提供企业法定代表人授权委托书（原件）；若借款人为有限责任公司、股份有限公司、合资合作公司或承包经营企业，要求提供董事会（股东会）或发包人同意申请信贷业务决议、文件或具有同等法律效力的文件或证明；担保人相关材料；银行要求提供的其他资料。

- 签订合同。如果银行进行调查和审批后认为可行，那么借款人需与银行签订借款合同和担保合同等法律性文件。

- 落实担保。如果银行需要担保，那么借款人在与银行签订借款合同后，还需进一步落实第三方保证、抵押、质押等担保措施，并办理有关担保登记、公证或抵押物保险、质物交存银行等手续。

- 贷款获取。借款人办妥发放贷款前的有关手续，借款合同即生效，银行即可向借款人发放贷款，借款人可按照合同规定用途支用贷款。

- 还款。借款人按合同约定方式按期足额偿还贷款本息，直至结清全部贷款。

小微企业贷款品种的划分可以有许多不同的维度，比如对一笔经营性物业抵押贷款，我们可以从用途上划分（购置固定资产），也可以从担保方式上划分（房产抵押），还可以从还款来源上划分（租金收入）。

本章的划分方式是从实际出发的，先将各个小微企业通用的贷款品种划分出来，再按不同行业的贷款品种划分，最后按不同担保方式的贷款品种加以划分。

01

小微企业基本贷款

小微企业基本贷款，意味着银行的这些贷款品种对于所有小微企业都基本适用。在这些贷款品种中，有传统的流动资金贷款、固定资产贷款、账户透支、循环贷等，也有专项用途的搭桥贷、前期贷、年审贷、周转贷、结算贷、税额贷、税 e 融、社团贷等，还有远程办理的网络循环贷款、网上自助循环贷等。

一、流动资金贷款

流动资金贷款是指银行向小微企业发放的临时性或季节性周转资金贷款，用于满足企业生产商品和流通服务所需，包括货物采购、应付账款支付、工程垫资、债务置换等。

1. 产品特点

流动资金贷款的产品特点是，企业可根据生产经营情况和融资需求灵活使用贷款资金，合理控制财务费用。业务办理流程透明、方便快捷。

2. 适用对象

流动资金贷款的适用对象为，经国家工商行政管理机关核准登记的具备贷款资格的各类企业。原则上，企业生产经营期限为一年以上，有稳定的产品市场，信用等级在 BBB 级（含）以上的中小企业客户。

3. 使用方式

流动资金贷款的使用方式有逐笔申请、逐笔使用的一次性贷款，也有在借款合同规定额度和期限内随借、随用、随还的循环贷款。

4. 贷款条件

贷款条件涉及贷款金额和资金用途等。

- 贷款金额。银行在合理估算借款人营运资金总量和资金缺口的基础上确定。
- 资金用途。根据调查资料，分析贷款用途合理性。为防范贷款挪用风险，银行要明确提出贷后资金监管要求。

5. 贷款期限

- 期限在三个月（含）以内的临时流动资金贷款，主要用于企业一次性进货的临时性资金需求和弥补其他支付性资金不足。
- 期限在一年（含）以内的短期流动资金贷款，主要用于企业正常生产经营的周转资金需要。
- 期限在三年（含）以内的中期流动资金贷款，主要用于企业正常生产经营中经常占用的资金需要。

6. 担保方式

根据担保方式的不同，流动资金贷款可分为信用贷款和担保贷款，担保贷款又分为保证、抵押和质押等形式，实际业务以抵质押为主、保证为辅。银行会优先选择价值稳定、变现能力强的抵（质）押物，也可接受优质客户提供的保证担保。

7. 办理流程

借款人递交贷款申请资料，提出授信申请；经银行进行贷款调查、审查、贷审会审议及有权审批人审批同意后，双方签订借款合同和担保合同后，企业可使用贷款。

总之，流动资金贷款作为一种高效实用的融资手段，具有贷款期限短、手续简便、周转性较强、融资成本较低的特点，因此成为深受广大小微企业客户欢迎的银行业务。

案例　1 500万元流动资金贷款及时为A企业"输血"

A企业是一家主要从事新材料研发的电子技术有限公司，2010年成功研发了新能源行业的一个细分产品，该产品具有较好的潜在市场。但A企业可抵押资产能获得的授信仅300万元，而流动资金需求缺口达1 500万元。企业负责人急得一筹莫展。

就在A企业与不同银行频频接触无果的时候，上海银行得知这一情况后深入企业调查研究。根据服务科技型企业多年积累的经验，上海银行管理层认为可以给予A企业融资支持，仅用七个工作日就审批通过1 500万元流动资金贷款，及时为企业"输血"，解决了企业发展的资金困难。

几个月后，上海银行又给予了A企业500万元的增量授信。在获得银行信贷资金支持后，A企业在原有基础上新增了生产线，产品销售情况良好，全年主营收入、主营利润显著增长，迎来一个新的发展时期。

案例　保证担保使得200万元流动资金贷款获批

某商贸公司是一家以代理各种品牌婴幼儿奶粉为主的贸易企业，因新增品牌代理而急需增加流动资金。但公司销售门点和库房都是租赁的，没有可用于抵押的土地和房产。银行了解到，该商贸公司经营者的一位朋友在当地拥有一家耐火材料企业，规模较大，效益较好。根据这一情况，在耐火材料企业提供担保的情况下，考虑企业回款周期，银行为这家商贸公司办理了"保证贷"，期限六个月，金额200万元。如今，商贸公司的经营规模越来越大，市场覆盖率也越来越高。

二、固定资产贷款

固定资产贷款是指银行为解决小微企业固定资产[①]投资资金需求而发放的贷款。与大中型企业常见的基本建设、技术改造的固定资产投资不同，小微企业的固定资产投资主要用途是房屋购置、工程建设、技术设备购买与安装等。

1. 贷款特征

固定资产贷款的特征如下：贷款金额较大，大都为中长期贷款，主要采取分期还本付息方法，一般要求以项目新增固定资产做抵押。

固定资产贷款与流动资金贷款的区别如表2-1所示。

表2-1　固定资产贷款与流动资金贷款的区别

项　目	固定资产贷款	流动资金贷款
用途	解决企业固定资产投资活动的资金需求	满足企业中短期的资金需求
期限	1～5年的中期贷款或5年以上的长期贷款	1年以内的短期贷款或1～3年期的中期贷款
审核方式	逐笔申请、逐笔审核	逐笔申请、逐笔审核，或在银行规定时间和限额内随借、随用、随还
还款来源	项目竣工验收投产后的现金、企业自有资金、项目折旧摊销等	主要为企业经营收入
风险	投资项目的不确定性和不稳定性因素多，风险较大	主要是借款人、担保人或抵质押风险
收益	长期、稳定收益	短中期收益

[①] 固定资产是指企业为生产产品、提供劳务、出租或者经营管理而持有的，使用时间超过12个月的，价值达到一定标准的非货币性资产，包括房屋、建筑物、机器、机械、运输工具以及与生产经营有关的设备、器具、工具等。固定资产是企业的劳动手段，也是企业赖以生产经营的主要资产。

2. 适用客户

固定资产贷款的适用客户为经工商行政管理机关（或主管机关）核准登记且实行独立核算的企业法人、事业法人或其他经济组织。

3. 申请条件

- 持有经工商行政部门年检合格的企业营业执照，事业法人应持有法人资格证明文件。
- 借款申请人经济效益好，信用状况佳，偿债能力强，管理制度完善。
- 落实银行认可的担保。
- 在银行开立基本账户或一般存款账户。
- 固定资产贷款项目符合国家产业政策和信贷政策。
- 具有国家规定比例的资本金。
- 项目经政府有关部门审批通过，配套条件齐备，进口设备、物资货源落实。
- 申请外汇固定资产贷款的，必须持有进口证明或登记文件。

4. 办理流程

- 借款人向银行提交借款申请书。
- 借款人向银行提交相关资料，包括营业执照、公司章程、近三年财务报告、项目立项及批复文件、项目经济效益分析文件、用还款计划书等。
- 银行进行贷前的调查和评估，对借款人的信用等级以及借款的合法性、安全性、营利性等情况进行调查，核实抵押物、质物、保证人情况，形成评估意见。

- 经银行内部审查同意的，双方就借款合同、抵押合同、担保合同的条款达成一致意见，有关各方签署合同。
- 借款人办理合同约定的抵押登记等有关手续。
- 借款人提出提款申请。
- 银行资金到账，借款人用款。

三、账户卡透支贷款（以中国工商银行为例）

中国工商银行小微企业财智账户卡透支贷款是指小微企业以结算账户为依托，以财智账户卡为介质，在结算账户存款不足时，在核定的透支额度与有效期内，以账户透支形式直接获得信贷资金，用于采购原材料和备货、支付日常管理费用等日常生产经营活动中短期资金需求的贷款业务。

1. 适用对象

账户卡透卡贷款的适用对象为符合银行小企业信贷政策与制度的小微企业。

2. 特色与优势

- 充足的贷款限额。采用房地产抵押或低风险担保方式的小微企业，其单户透支贷款额度最高可达500万元；采用保证方式或第三方房地产抵押的小微企业，其单户透支贷款额度最高可达200万元。
- 便捷的贷款手续。财智账户卡透支贷款遵循"短期、小额、循环使用，随借随还"的原则办理，提高了企业使用资金的效率，降低了利息成本。

3. 申请条件

- 符合国家产业政策和银行行业信贷政策，经营正常，成长性好，产品有市场，经营有效益，持续经营满一年。
- 信用状况良好，与银行有良好合作关系，无不良信用记录（包括借款人的法定代表人及其配偶）。
- 在银行开立基本存款账户或一般存款账户，并将其作为销售回款账户。
- 持有银行财智账户卡金卡或白金卡。
- 银行要求的其他条件。

四、循环贷

循环贷是指银行为优质小微企业客户核定一个贷款额度，在额度有效期内客户可随时提款和还款、循环使用贷款资金。

1. 产品功能
循环贷的功能是满足小微企业客户正常生产经营过程中周转性流动资金需要。

2. 支持对象
循环贷的支持对象包括资金周转较快、对利息负担较为敏感、希望一次贷款多次循环使用的企业客户。

3. 产品特点

- 额度循环使用。贷款额度一次核定、循环使用，客户可根据经营需要灵活使用资金。

- 使用手续便捷。客户可通过柜台人工或网上银行、银企通平台等电子渠道自助提款和还款。

- 节省融资费用。随借随还，节省融资费用。

案例 **循环贷款既满足资金需要又减少资金成本**

A公司是一家食品加工销售企业，主要经营肉食品的加工与销售。由于各级代理商的应收账款较多，A公司用款和回款较为频繁。A公司在银行办理授信业务多年，信用状况良好。

A公司在了解到银行有小企业循环贷款业务后，申请办理了循环贷款，期限为两年，金额为80万元。在授信额度和授信期限内，A公司可以随时借款，随时还款。授信额度也可以循环使用，A公司在资金紧张时随时提款使用，在资金充裕时随时归还贷款，这极大地节约了资金成本。与一次性提款和还款的贷款方式相比，循环贷款每年可节约的财务成本约为贷款金额的1%。

案例 **房地产抵押循环贷款方便企业用款**

随着生产规模不断扩大，某汽车轴瓦制造有限公司出现了流动资金紧张的局面。在得知企业融资需求后，银行客户经理对其进行了实地调查，为企业设计了"最高额抵押项下循环贷"的融资方案。企业以自有土地和地上房产为最高额抵押，银行给予500万元的循环授信额度，即企业在一次性办理了房地产抵押登记手续后，三年期间内只要不超出授信额度上限，随时可以向银行申请提款。这样既简化了银行贷款手续，又为企业用款提供了方便，节省了企业融资成本。

五、搭桥贷

搭桥贷是指 A 银行发放短期贷款，供借款人归还 B 银行的到期贷款，还款来源是借款人再从 B 银行借出的新贷款。贷款可采用抵押、质押、保证等多种担保方式。

通常，银行会要求企业先归还全部到期贷款，再对企业发放新的贷款，用行话说就是"还旧借新"。这时，企业如果手上没有资金，就会先去社会上找小贷公司、典当行借高利贷来归还银行贷款，再用银行新发放的贷款归还高利贷，用行话说就是"倒贷"。

银行提供搭桥贷款，可取代小贷公司、典当行的高利贷，既解决了企业临时的还款来源，又减轻了企业因借高利贷而负担高资金成本的困难，解决了小微企业"融资贵"的问题。

六、前期贷

前期贷是指银行为满足借款人生产经营前期资金需求，以未来所获的其他银行贷款、股东资本金、政府拨款等非经营性现金流为还款来源而发放的垫付性贷款。

适用对象：主要适用于已有计划的资金（银行贷款、政府拨款、股东资本金）但暂时无法到位，而正常业务活动需要先行垫付资金的借款人。

七、年审贷

年审贷是指银行为借款人提供三年期限的流动资金贷款，但每到一年时需经银行年审一次。对于年审通过的，借款人无须签订新的借款合同即可继续使用贷款；而年审通不过的，被视为贷款到期，贷款由银行收回。

适用客户：生产周期较长、占用资金较多、逐月回笼资金较为稳定的小微企业和个体经营户。

产品优势：贷款到期时，客户无须采用借新还旧、展期等方式即可继续使用贷款。每笔贷款期限短则一年，最长三年，方便小企业安排生产周期，专注生产经营。

八、周转贷

周转贷是指小微企业在贷款到期前只需归还部分贷款本金即可办理转贷的贷款方式。

1. 准入资格

- 中国人民银行征信报告无不良信用记录，且在贷款行的企业信用评级等级为AA级（含）以上。

- 企业生产经营正常，所属产业符合法律法规、产业政策、环保政策和节能减排要求；经营的产品（商品）有市场、有效益，企业具有持续经营能力。

- 企业负债适度，资产负债率原则上在60%（含）以下，融资合作银行在三家（含）以下，金融机构融资总量与其实际销售收入比在30%（含）以下，对外担保总额不超过其净资产的70%。

- 企业经营性活动现金流量大，货款归行率不低于该行融资占比。

- 企业主业突出，无跨行业经营房地产、资本市场或参与民间融资等行为。

- 企业法定代表人或实际控制人行为规范，信用良好，无涉黑、涉黄、涉赌、涉毒等不良习性。

2. 贷款对象

周转贷的贷款对象为符合以上准入资格的小微企业或其法定代表人、企业实际经营者。

3. 转贷条件

- 必须在结清到期贷款全部利息的前提下实行转贷。
- 归还到期贷款本金比例最低不少于30%，最高不超过60%。抵（质）押贷款的比例可低些，信用和保证担保贷款的比例可高些。
- 申请转贷的金额不得高于原贷款金额。
- 转贷期限不得超过前一次的期限。

九、结算贷

结算贷是指银行对在该行结算历史满三年的中小企业客户，根据其月均销售回款规模，提供一定比例的信用授信支持，或在其提供的抵押物基础上，给予一定比例的信用放大的授信支持，包括提供短期流动资金贷款、开立银行承兑汇票等。

适用客户：在银行结算三年以上、销售回款达到银行要求、上一年纳税申报的销售收入超过银行条件（如1 000万元）的中小企业。

十、税额贷

税额贷是指银行根据企业正常缴纳的增值税、营业税、所得税等税费总额，给予一定比例的免担保信用贷款。

产品优势：根据小微企业纳税情况为其核定贷款额度，突破小微企业"融资难、担保难"瓶颈，为广大诚实、守信的小微企业增设一个有效融资渠道，又促进它们形成"合规经营、依法纳税"的经营理念，有利于推动社会信用体系建设。

适用对象：上年度及最近十二个月增值税纳税申报表上的销售收入不低于800万元，且正常缴纳税费的优质中小企业客户。

办理方式：信用贷款额度最高可达100万元。

办理要点：企业应向银行提供税务证明资料，银行要向当地税务机关核实企业近几年的纳税情况，并对企业资质进行认定；借款人在银行开立基本账户，销售回款主要通过银行进行。

十一、税e融（以厦门银行为例）

税e融是指银行与税务部门联手推进"银税互动"，共同为正常缴税的小微企业客户打造的一款无抵押、免担保纯信用的信贷产品，通过"在线申请、自动审批、自助提款、自助还款"，为小微企业提供高效、便利的融资服务。

1. 业务特点

- 易办理：凡正常缴税两年以上的客户均可通过网络申请，简单便捷。
- 免担保：仅需以纳税历史记录为贷款依据，无须任何担保即可获得融资。
- 高额度：在纯信用方式下，贷款额度最高可达100万元。
- 低成本：按日计息，随借随还，最大限度地节约财务成本。

■ 快周转：授信额度最长十二个月，随借随还，单笔支用最长不超过六个月。

2. 申请条件

企业正常缴税两年以上，且前十二个月缴税总额大于1万元，无不良信用记录及欠缴税记录，纳税评级为B级（含）以上。

由企业法定代表人作为贷款申请人办理相关手续。

3. 办理流程

税e融的办理流程：通过银行网站或手机银行App申请办理；到银行营业网点开通账户；在线获知审批结果并网上签约；通过网银实现自助提款和贷款归还，方便快捷。

十二、网络循环贷款（以中国工商银行为例）

网络循环贷款（以下简称"网贷通"）是指银行与借款人一次性签订的循环借款合同，在合同规定的额度和有效期内，借款人通过网银自主提款、还款并循环使用贷款，无须逐笔签订借款合同和办理担保手续。

借款人包括一般法人客户、小微企业客户，以及按照微型企业管理、从事生产经营的自然人。

网贷通包括承诺循环贷款和有条件循环贷款两种方式。承诺循环贷款是指银行承诺在符合合同约定提款条件下，除月末最后一天外，客户可随借随还的贷款。在月末最后一天，贷款行可视信贷资金配置情况，决定是否满足客户提款需求。有条件循环贷款是指在银行与客户签署相关合同后，客户必须经银行资金配置许可才能在循环额度内提款的贷款。

贷款行应与借款人签订网贷通循环借款合同。对采用担保方式的网贷通业务，贷款行还需与担保人签订最高额担保合同，循环借款额度使用期限应包含在最高额担保合同的主债权发生期间内。

十三、网上自助循环贷

网上自助循环贷是指银行向符合条件的小企业借款，在核定的额度和有效期内，客户通过网上银行平台，根据约定的资金用途，实现贷款资金循环周转使用、自助支用、随借随还。

1. 产品特点

- 用款灵活。在额度及有效期内，可多次提款，循环使用。
- 线上办理。网上自助支用，流程简化，方便快捷，无须重复审批。
- 还款方式多样。随借随还，可结合企业实际需求，采用一次性偿还、分期归还等多种还款方式。
- 节约成本。可有效减少企业资金占用，提高使用效率，减轻财务成本，同时也降低了来往银行间的人力成本及时间成本。

2. 适用客户

网上自助循环贷业务适用于在银行开通企业网上银行，且交易记录清晰、交易对手稳定、资金往来情况良好的小企业客户。

3. 所需资料

网上自助循环贷业务所需资料包括申请书、借款合同、网上银行服务协议及银行要求的其他材料。

02
制造业小微企业贷款

制造业是指企业按照市场需求，通过制造过程将资源（物料、能源、设备、工具、资金、技术、信息和人力等）转化为可供人们使用的大型工具、工业品和生活消费产品的行业。银行可向与制造业有关的小微企业提供以下贷款品种。

一、工业厂房购置贷款

工业厂房购置贷款是指银行向借款人发放的用于购买生产经营所需自用标准厂房（现房或期房）的贷款，以解决企业购买厂房的资金不足问题。

工业厂房是指在工业园区内按照国家标准统一规划设计建造，达到国家规定的抗震烈度、建筑安全、耐火耐久、配套齐全等要求，企业可直接入驻进行生产经营和使用的标准厂房与办公用房。

1. 借款人条件

- 入驻银行认可的工业园区，具有独立法人资格的企业。
- 生产经营符合国家产业政策和环境保护政策，产品适销对路，发展前景看好，有可靠的还款来源，无不良信用记录。
- 在银行开立基本账户或一般结算账户。
- 已签订购房合同，并支付不低于40%的购房首付款至开发商的银行账户。

- 银行规定的其他条件。

2. 办理要点

- 园区必须是政府批准同意建造、手续合法且齐全的高科技园区、工业园区和仓储物流园区等规范园区。
- 申请人具有购买房屋的合同或协议，以自有资金支付不低于40%比例的购房款。
- 企业以所购厂房为抵押担保，在厂房未取得房产证前由开发商提供阶段性保证担保。

3. 贷款条件

贷款额度不超过厂房购买价值的60%，同时不得超过该行认可的评估机构评估价值的60%。贷款期限最长不超过五年，也不得超过借款人法定经营期限。

4. 还款方式

按月付息、一次还本，具体方式可以是等额本金还款，也可以是等额本息还款。

5. 资料要求

购买工业厂房的合同或协议；购买厂房首付款证明，如购买厂房首付款税务发票等；立项审批、环保审批等相关文件资料；银行需要的其他资料。

| 案例 | 1 100万元贷款支持企业厂房扩建和购置设备 |

某工业泵制造有限公司是一家生产工业用油泵为主的企业，经过几年的发展，现有的厂房已经不能够满足企业生产经营的需要，于是该企业打算进行厂房扩建并购进新设备，但苦于资金有限，屡屡将扩建计划搁置。

银行在得知该企业的困难后，综合考虑了企业的生产经营能力，首先为其提供了800万元的厂房扩建贷款。一年后，企业新厂房建成并投入使用，银行又为其提供了300万元的设备抵押贷款，有效地支持了企业的发展壮大。如今，该公司已经逐步成长为当地知名企业。

二、营业用房置业贷款

营业用房置业贷款是指银行向借款人发放的用于购买与银行签约的开发商或销售商的营业用房的贷款。

1. 业务特点

- 助推房产销售，加快资金回笼。
- 帮助中小企业以较低的成本购置营业用房，加速企业发展。
- 分期还款，减轻企业资金压力。

2. 贷款条件

额度最高不超过购买营业用房总价款的50%；期限原则上不超过五年；在所购营业用房因未取得房地产权证而不能提供有效财产抵押担保的过渡期，开发商（或出售商）提供贷款保证担保。

| 案例 | 营业用房置业贷款助企业轻松购买物业 |

随着生产规模的不断扩大，目前的厂房已不能满足李先生的电器公司的需求。于是，他打算购买新的工业用地来扩大生产经营，但李先生的资金比较吃紧。为此，银行客户经理向他介绍了置业贷业务的三大特色。

一是贷款方式灵活，银行可以先采用保证方式发放贷款，等到企业办妥房地产权证后再转为抵押贷款。

二是贷款成数可高达地价的七成，还款期限长达八年，减少了企业购买土地时一次性付款的压力。

三是采用每月供款形式，还款轻松，有助于减轻企业还款压力。

通过上述银行贷款的帮助，李先生的企业获得了双赢：一是企业规模几年来已获得几倍的增长；二是土地升值，账面多了近百万元。

三、机械设备抵押贷款

机械设备抵押贷款是指银行向借款人发放的用于购买机器设备，并以购买的机器设备提供抵押担保的贷款。借款人购买的应是生产经营所需的自用类型的通用设备。销售设备的供应商（制造商或经营商）需由银行指定或认可。

贷款益处：有助于设备生产商（经营商）拓展本地客户，加速货款回笼；有助于借款人一次性付款，以较低成本购买机械设备；分期还款，减轻资金压力。

适用客户：成立两年以上的生产型企业法人。

贷款条件：贷款额度最高不超过购买设备价格的70%，贷款期限原则上不超过三年，按月或按季分期还款。

所需资料：设备采购合同、所购设备发票、设备采购相关纳税证明、设备采购自有资金证明、银行要求提供的其他材料。

案例　设备抵押贷款使企业增添进口印刷设备

魏先生拥有一家印刷厂，成立时间已经三年。印刷厂业务有画册印刷、扑克牌印刷、手提袋印刷、全开海报印刷、信纸信封印刷、无碳复写、彩页印刷等。由于近年其产品推向非洲及拉美等地，产量及订单持续增大，魏先生向银行提出了融资需求，准备增添印刷设备。

魏先生与设备供应商经过谈判签订了设备进口合同，从德国进口高品质印刷机械。魏先生通过有效足值担保开立了进口信用证，待设备运抵、报关、安装完毕后，银行将印刷设备进行抵押，为其提供了设备采购款70%的贷款支持。贷款分三年偿还，缓解了企业生产的压力，保证了此次购置设备不影响其原材料采购等资金的正常安排。

案例　潘先生用抵押贷款购买印刷设备

潘先生一直从事印刷行业，听说某印刷设备公司的胶印机性价比高，于是打算购进一台。但是，如果他增加设备投资，流动资金就会不足。这时，设备生产企业告诉他可以到附近一家银行办理"产品贷"。这种贷款与房贷相似，只需付一定比例首付款，其余可以分期偿还。潘先生与银行洽谈后获得了设备价款80%的贷款，而且两年内按月等额本息偿还。潘先生用新的设备增加的效益完全覆盖了贷款本息。如今，潘先生的企业规模越来越大，效益越来越好。

四、工业园贷

工业园贷是指银行为支持工业园区中小微企业发展，与当地政府财政部门、工业园区管委会合作，由财政部门和管委会在银行存入贷款风险代偿保证金，企业按贷款金额的1%缴纳互助保证金，银行为园区内符合条件的小微企业发放的短期流动资金贷款。

适用客户：经园区所在地政府批复同意进入"工业园贷"融资项目的中小企业客户。借款人需由园区管委会进行项目初审，银行落实条件后发放贷款。

五、创业园贷

创业园贷是指银行联合专业担保公司向国家自主创新示范区或创业园孵化的创业企业提供的专项小额贷款，无须企业房产抵押，由专业担保公司提供连带责任保证担保，业务流程简化，审批高效。

适用客户：在各园区内孵化注册的中小企业，持有高新技术企业证书的企业，企业入园时间在一年以上，实际控制人提供个人连带责任保证担保。

案例 **50万元科技创业贷款助企业完成顺义新农村污水处理项目**

D科技有限公司是由德国某大学博士袁先生回国创办的高新技术企业，位于北京留学生科技创业园，注册资本为200万元，主要经营产品为"一体式反冲洗膜生物反应器"。一体式反冲洗膜生物反应器运用了一种分离技术，通过外界提供的压差使得净化后的废水能顺利地通过膜成为渗透液，活性污泥和有机物被截留在生物反应器中。该技术与传统技术相比，具有很高的净化效果和实用性价比。

公司成立后即承接了顺义区新农村建设试点村污水处理项目，由于项目需要前期垫付资金来进行材料采购和产品生产，公司面临资金短缺的困境。此时，公司从留学生创业园得知北京银行对留学生创业企业融资支持的政策，并及时找到了银行和中关村科技担保公司。银行通过留学生人员贷款的绿色通道审批，对该公司发放了50万元的流动资金贷款，及时缓解了公司原材料采购的流动资金压力，为公司顺利完成顺义新农村污水处理项目提供了极大帮助。

银行还根据该公司不同时期的经营发展程度，为公司提供后续配套的融资产品服务，真正把小企业扶持发展成了科技"小巨人"。

六、高新区贷

高新区贷是指银行与当地高新经济技术开发区政府部门（管委会）合作，对纳入政府风险补偿基金支持范围的科技型中小微企业提供贷款支持，并予以一定优惠利率。

适用客户：国家高新区内的科技型中小微企业。银行设立绿色审批通道，运用标准化服务方式、高效化审批流程，打造专享、专属的服务体验。

七、产业集群贷

产业集群贷是指由政府部门推荐，银行对区域优势产业集群企业进行考察，为集群上下游中小企业开辟绿色审批通道，提供短期贷款。

适用客户：优势产业集群上下游或政府推荐的中小企业客户。银行主要依靠当地政府发展重点产业和扶持企业的优惠政策，看准产品有销路的企业予以支持。

八、政府采购中标贷

政府采购中标贷是指银行向在地方政府采购活动中中标的生产型中小企业发放的，以财政支付资金为还款来源的贷款，用于企业对货物或服务的采购与生产等环节。

采购人是指纳入财政预算管理的省（市）级国家机关、事业单位和团体组织等。贷款的还款来源是政府将要支付的采购款。

贷款特点：无须提供抵质押担保，办理高效、利率优惠。

适用客户：在政府采购活动中中标或成交的取得政府采购合同签署资格的企业法人。

政府采购中标贷深度嵌入企业经营环节，企业凭政府采购中标通知书或政府采购合同，不需要其他抵押和担保，在银行锁定该笔政府采购回款账户的前提下，可以获得银行授信资金支持。

案例 办公家具小企业获政府采购中标贷

青岛某办公家具公司主营业务为办公家具的生产和销售。公司近期成功中标市公安局的办公家具采购，标的金额400万元。但在成功中标后，由于经营规模扩大，公司没有足够资金进行采购和组织生产，迫切需要外部资金支持。

银行对公司进行了实地调查，得知该公司多次参与当地政府采购招标并中标，与当地政府采购有着良好的参与和履约记录，最后认定该公司非常符合政府采购贷业务的要求，决定给予其流动资金贷款支持。

03

工商物业小微企业贷款

物业是指已经建成并投入使用的各类房屋及其配套的设备、设施和场地。物业可大可小，大到一座大厦，小到一个单元住宅。同一建筑物还可按权属的不同分割为不同物业，主要是五类：居住物业、工业物业、商业物业、政府类物业和其他用途物业。

工业物业的业态有轻工业厂房、重工业厂房、高新技术产业（如电子、计算机、精密仪器制造等）用房、仓库等。有的工业物业用于出售，也有的用于出租。一般来说，重工业厂房由于其设计需要符合特定的工艺流程要求和设备安装需要，通常只适合特定的用户使用，所以不容易转手交易。高新技术产业用房则有较强的适应性。轻工业厂房的灵活性介于上述两者之间。

商业物业可分为商服物业和办公物业。商服物业是指各种供商业、服务业使用的建筑场所，包括购物广场、百货商店、超市、专卖店、连锁店、宾馆、酒店、仓储、休闲康乐场所等。办公物业是从事生产、经营、咨询、服务等行业的管理人员（白领）办公的场所，它属于生产经营资料的范畴。这类物业按照发展变化过程可分为传统办公楼、现代写字楼和智能化办公建筑等，按照办公楼物业档次又可划分为甲级写字楼、乙级写字楼和丙级写字楼。商业物业市场的繁荣与当地的整体社会经济状况相关，特别是与贸易、金融、保险、咨询、旅游等行业的发达程度密切相关。

银行围绕工商物业，可向小微企业提供如下贷款支持。

一、工商物业置业贷

工商物业置业贷是指银行向小微企业发放的以抵押方式购置工业用房或商业用房的贷款。

1. 适合对象

生产经营发展态势良好、需要购置工业或商业用房的企业。

2. 产品功能

这种贷款在满足小微企业购置工商物业融资需要的同时，还能缓解客户因一次性大额支出而造成的资金周转困难。

3. 产品特点

- 贷款额度高。贷款金额根据工商物业抵押价值确定，最高可达3 000万元。
- 贷款期限长。贷款期限结合企业的预期现金流、赢利能力和偿债能力等因素综合确定，最长可达十年。
- 还款压力小。借款人采用分期还款方式，按月还本付息，还款压力小，为灵活安排生产经营活动留出充足的空间。

二、工商物业经营贷

工商物业经营贷是指银行根据小微企业所提供的工商物业抵押价值，向其发放的用于涉及经营物业用途的贷款。

1. 产品功能

工商物业经营贷满足小微企业涉及物业维护、改造、装修、招商等经营性固定资产融资需求，以及借款人生产经营活动中的其他合法资金需求。

2. 产品特点

- 贷款期限长。贷款期限最长可至十年，有效支持物业持有人进行物业改造升级。
- 贷款用途多。有效满足物业持有人在经营期间的装修、维护、改造等方面的资金需求，资金用途灵活。
- 还款压力小。借款人按月还本付息，单期还款压力小，为灵活安排经营资金留出充足空间。

三、工商物业收租贷

工商物业收租贷是指银行以借款人的工商物业租金收入为还款来源，按租金总额一定比例发放的贷款，使借款人可盘活固定资产，获得资金用于生产经营。

适用客户：工业用房和商业用房已出租并获得长期稳定租金收入的房产所有者。用户需提供合法有效的产权证明和物业租赁合同。

四、工商物业付租贷

工商物业付租贷是指银行根据工商物业持有人提供的承担连带保证责任，向承租人发放的用于交纳租金的贷款。

1. 产品功能

这种贷款能满足小微企业租赁工商物业支付租金的资金需求。

2. 产品特点

- 物业持有人可一次性收取多期租金，加快前期投入资金回笼。
- 承租人一次性交清多期租金，可享受一定租金优惠，锁定租赁财务成本。
- 银行按照承租人所需交纳租金的一定比例确定贷款额度，有"租"就有"贷"，快捷办理业务。

3. 办理要点

借款人应提供合法有效的物业租赁合同或协议，以及物业持有人（出租方）为借款人融资提供担保的书面承诺。属于特殊行业的，借款人还需提供有关行业管理部门颁发的经营资格证书。

案例 **经营权质押贷款帮助企业一次性交纳三十年租金**

花都区拟新开张的A辅料城进入招租阶段，采取一次性向租户收取三十年租金的方式，租金约为9 000元/平方米。因租户必须一次性交纳三十年租金，租房的资金压力较大。

经营权质押贷款主要看重的是借款人承租商铺所在市场的经营前景和开发商的实力。该辅料城因紧邻著名的B皮革城，市场前景较好、招租情况理想。银行调研后决定对该辅料城的一手承租人提供经营权质押贷款，贷款资金专项用于承租人支付商铺租金，单户授信额度不超过400万元且不超过商铺租金的50%，待借款人自行支付50%租金后，银行为其支付剩余租金。贷款期限不超过五年，借款人采用等额本息或等额本金法每月归还贷款。银行此举有效缓解了借款人一次性支付全部租金的压力。

04
批发零售业小微企业贷款

　　批发零售业是我国市场化程度最高、竞争最为激烈的行业之一。

　　批发是指批发商向企业、事业、机关批量销售生产资料和生活用品的商业行为，以及进出口贸易和贸易经纪与代理的活动。批发业有如下特点。

- 经营范围覆盖面大。中小批发商一般集中在地方性的中小城市，经营范围辐射周围地区。大型批发商往往分布于全国性的大城市，经营范围可覆盖全国市场，许多还开展进出口贸易业务。因此，银行人员要了解企业的上下游生意伙伴的情况。

- 经营品种相对集中。由于批发商服务对象主要是企业购买者而非个人消费者，所以相对零售业而言，批发商经营的品种相对集中、固定单一，而且看重仓储、运输、信息、融资等相关方面，交易比较理性。银行人员要了解商品销售的市场情况，还应提供综合金融服务。

- 买卖金额一般较大。商品批发业基本属于资本密集型行业，由于交易金额都比较大，资金问题往往是决定批发商经营成败的关键，批发商通常急需银行资金的支持。

　　零售是指零售商购进商品后转卖给城乡居民作为生活消费或售给社

会集团作为公共消费的销售行为。常见的零售业场景有百货商店、超市、便利店、专卖店、售货摊等，通过互联网、微信、售货机等渠道进行的销售也属于零售。零售业的特点如下。

- 零售的交易对象是最终消费者，消费者购买商品的目的不是转卖或生产，而是自己消费。银行人员必须了解零售商的客户群。
- 零售不仅售卖商品，还要为顾客提供多种服务，例如送货、安装、维修等。随着市场竞争的加剧，零售商提供的售前、售中、售后服务也已成为重要的竞争手段。银行人员不仅应了解商品的市场销路，还应了解企业的销售服务质量。
- 零售的交易次数频繁，每次成交金额小，未成交次数占比大。如果滞销，那么这必然会占压资金。因此，银行人员必须要求零售商严格控制库存量。
- 零售的消费者在购买商品时多为无计划的冲动型或情绪型，随机性购买行为明显。零售商要特别注意激发消费者的购买欲望和需求兴趣，要形成自己的经营特色以吸引顾客。银行人员要查看零售商的备货是否充足，品种是否丰富，花色、规格是否齐全。
- 由于每次交易额小，所以零售商必须注重提高成交率，做到薄利多销，快买快卖，提高贸易资本的周转速度。银行人员必须注重企业的资金周转率。

从事批发零售业的小微企业在申请授信时必须符合以下基本条件。

- 注册从事批发、零售业务且年检合格。
- 在本地经营期限为一年以上。银行对经营年限不满三年的小微企业应给予更多关注。

- 具有稳健的经营作风，稳定的供销渠道和良好的经营记录。
- 具有真实的销售记录，所经营商品市场情况比较稳定。
- 银行往来记录良好。
- 能提供银行认可的担保。

银行可向零售批发业的小微企业提供以下贷款品种。

一、商场供应商贷

商场供应商贷是指银行向在具备统一结算货款条件的商场内经营的供应商或合作商户提供的短期流动资金贷款。商场包括大型商场和大卖场。

银行根据商户销售额及结算情况，给予一定的授信额度助其经营周转。所在商场履行监管职责，并将货款按时划转到供应商或合作商户在银行开设的专用结算账户，由银行对该账户实行监管。

1. 办理要点

- 商场对供应商或合作商户有严格的准入与管理制度，具备统一结算货款条件，能够按时足额结算货款。
- 商场与银行签订有账户监管协议并出具账户监管承诺书，承担监管责任。
- 供应商与商场签订期限一年（含）以上的合作协议或联营协议，且入驻商场满一年。
- 供应商一年销售总额（商场管理方旗下所有卖场可合并计算）在200万元以上。

■ 供应商在银行开立的结算账户是唯一的商场货款结算账户。

2. 贷款条件

授信额度最高可达200万元，授信期限最长十二个月。

3. 担保方式

以信用方式为主，同时追加企业法定代表人或实际控制人个人连带责任保证担保。银行对借款人的货款结算账户进行监管。

4. 业务特点

针对专业商场或卖场的商户批量办理，无须担保，手续简便。

二、市场公司担保贷款

市场公司担保贷款是指银行向认可签约的现货商品交易市场内的入驻企业发放的流动资金贷款。借款人需获得市场公司的推荐和保证担保。

1. 产品特色

依托市场，信用保障，方便快捷，灵活多样。

2. 适用对象

在现货商品交易市场内有固定营业场所的商户。

3. 办理流程

市场公司与银行签订合作协议，市场公司向银行推荐借款企业，银行对借款企业审批同意后发放贷款。

三、大超市供应贷

大超市供应贷是指银行针对大型超市的上游供应商（集群客户）开发设计的批量授信业务。供应商可与银行一次性签订合同，在银行规定的额度和期限内循环使用流动资金贷款用于履行与超市签订的合同，并以合同项下销售回笼款为主要还款来源归还银行贷款。

1. 适用对象

与超市有一年以上正常业务往来，并且已签订为期至少一年供应协议的小企业。

2. 贷款条件

贷款额度最高可达300万元，贷款期限最长不超过一年，还款方式可采取等额本息、等额本金、按月付息一次还本或其他还款方式。

3. 产品优势

纯信用，无须抵押担保，随借随还、方便快捷，减少小企业财务费用。

四、小超市供货单质押授信

小超市供货单质押授信是指银行向超市供货商提供的，以超市应收账款为质押担保的授信，可以是短期流动资金贷款，也可以是银行承兑汇票。

1. 适用对象

具有稳定的销售渠道且信誉良好的超市供货商。

2. 授信条件

金额最高不超过质押应收账款的70%；授信期限最长不超过一年，单笔期限最长不超过六个月；利息费用按银行规定执行。

3. 办理要点

- 超市根据供货商的基本情况向银行出具的推荐函。
- 申请人提供与超市签订的购销合同。
- 申请人提供发货和超市签收的证明。

五、批发市场商户贷

批发市场商户贷是指银行向专业批发商品市场内的商户发放的，以其所拥有的摊位经营权做质押的流动资金贷款。摊位经营权包括专业市场（或专业街区）店面或摊位的经营权、优先承租权、使用权、（转）租赁权等。

1. 经营权特点

一是在摊位所有权上产生的衍生权利，且必须是在一定期限内具有排他性的使用权。二是摊位所有权为具有较强实力的市场管理委员会所掌控，且所有权在短期内没有出售计划。所有权和经营权的分离，不会为经营权的转让交易带来障碍。三是摊位具有明确的市场价值，价格稳定或趋于上升，交易活跃，可流通性强，易于变现。

2. 适用客户

在生活资料专业批发市场中，持有营业执照、市场进场交易证、具备字号或商号的经营户。那些人流密集、生意较好、商铺价值高的批发市场，值得银行深度拓展。

案例　**联保贷款促进布匹批发市场繁荣发展**

A 专业市场是广州海珠区某大型布匹批发市场，市场内商户多为从事布匹批发、依法登记注册的个体工商户，日常资金结算量较大，负债率通常为 30%～60%。但由于其资产以存货、应收账款等流动资产为主，下游客户较分散，固定资产相对较少，所以该市场很难通过提供抵押物的方式来获取银行贷款。

在获知该项业务信息后，广州农商银行迅速组织授信人员进行实地调查，并设计了"联保贷"业务方案。

- 银行在该市场内选取负债率不超过60%、信用记录较好且非关联的商户，并让其自愿组成联保小组，每联保小组由不少于3个商户组成。银行对每个商户给予100万元至1 000万元的授信额度，期限不超过三年。这笔贷款可单笔循环使用，可分期或混合还款。
- 联保小组成员间签订联保协议，相互承担连带保证责任，无须提供抵押物。

在银行的"联保贷"专项授信方案支持下，A 专业市场商户联保授信累计投放金额达3亿多元。场内商户在未提供房屋、商铺等资产抵押的情况下，以商户信用联保有效提高融资能力，经营得到了快速发展。

六、专业市场商户贷

专业市场商户贷是指银行向专业市场内的商户发放的用于补充经营性流动资金的贷款，由银行认可的专业市场关系人担保或提供其他有效担保。

1. 适用对象

在专业市场中经营的企事业法人、其他经济组织、个体工商户等。

2. 贷款条件

- 授信额度根据市场关系人或保证人实力等情况核定。
- 对专业市场进行统一授信，市场内符合条件的商户即可获得贷款。
- 贷款期限一般为一年，最长不超过三年。
- 担保方式灵活，借款人可不提供抵押。

3. 客户条件

- 申请人在专业市场中有固定经营场所，经营时间超过半年。
- 现金流正常，即一般情况下经营性净现金流为正，月经营性现金流入一般不低于当月主营业务收入的50%。
- 贷款用途必须用于日常经营资金周转，不能用于其他用途。
- 银行要求的其他条件。

4. 资料要求

- 营业执照、机构代码证等一般基础材料。

■ 交易合同、订单、账户流水等。

案例 **银行贷款 1 000 万元支持专业市场商户扩大销售规模**

G 夹板经营店在某建材市场从事建筑夹板的批发及零售。该建材市场权属人已取得东莞农商银行保证担保额度，并签订合作协议，可对市场内商户在额度内申请的贷款提供保证担保。

G 夹板经营店的销售量稳步提升，所接订单较多，向银行申请融资 1 000 万元以扩大销售规模。银行通过市场权属人了解到了该商户的日常经营情况良好，同意给予该店 1 000 万元流动资金贷款额度，并由市场权属人提供保证担保。该店应银行要求将日常流转资金放在银行运作。贷款采用受托支付的形式，市内支付的款项必须转入供货商在贷款银行的账户。

案例 **市场系列贷款促进专业市场整体良性发展**

广州是全国知名的专业批发市场集散地，从纺织、布匹、服装、餐饮、药材到五金、装修、汽车配件等包罗万象，各具经营特色和行业经济形态；而市场内的商户来自全国各地，经营手法和资金管理更是五花八门、个性鲜明。

广州农商银行精心设计推出的"专业市场系列贷款"业务（市场贷），汇聚了数十年服务地方经济及中小企业成长所得经验和智慧，正是针对广州乃至珠三角地区大型专业市场（区域行业）及其商户所处行业、区域与政策环境等特点，主动进行市场细分，为特定客户集群提供与其行业形态、发展周期、现金流转等相匹配，为其"量身定制"的批量金融服务方案。

目前，银行已成功推出包括纺织企业授信方案、皮革市场商户授信方案、重工机械设备抵押贷款方案、布匹市场商户授信方案、药材市场商户授信方案、广东省皮革协会皮具箱包协会会员授信方案等十多个市场贷专项业务方案，累计贷款审批与发放数十亿元，支持中小企业（含个体工商户）近千户。

在满足商户个体融资需求的同时，市场贷专项业务方案也促进了市场整体的良性发展，并以授信专项化、产品个性化、担保多元化等服务优势受到了各大专业市场及其广大商户的欢迎，赢得了当地政府和行业管理单位的充分肯定与积极反响。

七、政府采购贷

政府采购贷是指银行向中标政府采购项目的中小微企业发放的，用于履行政府采购合同，并以财政拨付回款为还款来源的贷款。资金专项用于生产经营过程中购买原（辅）材料或短期营运周转所需。

1. 产品特色

- 申请便捷：具有政府采购招标入围资格的中小微企业均可申请；招标前预先授信，中标即贷。
- 担保灵活：根据采购类别，以合同金额的比例确定授信额度，如实际授信未超过最高比例限额的，根据客户的诚信指数和社会信用，无须抵押，无须保证。
- 利率优惠：贷款利率与申请人的诚信指数和社会信用挂钩，实行利率优惠。
- 捆绑融资：根据客户的诚信指数和社会信用，可将政府采购合同与其他供货合同实行捆绑融资，最高授信额度可达合同总金额的100%。

2. 适用客户

与依法进行政府采购的国家机关、事业单位或团体组织有长期采购合作且历年采购项目记录良好的中标供应商，或经政府采购管理办公室认可的资信较好、实力较强的政府采购中标供应商。

3. 办理要点

- 借款人注册地与主要经营场所均在银行辖区范围内。
- 在当地县（市、区）级（含）以上政府采购网上注册入库。
- 企业必须在银行开立政府采购资金的唯一回款专用账户。
- 企业成立两年（含）以上，且实际控制人有三年以上行业经验。
- 借款企业及企业实际控制人无违法、违约记录，无不良银行信用记录。

八、电商卖家网优贷

电商卖家网优贷是由银行推出的一款针对电商卖家的纯信用贷款。

产品特点：根据电商卖家网店摊位经营数据授信；随借随还，不使用时不计息；授信审批二十四小时内出具额度。

贷款条件：额度最高可达200万元；按日计息，日息低至万分之三点三；免抵押，无保证金。

所需资料：个人资料包括申请人及配偶身份证、行驶证、户口本、结婚证、借款人信息调查表。企业资料包括营业执照、组织机构代码、开户许可三证（五证合一的，只收集营业执照）；法人身份证、公司章程、平台子账号等。

九、商圈成员贷

商圈成员贷是指银行通过商圈管委会或管理公司对商贸企业进行组织筛选，再通过担保公司或商圈管理公司担保，向借款人发放的流动资金贷款。

适用对象：当地有商业协会组织的商圈内的成员单位，多为经营上的生意伙伴，成员之间彼此非常熟悉和信任。

十、采购贷

采购贷是指银行对需要采购资金的企业，在其缴纳一定比例（如30%）保证金后，以采购合同金额为上限，向企业提供短期融资（贷款或开票）。

适用客户：需要以预付款或现款支付采购货物的下游中小经销商。一般情况是，上游集团公司销售的是紧俏的大宗物资，它们要求的是"款到发货"结算方式，由此造成经销商采购资金的紧张，因而需要银行支持。

十一、机械设备回购贷

机械设备回购贷是指在销售机械设备过程中，卖方向银行推荐小微企业买方客户并提供连带责任保证担保，银行以机械设备抵押后按售价一定比例向买方提供购货贷款。如果今后买方不能还款，那么卖方回购设备，偿还银行贷款。

适用客户：需要购买机械设备而又短缺资金的小微企业。

十二、商票质押贷

商票质押贷是指银行以中小供应商提交的商业承兑汇票（购货方开出的）为质押，以汇票金额为上限发放的短期贷款。

适用客户：向大集团企业销售原材料且履约情况良好的中小供应商。通常情况是，集团企业每月购货后，次月以流通性较差、贴现成本高的商业承兑汇票付款。而中小供应商在备货时，需要大量的现金，为此要到银行办理质押贷款。

十三、POS贷

POS贷是指银行向使用POS机获取稳定销售回款的服务型中小企业客户提供短期流动资金贷款，主要用于其原材料采购、支付房租、门店装修等日常经营支出。

适用客户：已安装该行或指定的第三方支付机构POS机的客户，如餐饮店、便利店、小商场等。银行通过历史月均POS流量来核定贷款总额，由公司将POS机交易的营业款回流至银行指定的支付结算公司监管，要求提供个人连带责任保证担保，可追加个人房产抵押。

案例 40万元POS机流水贷帮大忙

某陶瓷经销商户是银行的POS机特约商户，刷卡结算情况一直良好。在经营者提出融资需求后，银行根据其银行卡流水结算情况，为该商户提供了40万元的信用贷款。商家在获得贷款后感叹道："还是这家银行的政策好，帮了我旺季进货的大忙。"

十四、应收账款质押贷

应收账款质押贷是指银行以中小供应商的应收账款为还款来源，向其提供的短期流动资金贷款。卖方（出质人）应将合格的应收账款质押给银行，在债务人（买方）签署书面文件，确认基础交易及应付账款无争议、保证到期履行付款责任的情况下，且在中国人民银行办理应收账款质押登记手续后，银行向出质人发放贷款。

适用客户：已与核心生产厂商建立长期合作关系、交易稳定，具有银行认可的应收账款的中小企业，或与核心客户（例如超市、卖场等）之间存在商品购销业务的中小供应商。

案例 发放贷款有效盘活供应商的应收资产

A商场是一家规模较大的零售百货企业，开业以来一直保持较高的营业额。商场的供应商包括厂家直营、本地经销商代理、个体工商户。供应商均经过严格的准入筛选与市场检验，总数约1 200家。

商场与供应商之间的资金结算周期约为两个月，这导致供应商流动资金紧张，难以满足日常及季节性备货需要。为此，银行仅需将供应商与商场的回款账户变由银行质押后发放贷款，有效盘活了供应商的应收资产，客户反响良好。

案例 800万元应收账款质押贷款缓解企业资金压力

某环境工程有限公司是一家专门为各大企业做污水处理工程的公司，公司拥有专门的技术人才和设施，经其设备处理的工业污水能够达到国家要求的标准。但由于污水处理具有工程周期长、回款慢的特点，所以公司流动资金不足。

银行得知客户的资金需求后，对其工程质量和进度、合同签订的方式和内容、回款周期等进行了详细的调查，针对该环境工程有限公司与某铝制品有限公司签订的合同，为其办理了800万元的应收账款质押贷款，并采用按工程合同约定回款周期还款的方式，有效缓解了企业的资金压力。

十五、外贸贷

外贸贷是指银行通过引入省财政部门出资设立的外经贸融资风险专项资金，对省内注册的具有独立法人资格的中小型外经贸企业提供专项融资。本业务搭建了政、银、企对接通道，可缓解外贸企业融资难问题。

适用客户：具有独立法人资格的中小型外经贸企业，必须有真实稳定的贸易或工程项目背景。

十六、电商贷

电商贷是指银行结合网络经济和电子商务的新发展，向在第三方电子商务平台上经营的小微电商提供的综合金融服务。

功能与特色：专门的系统平台，不仅可以提供融资业务，还可以配套相关金融产品服务；丰富的互动手段，引入了网络在线调查、电话调查等新技术，提高了银企之间的沟通效率；标准的作业方式，采用线上批量作业方式，显著提高了电商的融资效率，降低了企业融资成本；专门的风险模型，开发了专门的信用评级模型，更加准确地评价电商的资信状况。

电商贷适用于在第三方电子商务平台上注册或自建网站并有电子商务行为的小微商户。

十七、电子仓单质押融资

电子仓单质押融资是指银行以借款人持有的电子仓单做质押，并根据电子交易市场负责监控借款人交易的资金流和仓储物流向借款人提供的短期融资。

与此同时，银行还可以向客户提供电子交易市场资金结算支付服务，即银行与大型电子支付商户联合，向商户平台所属会员买卖双方交易提供电子支付。适用范围为电子支付大宗B2B交易，特别是物流港口运输及大型钢铁、丝绸、中塑等交易市场。

适用客户：在电子交易市场内包括橡胶、塑料、棉花、成品油、粮食等交易市场内进行交易的商户。

十八、煤炭存货质押贷

煤炭存货质押贷是指银行以借款人提供一定数量的煤炭存货为质押物，并交由银行指定的第三方监管公司实施动态监管，向借款人发放的短期流动资金贷款或开立银行承兑汇票。

适用客户：具有煤炭经营资格证，主营业务为煤炭洗选及批发经营的客户。

银行应到企业实地走访，了解煤炭进出库和日常生产经营情况，以企业库存煤炭价值按合适的质押率质押后放款。

十九、油品存货质押贷

油品存货质押贷是指银行以借款人提供一定数量的合格油品为质押物，并交由银行指定的第三方监管公司实施动态监管，向借款人发放的短期流动资金贷款。

适用客户：具有一定经营实力，信誉良好的油品加工经销商。押品包括蜡油、重油、燃料油、汽油、渣油等大宗石化产品。由于大宗石化产品价格透明、易于保存和变现等特点，银行按照公司进货发票和油品价格走势，按油品初始质押价格的70%进行质押。

二十、珠宝贷

珠宝贷是银行向珠宝玉石行业的中小企业、工商户提供的，采用房地产等固定资产抵押、第三方保证担保、专业担保公司担保或存货质押等多种担保方式项下的短期贷款。

适用客户：在当地珠宝玉石行业处于中上游水平的中小企业客户，经营符合珠宝玉石行业的业内规定。银行可与当地珠宝行业协会、融资担保公司建立合作，支持珠宝玉石行业中小企业发展。

二十一、葡萄原酒质押贷

葡萄原酒质押贷又称葡萄原酒质押贷款，是指银行接受生产葡萄原酒的小企业以其自有葡萄原酒为质押担保而发放的短期流动资金贷款。葡萄原酒是以新鲜葡萄为原料，经压榨、发酵酿制而成的原浆酒。

适用客户：在葡萄酒生产地区的符合银行贷款条件的小企业。

二十二、裘皮存货质押贷

裘皮存货质押贷是指以借款人合法拥有的裘皮为质押品办理的短期融资业务。银行与借款人、仓储单位签订三方合作协议，仓储单位接受银行委托对货物进行有效看管，从而实现银行对裘皮的占有监管。

1. 贷款条件

贷款额度按质押率不高于60%确定。贷款期限的确定应与申请人生产经营情况和贸易经营周期相匹配，原则上不超过六个月。利率参照法定基准利率并结合银行相关政策执行。

2. 开办条件

- 主营业务突出，有良好的销售状况，商品销售顺畅，无积压现象，周转速度快。
- 主要管理人员具备较丰富的裘皮行业专业知识和从业经验，原则上从事裘皮行业时间不少于五年。
- 商业信用及银行信用良好，财务状况良好，资产负债率不超过当地同行业平均水平。
- 有真实的贸易背景，资金需求应为主营业务所需的短期流动资金缺口。
- 存储货物仓库需经银行认可，存储设施符合安全要求，所在地域便于银行监控，交通条件便利。

3. 所需材料

- 拟质押皮张的购销合同、发票及付款凭证，硝染厂加工单证。
- 拟质押为进口皮张的，应提供相关进出口批文及相关已获海关通关的资料。
- 提供质押物清单，说明质押物的名称、数量、质量、产权人、存放地点等。

二十三、冷库果蔬贷款

1. A 款：适用经营冷库的中小企业为借款人

　　银行按照冷库的容量和果蔬的收购价格，一次性贷款给冷库经营者（借款人），再由冷库经营者将贷款分别借给租赁冷库的果蔬经销商周转使用，但要以它们在冷库中贮存的果蔬为抵押物。在果蔬出售前，冷库经营者要先收到还款，才会同意贮存的果蔬出库。最后，冷库经营者统一归还银行贷款。

2. B 款：适用果蔬经销商为借款人

　　银行和冷库经营者、果蔬经销商签订三方合作协议。果蔬经销商向银行申请贷款，由冷库经营者统一提供保证担保，同时冷库经营者要求果蔬经销商以其在冷库贮存的果蔬为质押物提供反担保，签订具有反担保条款的冷库租赁协议。在果蔬要出售前，果蔬经销商先还清银行贷款和冷库租金，冷库经营者才同意贮存的果蔬出库。

　　服务对象：A 款适用于经营冷库的中小企业，B 款适用于果蔬收购、贩运和销售的经销商。

　　产品优势：一方面有效解决果蔬经销商因贷款难、担保难而缺乏经营周转资金的困难；另一方面也帮助冷库租赁中小企业获得更多的租户，提高租库率和租金收入，达到多方共赢的局面。

　　除了以上介绍的贷款品种之外，银行的贷款还可面向更多的批发零售小微商家，包括汽摩配套经销商、家居建材经销商、农贸农副产品市场的商户、母婴用品经销商、服装市场服装批发商、汽车维修商、小百货供应商等，在此就不一一介绍了。

05
科技文创业小微企业贷款

科技文创是指科学技术和文化创意。科技创新型小微企业是指符合国家产业和科技政策，持续进行研究开发与技术成果转化，形成企业核心自主知识产权并以此为基础开展经营活动的小微企业。这类小微企业涉及的行业和领域比较多，具有"专、精、特、新"的显著特点，是技术创新的主力军，拥有较强的核心竞争力。

科技创新型小微企业应符合《关于印发中小企业划型标准规定的通知》（工信部联企业〔2011〕300号）中规定的小型或微型企业标准，经税务部门核定研发费加计扣除额占营业收入1.5%及以上。

银行应该重点支持物联网、大数据、人工智能、工业互联网、石墨烯、新能源和生物医药等行业中的科技创新型小微企业。

文化创意产业是指依靠创意人的智慧、技能和天赋，借助高科技对文化资源进行创造与提升，通过知识产权的开发和运用，产生出高附加值产品且具有创造财富和就业潜力的产业。

文化创意产业包括广播影视、动漫、音像、传媒、视觉艺术、表演艺术、工艺与设计、雕塑、环境艺术、广告装潢、服装设计、软件和计算机服务等方面的创意群体。

文化创意产业的主要特点是发展时期较短、核心产品难以评估，运营模式和持续赢利能力尚不成熟，轻资产、投资回报风险高。

银行可以向科技文创业小微企业提供以下贷款品种。

一、投联贷

投联贷又称投贷联动，是指银行针对初创期、成长期且投资基金拟投资或已投资的科技型小企业发放的贷款，分为"先投后贷""先贷后投"两种模式。

1. 业务优势

- 企业可获得稳定、持续的资金支持，且资金使用与企业经营节奏相互匹配，资金效率和效益较高。
- 减少单纯财务投资者的进入，延缓企业股权再稀释时间，让创始股东宝贵的股权发挥最大效用。
- 没有对赌和期限要求的战略投资者，不干预企业经营，保障创始股东积极性。
- 进入银行资源体系，共享银行资源整合优势，提升企业品牌形象。

2. 贷款对象

投联贷的贷款对象是那些成长性良好、有上市潜力或股权增值被收购潜力的初创期或成长期小企业。它们应符合以下条件之一。

- 拥有自主知识产权且法定剩余有效期不少于五年。
- 获得市级以上高新技术企业认定且在有效期内。
- 近五年曾获得国家、省、市各级科技企业技术创新基金或工业企业自主创新资金等项目支持。
- 符合政府经济发展规划的新兴产业及战略性新兴产业。

3. 贷款条件

单户贷款金额最高达500万元，贷款期限为一年，需提供股权质押、投资基金保证等担保。

4. 办理要点

投资基金应在银行的合作名单范围内，需综合考查投资基金的投资管理能力。企业需成立两年以上，或其主要股东（含实际控制人）从业经验三年以上。

二、专利权质押履约保险贷款

专利权质押履约保险贷款业务是指知识产权事务主管部门牵头组织实施，由银行与担保公司、保险公司合作，根据"收益共享，风险共担"原则，向具有自主专利权的科技企业发放的，用于企业日常经营性支出的流动资金贷款业务。保险公司、担保公司、银行按照6：2：2的比例承担最终的贷款损失。

业务特点：具有专利技术的企业，可以仅凭借专利技术质押从银行获得资金，有效破解科技企业有技术、无资产的融资困局。

适用客户：拥有专利技术的优质科技企业。

案例 科技企业获500万元专利权质押履约保险贷款

青岛××技术有限公司成立于2009年，主要生产高端绿光激光模组，公司拥有技术过硬的研发团队和优秀的管理团队，属于典型的科技创新企业。近期，公司新接订单金额达5 000万元，需要筹集资金购买原材料。公司除了自有资金之外尚有500万元资金缺口。公司走访了多家银行，均因缺少传统的抵质押物担保而未能获得贷款。

公司在了解到青岛银行有开展专利权质押履约保险贷款业务后，向银行提出了贷款申请。青岛银行经过调查，发现企业符合贷款要求，属于科技创新企业，且有自主专利知识产权。经公司向保险公司投履约保险、担保公司担保及公司专利权技术质押，银行最终向企业发放流动资金贷款500万元，贷款利率较市场利率低30%，同时公司享受政府财政贴息和保费补贴。公司在获得银行贷款资金支持后，迅速组织安排生产，顺利完成订单生产任务。

三、软件著作权质押贷

企业以已被国家版权局依法授予计算机软件著作权登记证书的软件著作权的财产权做质押，从银行获得信贷资金支持。

适用对象：具有软件著作权的科技型企业。

产品优势：拓宽科技型企业融资渠道，有效提高企业资源利用度，盘活无形资产。

办理要点：专业评估机构对软件著作权进行评估，在国家版权局办理软件著作权质权登记后发放贷款。

四、投保贷

投保贷是指银行向科技企业发放贷款（贷），由政策性担保公司提供担保（保），由创投机构以向科技企业投资（投）的股权向担保公司提供反担保。

通过政策性担保公司，将银行的信贷投放与创投机构的股权投资连接起来，使科技企业的信贷风险从银行转移至高风险、高收益的创投机构，在风险可控的情况下，银行可为科技企业提供资金支持。

适用范围：拥有自主知识产权的科技型中小企业。

产品特色：无抵押，企业以其股权为主要担保方式；政府安排专项资金对办理该业务的企业进行贷款利息补贴。

五、科保贷

科保贷是指银行在政府、保险、担保公司多方共担风险的方式下，对科技型中小微企业发放的用于支持其实施科技成果转化项目的贷款。

适用客户：从事高新技术产品的科学研究、研制、生产、销售，或以科技成果商品化、技术开发、技术服务、技术咨询为主要经营内容的中小企业客户。

办理要点：由区县科委（服务站）、园区或孵化器出具推荐意见；保险公司或担保公司出具核保或担保函；获得政府政策支持，可享受50%保险费或担保费补贴。政府主管部门推荐或确认资质的客户优先办理。

六、风险池贷款

风险池是指银行与政府相关部门（如市、区、县科技局等）和担保公司（或保险公司等金融机构）三方共同发起设立风险池基金，作为科技型中小企业向银行借款的风险补偿保证金。

银行依据风险池基金的金额放大一定比例给予三方共同认可的科技型中小企业信贷支持的贷款业务。风险池基金贷款模式联合了政府、银行、担保公司等机构的力量，在实现了风险分摊的基础上，能够更好地为广大科技型、创新型中小企业提供有力的金融支持。

贷款主要用于满足借款人正常生产、经营的流动资金需求。贷款额度不超过具体风险池基金协议或相关政府部门政策规定的上限额度。

风险池贷款发生的不良部分先由风险池基金代偿。根据风险池基金协议，政府相关部门、指定担保公司及银行可按约定比例分担贷款风险。

适用客户主要有如下几类。

- 借款人应主要从事国家产业政策倡导的"三高六新""七大战略新兴产业"或当地重点发展的新兴产业等。
- 借款人应持续经营一年以上，属于细分行业的优势企业，具备自主知识产权的核心技术，或具备创新商业模式的企业。
- 借款人主营业务突出，赢利能力或未来盈利前景较好，具有良好的成长性，第一还款来源充分，无不良信用记录。
- 三方均同意将该企业在银行申请的贷款列入其所辖的风险池基金覆盖范畴。

七、文化创意企业贷款

文化创意企业贷款是指银行向文化创意小企业发放的，由企业以合法有效的著作权提供质押担保，或以房地产抵押等其他方式提供组合担保，用于满足其文化产品生产、销售或其融资项目开发、经营过程中正常资金需要的贷款。

服务对象：符合文化创意产业政策扶持方向的企业。

贷款条件：授信额度最高1 000万元，授信期限最长三年。

业务特色：

- 企业可以其自有版权为担保物，或以多种担保方式组合申请贷款。
- 贷款期限充分考虑融资项目的制作、生产、推广等环节的时间周期，最长不超过三年。

- 部分地区可获得政府贴息支持。

申请条件:

- 所属行业符合文化创意产业政策扶持方向。
- 贷款用于融资项目的制作经营的,融资项目应已进入或即将进入具体实施阶段。
- 版权必须权属明晰,为出质人合法有效所有或持有,并已在国家相关主管部门办理版权登记,且易于变现。
- 质物(著作权)价值必须全额用于贷款质押担保。
- 银行规定的其他条件。

案例 | 200万元文化创意贷使亏损企业翻身

H文化公司成立于2004年,是一家集设计、研发、制作、营销于一体的文化创意中小企业。2005年向北京银行申请贷款时,该公司处于亏损状态且连续向多家银行申请贷款均未获得支持。考虑到该公司具有北京奥运会特许生产商和特许零售商资格,以及具有强大的设计研发能力和敬业的企业文化精神,北京银行对其发放了首笔200万元贷款。

在获得银行贷款支持后,H文化公司圆满完成了北京奥运会徽章类产品的相关设计、研发、销售,其中该公司以鸟巢废钢余料设计制作的鸟巢模型得到市场热烈追捧,仅2008年一年该企业的销售额达6亿元。一家亏损企业就这样获得了翻身发展。2008年3月,在银行提供400万英镑保函支持下,H文化公司还走出了国门,获得2012年伦敦奥运会特许商的资格。

八、影视贷

影视贷是指为满足借款人在电影、电视剧制作阶段产生的用款需求，以其制作的电影、电视剧产生的收益为主要还款来源而发放的贷款，满足企业"制作—发行—终端"各阶段的资金需求。

适用对象：从事电视或电影的制作发行与放映等服务的企业。

担保方式：可采用版权质押、应收账款质押、未来收益权质押等方式，以应收账款、未来收益权质押办理业务的企业需在该行开立资金监管专户。

电影产生的综合收益主要包括影片票房分账收入、电视播映权收入、音像版权收入、广告收入等。电视剧产生的综合收益主要包括电视播映权收入、音像版权收入、广告收入等。

作为影视制作贷款还款来源的影视作品为"还款作品"，使用贷款资金的影视作品为"用款作品"。还款作品和用款作品可不一一对应，但用款作品必须作为还款作品。

九、动漫贷

动漫贷是指银行为研发和制作动漫产品、网络游戏及衍生品的企业提供信贷资金支持。

适用对象：从事动漫产品、网络游戏及其衍生品的研发、制作和销售的企业，重点支持具有自主创新知识产权的企业。

担保方式：可采用订单融资、软件著作权、应收账款质押、版权质押、未来收益权质押等方式，以应收账款、未来收益权质押办理业务的企业需在该行开立资金监管专户。

产品优势：拓宽企业的融资渠道，有效提高企业资源利用度和资金流动性。

十、演艺贷

演艺贷是指银行为从事文艺创作表演、策划组织文化商务活动的企业提供信贷资金支持。

适用对象：从事文艺创作、文艺表演，各类文化商务活动的策划、组织和提供服务的企业。

担保方式：可采用商标权质押、版权质押、应收账款质押、未来收益权质押等方式，以应收账款、未来收益权质押办理业务的企业需在该行开立资金监管专户。

产品优势：拓宽企业融资渠道，帮助企业解决资金临时性不足的问题，改善企业经营状况。

十一、设计贷

设计贷是指银行为从事设计服务的企业提供信贷资金支持。

适用对象：从事工业设计、建筑设计、平面设计、工艺美术设计、服饰设计、软件设计、网络设计等服务的企业。

担保方式：可采用订单融资、应收账款质押、软件著作权质押、专利权质押等方式。

产品优势：拓宽企业的融资渠道，有效提高企业资源利用率，盘活无形资产。

十二、科技文创金融专属服务体系（以杭州银行为例）

杭州银行科技文创金融事业部面向初创及成长期科技文创企业，以流量思维批量聚集早期项目，精心打造了"投融一站通"科技文创金融专属服务体系，紧紧围绕科技文创类中小企业的投、融资综合金融服务需求，根据其不同的发展阶段，提供具有针对性的科技金融综合服务方案。

科技文创金融专属服务体系CDPA是指坚持以客户（customer）为核心，以客户特征和需求（demand）为导向，以优质的产品（product）和服务为媒介，促进（accelerate）客户持续成长，提供以下融资支持和服务业务，形成长期多元化合作，实现各方共赢。

- 掘金计划：专门为处于创业中前期的高成长性科技文创类中小企业定制的快速发展的综合金融服务方案，包括针对客户的债权性融资需求设计融资服务方案，以及针对客户的股权性融资需求引荐银行战略合作的创投机构。
- 起飞计划：专门为拟上市企业定制的综合金融服务方案，提供协助改制、引荐战略或财务投资者、重组融资、债务优化融资、过桥融资等全流程专业服务。
- 卓越计划：重点面向创业板及中小板的各类上市科技文创类中小企业，提供推进公司再融资进程、提供再融资过桥贷款服务、寻找适合的并购目标、公司理财等服务。
- 匹配融资：围绕客户"轻资产、高成长"的特点，为科技文创类融资方案设置了知识产权质押、订单质押、应收账款质押及信用等灵活的担保方式安排，可有效缓解创业企业融资难的问题。其特色产品包括银投联贷、选择权贷款、风险池贷款、基金宝贷款等。

案例　杭州银行科技文创金融事业部助力科创企业复工复产

杭州一家医疗保健用品公司老总说："这笔信贷简直是雪中送炭，在我们抗疫和扩大产能的时候，用在了'刀口'上。"

这家医疗保健用品公司成立于1997年，是一家专业研发和生产普通诊察器械的企业，产品主要有电子体温计系列、红外耳温计系列、红外额温计系列等。自新冠肺炎疫情暴发以来，该企业已纳入浙江省疫情防控重点保供企业名单。订单急剧增长，企业急需一大笔周转资金来扩大产能。

特殊时期，特殊对待。杭州银行科技文创金融事业部得知企业需求后，成立了专项小组，从对接到完成1 500万元贷款发放仅用不到一周时间，解了企业的燃眉之急。

自疫情暴发以来，杭州银行科技文创金融事业部全力服务疫情防控，及时提供高效便捷的金融服务。据统计，疫情期间，杭州银行累计为58户企业投放信贷资金超7亿元。其中，仅浙江省疫情防控重点企业一类，自2月份以来已有16家企业提供授信近4亿元，提款超过1.1亿元。

在做好金融助力疫情防控的同时，杭州银行科技文创金融事业部还积极推出相关举措，助推科技文创企业复工复产。近日，该事业部联合杭州高科技融资担保有限公司推出专项信贷支持方案，切实降低企业融资成本和融资门槛，为符合标准的企业准备了单户最高额度1 000万元，贷款利率低至当期LPR（贷款市场报价利率）的复工复产专项信贷产品，首期产品规模达10亿元。

06
农村小微企业贷款

农村小微企业是指由农民为主体领办、开发农村资源、带动农民就业增收，以农民个体或群体投资者身份组建的规模较小的经济实体。农村小微企业数量众多，分布广泛，在推进区域经济增长、吸纳就业、促进科技创新和改善民生等方面具有重要作用，已成为农村经济发展中举足轻重的力量。

农村小微企业具有以下特征。

- 创业者性别以学历不高的男性为主，以具有创新想法和创业冲动的中青年居多。
- 企业受限于交通运输、能源供给等条件，主要分布在城乡接合部、乡镇集镇附近。
- 企业主要服务于农业中的种植业、林业、畜牧业、副业、渔业五大行业，以生产型和消费服务型为主，多集中在小型加工制造、零售贸易、餐饮服务等传统行业。
- 企业大部分所有权和经营权属于个人或家庭，家族式经营，雇用员工少，易于创建，产权清晰，生产周期短，经营灵活。
- 企业主的知识、经验、能力、技术欠缺，使企业大多位于低附加值、劳动密集型层级，处于产业链的低端，复制性创业、创新成分少。
- 企业的"农村地域、农民主导"局限，使企业的组织结构、生产经营及日常管理都比较简单粗放，缺乏长远的规划。
- 创业者拥有属于自己的农地，没有"置之死地而后生"的压力，致使小微企业出生率和死亡率都较高。
- 从银行角度来看，农村小微企业具有其他行业小微企业的共同特征，如自有资金少、资产规模较小、抗风险能力弱、生命周期短、经营比较单一、市场淘汰率高等，经营风险较高。符合担保要求的抵质押物少，一般没有与银行的贷款关系。缺少正规的财务记录，会计信息严重失真。

银行对于农村小微企业贷款有如下品种，银行人员在办理业务时，应该十分注重实地调查。

一、农民专业合作社贷款

农民专业合作社贷款是指银行向农民专业合作社发放的经营性贷款，专项用于主营业务的上游采购，进一步扩大营业规模。

农民专业合作社是指依据合作社法，在农村家庭承包经营基础上，同类农产品的生产经营者或者同类农业生产经营服务的提供者或利用者自愿联合、民主管理的互助性经济组织；同时，合作社自身必须拥有实际经营项目，具有明确合理的资金需求。

适用客户：经工商登记，依法持有"农民专业合作社法人营业执照"，主营业务清晰，产品具有一定销售市场。根据农业部门相关政策，合作社可享受贷款贴息。

基本条件：

- 依据《中华人民共和国农民专业合作社法》，经工商行政管理部门核准登记，并办理年检手续，从事特殊行业的必须持有有权机关颁发的经营许可证。
- 要有合法、健全的组织机构。
- 有固定的办公场所，有规范的合作社章程，可识别分析的财务会计制度且正常经营三年（含）以上。
- 拥有至少一项县（区）级及以上政府给予的级别评定或荣誉奖励（包括享受过补贴政策）。

贷款条件：贷款额度最高 1 000 万元，贷款期限最长二十四个月。

担保方式：可采用保证、抵质押和组合担保。

案例　"两免一补"扶贫贷款支持畜牧业农民专业合作社脱贫致富

新疆乌什县亚科瑞克乡信任畜牧业农民专业合作社最早是由村里10人共同出资成立的，有社员67人，其中建档立卡贫困户47人。刚开始，合作社规模并不大，育有200只羊，120头牛。

自2016年9月起，该村先后有42个建档立卡贫困户从亚科瑞克信用社申请"两免一补"扶贫贷款126万元，入股合作社。2017年，该合作社实现净收入60万元，较上年增加24万元，按照贫困户入股金额21%给予了分红。

乌什县农村信用合作联社党委委员、主任吴敏说："发放'两免一补'扶贫贷款，有效解决了贫困户生产经营资金短缺问题，实现了帮助贫困户脱贫的目标。"

自2016年6月"两免一补"实施以来，截至2017年年底，乌什县农村信用合作联社累计投放"两免一补"扶贫小额信用贷款25 120.9万元，惠及贫困户8 171户。

"两免一补"扶贫贷款不仅减轻了农民负担，也拓宽了农民赚钱的思路。

哈密市伊州区政府为当地4 645名贫困农牧民购置生产母羊，通过政府补贴、合作社入资、贫困户申请"两免一补"扶贫小额信贷三方投资发展养殖业，贫困户不用再操心管理养殖，一年下来每人还有1 300元分红。如果一户有三口人，那么该户可分到3 900元。贷款五年后，合作社还将按照一人10只羊返还给贫困户。

中国人民银行哈密地区中心支行货币信贷与管理科副科长张求斌说："通过'两免一补'扶贫贷款让贫困户们都有了创业的本钱，虽然各地稍有不同，但农民用不同的方式通过小额信贷实现了脱贫梦。"

据了解，自2016年6月在全疆推广"5万元以下、三年以内、免抵押、免担保、基准利率、财政全额贴息"的"两免一补"扶贫小额信贷后，全疆各地贫困户只要建档立卡就可以向金融机构申请最高5万元三年使用期的免息贷款，通过金融政策、创新扶贫方法，为全疆31.4万户贫困户解决了增收、创业等方面的难题。

二、农业示范园贷

农业示范园贷是指专项用于建设大型综合性现代农业示范园的贷款。资金用途广泛，包括示范园中基础设施建设、农业生态环境建设、农产品流通体系建设、农业技术服务体系建设等。

适用对象：以农产品种养殖为主要目的的大型综合性现代农业示范园建设主体单位。

业务特点：担保方式灵活，可组合使用质押、抵押、保证担保及信用等多种担保方式，产品种类丰富，项目贷款和流动资金贷款可组合使用。中长期项目贷款期限最长不超过八年。

办理要点：

- 符合国家宏观调控政策、区域发展政策和相关产业发展政策。
- 项目资本金比例应不低于项目总投资的25%。
- 生产经营资金全部或大部分通过银行账户办理结算。
- 各级政府农业补贴证明及相关辅助材料（采用信用方式）。
- 银行要求的其他资料。

三、"公司+基地+农户"贷

"公司+基地+农户"贷是指银行向实行"公司+基地+农户"生产经营模式的涉农企业提供的短期融资。客户需提供银行认可的担保条件。

适用客户：重点支持"公司+基地+农户"模式运营的农业产业化

龙头企业。这些公司拥有农产品自主品牌，生产经营模式以公司为主导，产品销售渠道稳定，销售量持续增长。

案例　**"公司＋基地＋农民受益"的合作方式**

A公司注册资金200万元，是一家集茶叶种植、生产、出口于一体的公司。公司以"公司＋基地＋农民受益"的合作方式，按照"民办、民管、民受益"的原则，为社员提供茶叶的产前、产中、产后的技术支持，在经营管理上实行"统一采摘标准、统一加工包装、统一品牌销售、茶园分户管理"的"三统一分"模式。

A公司的产品远销多个国家和地区，并荣获"模范纳税户""重合同守信用单位""市级农业产业化龙头企业""中国茶叶行业百强企业"等多项荣誉。随着公司引进国外先进的茶叶分拣设备，产能大大提高，公司对运营资金的需求也越来越多。为此，银行为A公司量身定制了金融服务方案，提供了500万元本项贷款，支持了其扩大经营的需求。

四、社团贷

社团贷是指由两家或两家以上具有法人资格、经营贷款业务的农村合作金融机构，采用同一贷款合同，按共同商定的期限、利率等条件共同向同一借款人提供资金的贷款方式。

各成员行贷款金额按"自愿认贷、协商确定"原则确定。社团贷的发放和本息收回，由代理行统一办理，收回贷款本息后按协议规定划付各成员行。

贷款对象：在参加社团贷款成员社开立基本结算账户，还款记录良好，近三年内没有发生拖欠贷款本息的情况，符合国家产业政策要求，与农业产业化经营和农村经济结构调整相关的企业。重点对象是企业的黄金客户。

业务特点：社团贷款发放可运用多种担保形式，筹资金额大，期限较长，在一定程度上能满足客户大额融资需求，也而不受单个行（社）贷款规模和资本金比例的限制。

五、支农贷

支农贷是指银行向符合条件的村级集体经济组织发放的流动资金贷款，可用于支持特色生态农业、休闲旅游、公共服务设施的维护修缮、绿化水利灌溉的实施、粮食生产等。

适用客户：村级集体经济组织，由农业担保有限公司和合作社法人提供连带责任保证担保。

六、村建贷

村建贷是指专项用于农村建设的贷款，资金用途包括涉农项目的建设、维护、更新、改造、工程款支付等，由地方农业担保公司提供担保。

适用对象：产权归属明确的村级集体经济组织（包括农村新型股份合作经济组织）及其实际控制的企业法人或组织。

办理条件：

- 村级集体可支配收入连续两年不低于100万元。
- 村级集体经济组织收入纳入村级收入管理，且名下集体资产总量不低于1 000万元。
- 必须是依法持有营业执照、实行独立核算的企业法人或经有权部门批准成立的新型合作经济组织。

■ 已取得行政主管部门颁发的"农村集体资产产权登记证"。

资料要求：市级农村集体资产产权登记证（原件），同意申请借款决议，所在市（区）农办系统的推荐材料，银行要求的其他资料。

七、季节贷

季节贷是指银行向县级以上农业产业化龙头企业提供季节性流动资金贷款，用于解决企业季节性农副产品收购期内资金需求量大、时间紧迫的难题，可对抵押物的抵押价值进行适度放大，或视情况核定信用额度。

适用客户：获得县级及以上人民政府相关部门认定的农业产业化龙头企业，从事农业相关的农副食品加工业、食品制造业、饮料制造业等。

八、农副生产贷

农副生产贷是指银行以借款人的农副产品为质押物，并交指定仓储公司监管，公司实际控制人提供个人担保，向借款人发放的贷款。

适用客户：具有一定经营实力的农副产品生产、加工、经营企业。经营年限在两年以上，实际控制人从业经验在四年以上。质押物为价格透明、品质易于确定、易于保存和处置变现的农副产品。

九、农副经营贷

农副经营贷是指银行向经营米、面、粮、油、蔬菜、肉类、海鲜等农副产品或者对农副产品进行加工的商户发放的用于临时性、季节性资金周转的贷款。

适用对象：在农副产品批发市场内从事农副产品生产经营及加工的小微企业或个体工商户。它们持续经营一年以上，或购买了临时商业用房、或在市场内以租赁商铺的方式进行农副产品的生产经营及加工。

产品优势：市场担保，专款专用，一次授信，循环使用。

十、扶贫贷

扶贫贷是指银行在国家"金融扶贫富民工程"的贫困地区，引入"政府风险补偿资金"或保险公司"履约保证保险"作为担保，对扶贫龙头企业及符合支持条件的农牧民专业合作社发放的各类信贷资金。

十一、家庭农场贷款

家庭农场贷款是指银行为满足家庭农场这一新型农业经营主体的生产经营资金需要，向借款人发放的经营类贷款。

家庭农场应具备如下条件。

- 经工商行政管理部门核准登记，取得名称为"××家庭农场"的营业执照。
- 有较丰富的种养经验和技术，其中从事农业种植业生产经营时间不低于两年，从事养殖业生产经营时间不低于三年。
- 经济作物种植及养殖业应有稳定的销售渠道，如持有订单、与农业产业化龙头企业形成稳定的供货关系或有专门产品销售市场等。
- 从事种植业的：茶叶种植不低于30亩；花木种植不低于6亩；食用

菌种植不低于6亩；水果种植不低于10亩，其中猕猴桃种植不低于15亩；中药材种植不低于30亩；蔬菜种植不低于20亩。从事其他种植业的，各分支机构根据当地家庭农场的规模和具体种植业特点，合理确定准入规模。

- 从事养殖业的：生猪养殖存栏量不低于80头；鸡鸭养殖存栏量不低于5 000只；水产养殖不低于10亩。从事其他养殖业的，各分支机构根据当地家庭农场的规模和具体养殖业特点，合理确定准入规模。
- 对采用土地承包方式进行种植（养殖）经营的，申贷时土地承包经营权的剩余年限不低于贷款期限。
- 符合购买政策性农业保险条件的，应购买该保险。
- 贷款行规定的其他条件。

十二、海洋生产贷

海洋生产贷是银行根据海洋渔业特点，针对从事海水养殖、远洋近海捕捞、水产品加工与冷藏、运输物流等蓝色经济产业的小微企业客户开发设计的特色化系列融资产品。该系列产品被山东省银行业协会评为"服务三农优秀金融产品"。

该产品服务主要服务于海洋经济产业中的集群客户，突破传统担保方式，侧重考察小微企业的现金流量、资产结构、负债状况以及关键管理人员的资信状况、从业经验和管理能力等要素。贷款期限以一年期为主。

十三、养殖贷

养殖贷是指申请人将资金用于养殖海产品、家禽、家畜、水貂等领域而向银行申请的贷款业务。该产品被山东省银行业协会评为"山东省银行业服务三农十佳金融产品奖"。

十四、滩涂资源开发贷款

滩涂资源开发贷款是指银行为满足借款人在滩涂资源开发利用过程中，新增土地形成、整理及配套基础设施建设资金需求，以形成的土地出让收入、海域使用转让收入、配套设施经营出让收入及借款人其他合法收入为还本付息来源的贷款。

十五、海域使用权抵押贷款

海域使用权抵押贷款是指银行接受借款人以海域使用权抵押担保而发放的贷款。抵押条件是抵押人必须依法取得海域使用权。海域使用权抵押活动不得损害国家海域所有权和国家收益，不得改变海域使用权规定的海域用途和用海期限；海域使用权抵押必须办理抵押登记。

十六、船舶抵押贷款

船舶抵押贷款是指申请人将其自有或第三人所有的正常运营船舶做抵押向银行申请的贷款业务。其中，船舶主要是指国内渔船、干散货船、矿砂船、散装水泥船、冷藏船、杂货船、多用途船、滚装船、集装箱船、木材船、拖轮、驳船（包括油驳）或者游艇等类型。

十七、建造渔船贷

建造渔船贷是银行依托财产保险股份有限公司，为专门建造渔船且可以取得政府渔船油料补贴的小微企业客户发放的中长期贷款。

贷款条件：单户企业授信金额最高可达3 000万元。贷款期限最长可达五年。担保方式灵活，仅需投保财产保险股份有限公司"中小企业贷款保证保险"。

办理要点：借款人确实从事捕鱼活动，拟建造渔船符合政府渔船油价补贴政策，渔船马力指标不超过使用中的渔船指标；借款人经营三年（含）以上；借款人自筹造船首付款不低于渔船建造合同金额的30%。

07
其他行业小微企业贷款

我国小微企业数量众多、分布广泛，在城市、乡镇、农村等广大区域都随处可见小微企业的身影。除了前面介绍主要行业的小微企业贷款品种之外，本节主要介绍其他一些行业的小微企业贷款业务。当然，现实中肯定不止这些，有待各家银行人员去发现和开发。

一、光伏贷

光伏贷是指银行向借款人发放的，用于建设光伏发电项目所需资金或偿还已建成光伏发电项目其他债权的固定资产贷款，以项目发电收入和国家财政补贴收入为主要还款来源。

服务对象：投资建设和经营光伏发电项目的企业法人，既可以是项目公司，也可以是项目公司的主要控股股东。

项目范围：择优重点支持并网型晶硅光伏发电项目及分布式电站，

暂不介入薄膜光伏电站、离网光伏电站项目。

贷款条件：贷款金额不超过项目总投资的70%；贷款期限原则上不超过八年（含建设期），最长不超过十年。

二、建安贷

建安贷是指银行向建筑施工企业发放的流动资金贷款，用于中标工程所预付的工程启动资金。贷款以企业中标的建筑施工权或中标工程应收款为质押担保。

贷款条件：贷款金额按工程资金缺口而定。贷款期限根据中标合同工期的具体情况设定，一般为合同所规定的工程建设期再加三个月。贷款利率按中国人民银行及银行有关规定执行。

三、工程贷

工程贷是指银行与承包项目的施工方签署合同，在项目全过程中为施工方提供贷款、工程保函、开工融资、应收账款质押融资服务，以及委托调查、资金监管、受托支付一揽子综合金融服务，帮助其获得和完成工程项目。

贷款对象：经有权部门批准成立、实行独立核算的中小施工企业。

贷款条件：贷款额度一般不超过工程承包合同金额的30%，贷款期限最长五年。

四、汽配贷

汽配贷是指银行针对汽车配件企业提供的短期资金周转贷款。

贷款条件：贷款金额 500 万元内，贷款期限可达五年。

抵押方式：100 万元内无须抵押，100 万～500 万元的以汽配存货抵押。

五、绿化贷

园林绿化贷款是银行向承包（分包）园林绿化的工程企业发放的贷款，以绿化工程款为还款来源。

贷款对象：银行服务区域内从事园林绿化相关种植、园林、农林等施工、养护、器械、肥料等行业的园林企事业单位、其他经济组织及自然人。

贷款条件：贷款金额根据借款人的资金实力、承接工程量、工程付款进度、担保及资金需求情况确定。贷款期限以短期为主，原则上不超过两年。担保方式为抵押、保证或质押。

办理要点：必须提供承接园林绿化工程的项目合同；贷款的用途必须用于所承包的园林绿化工程。

六、典当贷

典当贷是指对符合银行准入要求的典当机构发放的短期流动资金贷款，业务特点：典当机构开始营业但尚未向商务主管部门报送年度财务会计报告的，贷款银行与他行的贷款总额不得超过其注册资本；典当机构已向商务主管部门报送过年度财务会计报告的，贷款银行与他行的贷款总额不得超过其所有者权益；贷款期限最长不超过一年。

08

不同担保方式下小微企业贷款

如果小微企业能提供强有力的第三方保证或有效抵质押物，银行就能快捷为其办理各类贷款、贸易融资、票据承兑、贴现、保函、信用证等表内外授信业务，以满足企业在生产经营过程中的周转性、季节性和临时性流动资金需要。

一、保证类贷款

1. 财政性担保贷

财政性担保贷是指银行在市财政局指定的担保机构提供政策性担保项下向中小企业提供的授信业务。

担保机构包括中国投资担保有限公司各地分公司、再担保有限公司、住房置业担保有限公司等。

适用对象：依法注册、合法经营、独立核算的各类中小企业。

授信品种：流动资金贷款（含循环贷款）、开立银行承兑汇票、商业承兑汇票贴现、保函等担保机构认可的各类表内外授信业务。

2. 担保公司担保贷款

担保公司担保贷款是指银行向小微企业发放的用于满足生产经营资金需求的，由银行认可的担保公司担保为主要担保方式的贷款。

授信额度：小企业贷款不超过500万元。

授信期限：单笔贷款最长期限不得超过一年。

担保方式：采取"担保公司担保+实际控制人及其配偶连带责任

保证"，对于担保公司未提供全额担保的，追加保证金质押或房地产抵押等。

担保公司担保解决企业100万元贷款

某合金型材制造公司是一家刚刚落户当地的企业，急需流动资金100万元。但由于公司成立时间较短、规模较小，银行对其资信情况无法准确评估。另外，该公司在当地也没有熟悉的企业，无法找到第三方担保。在这种情况下，客户经理向其推荐了某担保公司。该担保公司经过审核同意为其提供担保，于是该公司顺利取得了银行贷款支持，并获利了一定的利率优惠。如今，该公司已经成长为当地小有名气的优秀企业。

3. 助保金池贷款

助保金池贷款是指银行与政府部门签订"助保金融资"业务合作协议，对纳入"重点扶持中小企业群"合作范围的企业提供授信。

产品特点：搭建政府、企业、银行三方合作平台。由政府的风险补偿资金加上企业缴纳一定比例的助保金，共同组成"助保金池"为企业贷款增信，银行向企业提供贷款支持，三方共享信息资源，协同控制风险。

适用客户：具有同质性、集群性、适合组合开发的专业市场、工业园区、行业协会、产业聚集区、特色商务区、特色商业区、核心客户上下游等中小企业客户群。

适用客户：由政府中小企业风险补偿金管理机构和银行共同认定的中小企业群体。

所需资料：借款申请书、企业营业执照等基础材料、银行要求的其他材料。

4. 组合担保贷款

组合担保贷款是小微企业以房产或建设用地使用权抵押、第三方保证人或融资性担保机构提供连带责任保证为组合担保的贷款业务。

贷款条件：授信额度可达200万元；授信期限最长三年，单笔贷款使用期限最长十二个月。

担保方式：采取"房地产抵押+第三方保证人连带责任保证"或"房地产抵押+融资性担保机构连带责任保证"的组合担保方式。

5. 增级贷

增级贷是指银行核定企业核心资产的信用增级系数，调增客户授信额度而发放的贷款。信用增级系数是根据企业在银行的结算、客户分层等级、内部授信评级等情况核定。

产品特点：盘活和把控企业各类实质有效资产，灵活配置资产抵质押率，最高可约达150%；授信品种包括流动资金贷款、票据承兑、贴现和信用证等表内外短期业务品种；授信有效期最长不超过三年，有效期内可循环使用。

适用客户：能够提供核心资产、主要资产担保，在银行开立结算账户，以贷款行为主要结算银行，并且满足银行内部评级和客户分类要求的小企业客户。

资料清单：企业各类资产证明材料、企业各类租约、订单等商务合同、担保合同、银行要求提供的其他材料。

6. 投保贷

投保贷是指银行在客户向保险公司投保"小额贷款保证保险及附加保险"险种，并以银行为受益人的前提下，在一定额度内向客户发放短期贷款。如果贷款形成坏账，那么银行和保险公司按保险单约定比例分摊损失。

产品优势：支持企业成长中的融资需求，银行与保险公司共同搭建履约责任保险融资平台，利用"保险"替代了原有的"抵押"，以保险机制为中小企业信用增级。在这项创新业务中，抵押担保不作为必要条件，企业只要向指定保险公司购买了"贷款履约保证保险"，就可向银行申请贷款。

适用客户：成长性良好的初创期中小企业客户，在保险公司完成投保并签订财险合同，无须提供抵押担保，可获得不超过300万元的贷款额度。

案例　**为企业提供100万美元出口信用保险项下贷款**

某服装企业成立于2001年8月，主营业务包括纺织服装贸易及纺织印染、羊绒制品出口业务，出口地区主要以欧美、日本为主。公司每年将为新开拓的客户购买出口信用保险产品，存量应收账款增多。现公司计划采购一批原材料，资金链比较紧张，计划向银行融资100万美元。

银行经调查发现该公司符合申请办理信用保险项下应收账款质押贷款业务条件，因此给予贷款额度100万美元（或等值人民币），使用方式为流动资金贷款，额度期限一年，单笔贷款期限不超过七个月，授信额度用于企业出口业务（羊绒制品、羊绒服装）的原材料采购。出口应收账款的质押率不超过80%，并要求该公司购买出口信用保险，以银行为信用保险第一受益人，另追加法定代表人连带责任保证担保。

7. 联保贷

联保贷是指银行向中小企业联保体成员发放的贷款，由联保企业之间相互承担连带保证责任。

联保体由牵头人组织发起，一般由同一个商业圈内不少于三个以上的小微企业按照自愿原则，依据一定的规则组成。

牵头人：地区商会、行业协会、园区或市场管理方、政府主管部门等。

联保体成员：同一商会企业；同一行业协会企业；同一产业上下游企业；同一区域或园区内企业；相互了解、规模实力相当、贷款需求相近的企业。成员应该具备丰富的行业经验且经营稳定，自愿为联保小组内成员贷款承担连带责任保证。

担保基金：联保体成员必须将不低于各自授信金额10%的自有资金作为保证金存入银行，由第三方管理，为联保体各方共同提供质押担保。所有企业缴存的担保基金之和足以覆盖其中任何一个企业的贷款风险敞口。

适用客户：钢贸企业、五金企业、中小煤矿、中小制酒企业、石材经营企业等，以及在同一批发市场或商场内经营同类商品的小经销商，如家具市场、电器市场、服装市场等。

服务特色：

- 组合范围广：联保体可在各类共同体中产生，由企业自愿组合形成。
- 解决担保难：联保体成员无须提供抵（质）押物，互相担保，共担风险。
- 融资成本低：企业互帮互助提升信用，利率较一般贷款低10%~20%。
- 授信期限长：一次审批，最长两年有效。
- 批量审批快：对联保体进行总体授信评估后，成员贷款可在七个工作日内获得一次性批量审批。

风控原则：总额控制、单笔确定、逐笔申请、循环使用、动态监管。

贷款条件：

- 贷款金额：整体授信额度不超过担保基金的 10 倍，单个成员根据自身经营情况核定单笔授信额度。授信额度一年一定。
- 贷款期限：联保体统一授信期限不超过两年；单笔贷款期限根据申请人经营周期、资金回笼周期等因素确定，最长不超过一年。

案例　三家环保型小企业组成联保小组获得贷款

A 公司主要生产石材马赛克、复合板等产品，原料大多为废弃石材边角料，公司技术领先，并拥有多项专利产品，属于政府支持的环保型企业。由于公司多年来一直通过自身积累发展，市场拓展速度不够快。

在了解到公司实际情况后，银行与该公司进行了深入探讨，最终决定由 A 公司与另外两家复合板生产企业联合叙做 "联保贷" 产品，组成了由三家企业参与的联保小组。银行合计发放贷款 300 万元，单户金额均为 100 万元。通过与银行的合作，三家公司不仅解决了流动资金短缺的难题，主营业务也得到了进一步发展。

银行把握联保贷风险的关键，还是要着眼于公司产品的市场销路，不能寄希望于如果一家公司出事，那么其他公司替它还款。

案例　五户企业办理联保贷款获得发展

某公司是一个产业园内的小企业，经过几年发展，初具规模，但流动资金出现缺口，由于土地证一直没有办下来，无法提供抵押。该产业园内还有一些企业与其情况类似。银行根据这一情况，为这些企业办理了五户联合担保贷款。这五家企业地处同一产业园，产品也大致相同，彼此之间也很了解，有利于互相监督。这些企业既解决了流动资金短缺的问题，也成了相互扶持、共同发展的联合体。

8. 存款基数贷

存款基数贷是指以企业在银行日均存款规模为基数和参考依据，按一定比例发放短期流动资金贷款，由借款企业主要经营者或实际控制人提供个人无限连带责任保证担保。

产品特色：解决担保难题，额度挂钩存款，贷款迅速便捷。

适用对象：在银行开立基本或一般账户、有固定经营场所、有还本付息能力并能提供保证担保的企业法人。

二、抵押类贷款

1. 抵押贷

抵押贷是指银行以客户提供的不动产抵押物为担保，由企业业主或股东提供连带责任保证担保，按照"信贷工厂"业务流程，执行"T+3"审批时效，三天内快速向客户发放的短期贷款。

抵押物包括住宅、商铺、写字楼、经营性酒店、土地使用权、厂房、机器设备等。

贷款条件：贷款金额不高于抵押物价值的一定比例，贷款期限最长可达五年，还款方式灵活多样。

适用客户：企业经营年限在两年以上，年销售收入不超过1 000万元，有房地产的中小企业客户。

案例 **对资产价值整体评估后抵押贷款480万元**

张先生在成都某高科技园区内创办了一家小型科技企业，在完成厂房建设并生产一年后，原材料采购环节出现了资金短缺的情况，便向银行提出融资需求。

银行对张先生及企业的资产价值进行整体评估：标准厂房一处300万元，市区公寓一套200万元，郊区住宅100万元，进口轿车一部70万元，现金、股票、理财、国债等180万元，总值850万元（其中两处房产及一处厂房作为抵押物，价值600万元）。

银行营销团队现场根据小贷计分卡的9个打分项，对企业及个人的综合情况（包括企业资信、贷款与资产比例、抵押物状况及处置能力、从业情况及企业经营状况等方面）进行打分，当天就核定出分值72.85分，对应抵押率为80%，三个工作日内完成审批，最后企业获得480万元（抵押物 600万元×80%）贷款资金支持。

案例 **工厂120台进口毛织机抵押贷款1 500万元完成代工合同**

F工厂从事毛织制品的生产与销售，拥有120台进口毛织机。近期，该厂接某大型毛织企业的代工订单，合同期三年，对产量要求瞬间增大，需大量采购原材料满足订单需求。F工厂已与上游企业签订毛料购销合同，合同价值2 600万元，其中1 000万元可自筹，剩余1 600万元向银行融资解决。

银行客户经理经过调查了解到：毛织行业近年虽然净利润不高，但该工厂接到大笔代工合同，且上游委托企业有一定实力，支付能力较强；另外该工厂有120台进口毛织机，价值较高，市场变现能力较强。因此，银行决定在该工厂落实120台进口毛织机抵押前提下给予其授信，评估单价20万元/台，总价值2 400万元，按七折抵押率，可抵押担保1 680万元。由于小微企业抵押经营性贷款单户最高只可以放款1 500万元，所以该工厂获得授信额度1 500万元，剩余100万元自筹。结合代工合同为期三年，双方商定贷款期限也为三年，按月分期还本付息。

F工厂历时三年最终完成了全部代工合同，收益情况良好。

2. 房地产抵押加成贷款

房地产抵押加成贷款是指银行对已提供房地产抵押担保的客户，根据客户历年良好的履约情况，阶段性放大抵押担保系数，以满足客户扩大经营的资金需求。

适用客户：与银行合作两年以上，企业及实际控制人信用记录良好。

案例 提高抵押率新增贷款1 000万元

某企业成立于2009年，注册资本500万元，主要从事瓦楞纸板、纸箱的生产和销售。由于存货及应收账款增多，公司资金链较紧，计划向银行申请新增流动资金贷款1 000万元。

银行客户经理经过调查了解到：该企业在该行已有流动资金贷款2 000万元，担保方式为房产抵押，抵押物评估价为3 200万元，抵押率62.5%。鉴于企业上半年较为理想的销售情况（销售收入近1亿元，较上年同期增长20%），而且该地段的房产价值呈上升趋势，银行采用阶段性提高抵押率的方式，为该企业增加了1 000万元流动资金贷款，用于其正常生产经营，并追加该企业法人提供连带保证担保。最后，该企业通过压减库存并收回应收账款，银行安全收回全部贷款。

三、质押类贷款

1. 应收账款质押贷款

应收账款质押贷款是指银行向借款人发放的以其合法拥有的应收账款收款权做质押的短期流动资金贷款。应收账款质押极大地丰富了小微企业的担保方式和融资途径。

应收账款是指企业对外销售商品、材料以及提供劳务而应向购货方或接受劳务方收取的款项，其中包括垫付的各项费用和税款。中国人民银行《应收账款质押登记办法》中明确了应收账款的范围：一是销售产生的债权，包括销售货物，供应水、电、气、暖，知识产权的许可使用，等等；二是出租产生的债权，包括出租动产或不动产；三是提供服务产生的债权；四是公路、桥梁、隧道、渡口等不动产收费权；五是提供贷款或其他信用产生的债权。

适用对象：流动资金短缺的广大中小企业。

主要好处：增加小微企业可融资担保的资产，拓宽借款人的融资渠道；降低小微企业的融资成本，到中国人民银行征信中心的质押登记缴费，远低于房地产抵押的费用和担保公司的担保费。

申办条件：具有一定数量自有资金并进行独立核算的企业法人；质押的应收账款在合同约定的期限以内，账龄不超过六个月；付款人能出具应收账款证实书，并承诺付款期限不超过一年；付款人有按约如期付款的能力。

主要风险：银行在办理应收账款质押贷款时，主要应防范的风险有应收账款债务人的偿付风险、应收账款债权虚假的风险、应收账款价值难以确定的风险、应收账款的时效性风险、应收账款来源已抵押的风险等。

案例	应收账款质押贷款缓解企业资金紧张状况

日光贸易有限公司是一家主要从事煤炭销售经营的公司,长期以来主要是与国营电厂进行生意往来,从事电煤供应,供销关系单一而稳定。随着业务的不断发展,公司需要通过银行融资来扩大公司的经营规模。

银行结合该企业应收账款均为与国营电厂交易产生,付款来源相对稳定且支付有保障的实际情况,为该企业办理了应收账款质押贷款。应收账款到期后由银行托收。银行贷款资金的介入,使得企业原本由于应收账款占压资金紧张的状况大大得到了缓解。

2. 有价证券质押贷款

有价证券质押贷款是指银行依据客户提供的有价证券为质押担保而发放的贷款,有价证券包括银行定期存单、国债、地方债、企业债券、股票等。

产品功能:操作手续简便易行,操作快捷;融资便利,提高企业资金的使用效率。

适用客户:有短期融资需求,并能够提供本企业或第三人所拥有的有价证券作为质押担保的企业。

贷款条件:贷款金额不超过有价证券面额的一定比例,质押贷款到期日不超过有价证券到期日,贷款利率按照银行规定执行。

3. 出口退税质押贷款

出口退税质押贷款是指银行向出口企业发放的,以企业出口退税款为主要还款来源,用于出口企业日常经营周转的贷款业务。

产品特色:担保方式灵活,优质企业可免抵押。

适用范围:具有出口经营权的企业,出口业务稳定,以往退税表现正常；出口产品在现行国家政策规定的退税产品范围内，按照国家税收政策先征后退；在银行开立出口退税专用账户。

4. 专项权利质押贷

企业如果拥有权利清晰明确的商标专用权、发明专利或著作权，那么可以将这些权利作为质押，获取银行的融资支持。

产品特点：无须其他担保，解决知识技术型企业的担保难问题，拓宽企业融资渠道。

5. 股权质押贷

借款人如果是成长性强、市场前景好的非上市企业，那么可以通过将部分股权质押给银行或银行指定合作的担保公司获取银行融资支持。

产品特点：无须稀释股权而获得资金；准信用贷款，支持企业快速发展；授信额度最高为股权价值的50%。

6. 货物质押贷

货物质押贷的全称是"第三方存货监管货物质押贷款"，是指银行以借款人提供一定数量的存货作为质押物，并交由银行指定的第三方监管公司实施动态监管，向借款人发放的贷款。可质押的货物包括煤炭、粮油、棉花、汽车等大宗原材料及商品。

适用客户：有效抵押担保或其他担保条件不足的中小企业客户。企业经营年限在两年以上，法定代表人或实际控制人的主业从业经验在四年以上。

质押存货可根据货物属性采用贷款期间一次性静态质押的方式，也可以采用贷款期间允许不定期更换相同属性质押货物的动态质押方式。

案例 300万元质押贷款解决囤积粮食所需资金

某粮食贸易公司是一家位于港口城市的企业，主要以销售玉米、大豆为主，经营者有着长达十年的从业经历，对粮食价格走势有着独到的见解。随着粮食成熟周期的到来，经营者想趁着货源丰富的时期多囤积，以备淡季所用。

银行客户经理了解到企业的需求后，对其进行了初步调查，发现该公司现有的库存粮食可以作为质押，并且有合格的第三方监管，于是银行给予该公司300万元的信贷支持。这样一来，在监管公司紧贴式管理下，客户采用了"随用随还"的方式取得了融资，既解决了企业资金需要，又不影响正常的出入库周转。

09
小微企业金融综合服务方案

银行针对小微企业在创业、成长、壮大三个不同的发展阶段的经营特点和需求为企业度身定做的综合解决方案，以更优质、更高效、更齐全的金融服务助力企业不断发展、壮大并迈向辉煌。

对于处于初创期的中小企业，银行推出"创业贷"系列，提供了起步贷款、铺底资金、银行承兑汇票等多种融资产品，引入政府支持政策和补贴，接受多种担保方式，以绿色通道方式提高审批效率。通过完善的账户管理、高效的资金结算和贴心的融资服务，银行致力于为客户解决创业难题，全力助推企业孵化成长。

对于处于成长期的中小企业，银行推出"成长贷"系列，致力于解决企业发展经营过程中资金短缺问题。担保方式可以多样化，包括担保公司保证、房产抵押、知识产权质押、信用贷款等。通过特色的融资服务、周全的代理业务、先进的电子商务等，银行将伴客户踏上发展之路。

对于处于壮大期的中小企业，银行推出"壮大贷"系列，即面向快速成长、扩大经营的中小型企业提供的系列升级融资产品，包括财务融资顾问、债务重组、上市财务顾问、并购贷款、短期融资券、集合票据等升级专属性产品服务。

对于拟上市中小企业对综合金融服务的实际需求，银行可整合各项金融产品，引入创新型投资银行服务，实施全方位的价值创新，提供金融结算、股权直接融资、财务顾问、上市培训、上市策划、股票发行等一揽子的综合金融服务解决方案，以高效便利的综合服务，协助中小企业在上市过程中取得最大化的综合效益。

小微企业综合金融服务方案是指大型商业银行发挥自身金融产品多元化优势，将商业银行、保险、证券、基金、投资、租赁、资产管理等金融产品整合，向中小客户全面提供的综合金融服务。

- 贷款类，包括流动资金贷款、创业贷款、置业贷款、并购贷款、选择权贷款、贸易融资、存货融资、承兑汇票、票据贴现、保理、保函等。
- 结算类，包括结算账户、活期存款、支票、企业网银、普通汇兑、代理发薪、代收水电煤气费、电子回单箱、账户金钥匙、集中收款、集中支付、现金管理等。
- 资金理财类，包括定期存款、协定存款、委托理财、信托理财等。
- 个人业务类，包括借记卡、个人网银、贵宾信用卡、理财计划、私人银行、基金代销、个人住房贷款、个人汽车贷款等。
- 保险类，包括商险（如财产保险、责任保险、工程保险）、水险（如货物运输保险、存仓货物保险）和个险（如健康保险、家庭财产保险、车险）。

- 投资银行业务类，包括股权投资、发行债券、公开上市、资产管理、财务顾问。

一、对园区成长型企业

该方案是银行向入驻园区的生产型企业量身定制的金融服务方案，重点是服务于开发区、高新园区、保税区内的优质企业。通过与园区管委会或政府主管部门合作，银行可为园区内的企业提供批量金融服务。

银行与园区管委会洽谈对园区内企业的意向性合作额度，建立平台，选择园区内的成长型企业进行授信，包括园区支持型融资、资产回购式融资、联保贷款、工业标准厂房抵押、商票融资、备用信用证、国内信用证等产品，对专利权具有较高市场价值的，采取专利权质押融资等。

二、对商会会员企业

该方案是银行为地区商会和行业协会中的优质小企业度身定制的金融服务方案。银行致力于搭建商会和行业协会的金融服务平台，为小企业提供融资、结算、票据、电子银行、财务顾问等全方位的金融支持。

根据商会内部结构不同，服务方案分为有担保公司型和无担保公司型。

对商会内已设立担保公司的，在监管担保公司资本金的情况下，银行开展担保贷款、联保贷款、票据融资等。

对商会内未设立担保公司的，银行提供联保贷款、循环贷款、票据融资、互助金支持融资、资产支持融资等产品。

三、对大型市场商户

该方案是银行为在大型批发市场中租赁或购买商用房（摊位）进行商品销售的商户量身定制的金融服务方案。该方案在对大型批发市场经营户的经营特点和金融需求深入分析的基础上，通过设计组合金融产品，构建大型批发市场商户金融服务平台，为商户提供融资、结算、财务顾问、投资理财等一揽子金融解决方案。

银行提供的金融产品组合包括分期还款式市场商铺融资、大型批发市场经营权质押融资、市场担保融资、市场商户联保贷款等。

四、对大卖场供应商

该方案是银行为长期向大型超市、专业零售卖场供货的优质中小企业设计的金融服务方案。从供应链上下游关系来看，大卖场的上游供应商多为中小企业，其资金实力较弱，在大型卖场提供的付款周期内可能会产生资金周转问题，迫切地需要账款融资等产品。

银行结合多年来小企业金融服务的成功经验，以大型卖场和其上游供应商组合授信的方式解决供应商担保资源缺失造成的融资难题，从而达到扶持供应商发展并稳定大型卖场上游供应的目的。

银行为大卖场供应商提供的产品包括应收账款融资、票据代理贴现、商票保贴、国内保理业务、订单融资等。

五、对连锁经营型企业

该方案是银行为直销式经营、直营式连锁经营以及特许加盟连锁经营三种经营模式的授权人（总部）与被授权人（连锁商铺）量身定制的金融服务方案，包括连锁餐饮、连锁化妆品、便利店、连锁知名服装、连锁酒店、连锁建材市场等。

在连锁企业的运营前阶段，银行提供装修抵押贷款、分期还款商铺融资、商用房抵押贷款、保证贷款等。

在运营阶段，银行提供应收账款融资、法人账户透支、流动资金贷款、循环贷款、存货质押贷款、采购贷款、仓单质押贷款等。

在账户和资金管理服务上，银行提供网上银行、现金管理等产品。

在这类方案中，银行还可辅助小企业香港上市，即银行依托自身在香港的全资子公司，为了使境内拟在香港上市的小企业高端客户符合香港上市条件而提供各种咨询指导，以及上市保荐、上市主承销、副主承销、分销、独立财务顾问等综合性服务，配合做好小企业客户境外上市工作。

这些方案有如下三个特点。

- 具备较高的营销层次和专业性。
- 能够获得较高的直接和间接收益。
- 依靠境内外机构的紧密合作并实现资源共享。

第3章

国际贸易融资业务

银行早期对企业的国际贸易主要是提供国际结算服务。而在结算过程中，企业又产生了融资需求，这也成为银行一项重要的授信业务和利润来源。

国际贸易融资业务的对象是法人，因此这项业务也属于银行的公司授信业务。但由于这项业务的品种多、规模大、专业性强、综合效益好，许多银行都成立了专门的国际贸易融资部门来开展这项业务。

近些年来，随着经济全球化及金融全球化步伐的不断加快，为适应国际形势变化及国际贸易迅速发展的需要，我国银行贸易融资经营环境和运行方式也处在不断的发展和演变过程当中，主要表现在以下几方面。

- 传统的信用证业务逐渐减少。作为最基础的支付工具，信用证现在占的比重不足20%，以赊账等汇款结算方式比例却在逐步上升，当前占比已达70%以上。面对这一变化，银行在继续保留传统结算产品（如打包贷款、押汇等）的同时，开始注重为客户提供如电汇项下贸易的金融服务。

- 融资方式多样化。在传统贸易融资产品的基础上，银行不断推出新的贸易融资产品，如运用银行承兑汇票质押开证或叙做融资产品、银行保函、保理业务、出口信贷、仓单质押、货押融资等不同的产品，满足了客户多方面的融资需求。

- 融资期限长短结合。传统的贸易融资几乎都是短期贸易融资，融资期限一般不超过六个月，最长不超过一年。当前，虽然短期融资仍是贸易融资的主体，但中长期贸易融资也得到了较快发展。中长期贸易融资方式主要有远期信用证、项目投资中的银行保函和备用信用证以及中长期出口信贷等。

- 进口贸易融资蓬勃发展。我国经济规模迅速扩张，对国际市场的依赖程度日渐增加，政府的贸易政策导向也从大力发展出口转变为积极扩大进口。随着进口规模的不断扩大，银行贸易融资产品也从侧重于支持出口向进出口并重方向发展。

根据物流方向的不同，国际贸易分为出口和进口，因此国际贸易融资也分为两大类，即对出口贸易提供的融资和对进口贸易提供的融资。除此之外，国际贸易融资还具有多样性。

- 从交货时间上看，国际贸易融资可分为装船前融资、装船后融资。
- 从结算方式上看，国际贸易融资可分为信用证项下融资、托收项下融资、汇款项下融资。
- 从融资时间上看，国际贸易融资可分为短期融资、长期融资。
- 从融资方式上看，国际贸易融资可分为表内业务（贷款、押汇、贴现、垫款、保理）和表外业务（信用证、票据、保函）。

银行的国际贸易融资产品琳琅满目，从出口商的备货开始到收回货款全过程，从进口商的购货开始到销售结束全过程，银行都能提供资金融通的支持。

01
出口贸易融资业务

银行可向企业的出口贸易提供以下融资业务。

一、打包贷款

打包贷款是指银行依据出口商提交的有效信用证发放的用于出口货物采购、生产和货物装船出运之前所需资金的短期流动资金贷款。即期、远期信用证均可申请打包贷款。

由于早期贷款用于装船前货物打包所需资金，所以它被称为打包贷款。

1. 产品特点

对于出口商而言，打包贷款可以减轻自有资金不足导致的周转压力，有效解决出口货物在备货、备料、加工或采购过程中出现的资金紧缺问题，促使出口商完成出口商务合同。对于银行而言，在信用证项下提供贷款，贸易背景真实；还款来源是开证行，安全性高；短期贷款，流动性好；可以带动国际结算等国际业务。

2. 适用客户

通常，由于流动资金紧缺，国外进口商不同意预付货款，只同意开来信用证的出口商。

3. 操作流程

- 出口商向银行提交打包贷款申请书、贸易合同、正本信用证及相关材料。
- 在银行审核批准后，双方签订借款合同，银行将打包贷款款项划入出口商账户。
- 出口商在使用打包贷款款项完成采购、生产和装运后，向银行提交信用证项下单据。

- 银行将单据寄往国外银行（开证行或指定行）进行索汇。
- 国外银行到期向贷款银行付款，银行用以归还打包贷款款项。

4. 办理要点

- 出口商需与银行签订正式的借款合同（打包贷款）。
- 银行应为信用证的通知行，且可以议付、付款。
- 信用证中不得含有出口商无法履行的"软条款"。
- 在出口商申请打包贷款后，信用证正本必须留存于贷款银行。
- 在正常情况下，信用证项下收汇款必须作为打包贷款的第一还款来源。
- 出口商在装运完货物并取得信用证项下单据后，应及时向银行进行交单。

二、非信用证打包贷款

非信用证打包贷款是指出口商凭出口合同或订单申请短期融资，专项用于备货出口，并承诺出口后向银行交单，将出口应收账款转让银行，以收汇归还融资款。

国际贸易的结算方式主要分为信用证、托收和汇款三种。在信用证项下办理的贷款称为（信用证）打包贷款，而在托收、汇款项下办理的贷款则称为非信用证打包贷款。

非信用证打包贷款的依据不是信用证，而是出口商（贷款申请人）提交的与境外进口商签订的合法有效的出口贸易合同和订单，所以也称订单融资，或装运前融资。

当自有资金紧张而又无法争取到预付货款和信用证的支付条件时，

出口商可选择非信用证打包贷款，从而把握贸易机会，顺利开展业务，完成出口商务合同。

1. 产品特性

- 解决了出口商因自身资金紧缺没有把握接下订单时的困境，帮助出口商顺利开展业务，增加贸易机会。
- 在收购、加工、生产、运输等环节缓解出口商的流动资金压力。

2. 贷款条款

- 放款金额最高可达合同金额的80%。
- 可多币种放款，国内采购，可以人民币放款；若申请人需进口材料，那么银行可直接给予外汇放款。
- 放款期限根据合同规定的收汇期限确定，最长可达一百八十天。

3. 办理要点

- 出口商需向银行提供出口销售合同或订单及采购合同。
- 国外进口商应为较知名的、信誉良好的企业，或是出口商多年的合作伙伴并能提供双方合作的交易记录（包括出货、收汇等），否则建议出口商投保出口信用险项下的装运前保险。
- 出口商必须在银行办理融资项下的出口交单。
- 出口商需督促国外进口商按合同规定的付款路线付款，否则会影响出口商放款额度的再次使用。
- 配合出口商备货的多种结算方式的需要，非信用证打包贷款可以为出口商扣减装运前融资额度，开立银行承兑汇票、进口信用证、国内信用证，或按指示将款项直接汇入供货单位。

- 在货物出运并向银行交单后，出口商可申请办理出口押汇，用以归还装运前融资款项。

三、出口押汇

出口押汇是指，银行以出口商提供的全套货运单据为质押，在收到境外银行支付的货款之前，按单据金额扣除利息及相关费用后，向出口商提供的有追索权的融资。押汇从字面可理解为押住单据、付给资金。

由于出口押汇是在出口商交单后发生的，故其也称为"装船后融资"，包括出口信用证项下押汇和出口托收项下押汇两种。

出口信用证项下押汇是指，出口商凭借进口方银行开来的信用证将货物发运后，按照信用证要求制作单据并向其往来银行交单，银行审核无误后，参照单据金额将款项垫付给出口商，然后向开证行寄单索汇，以收回款项归还押汇款本息并保留追索权的一种短期出口融资业务。

出口托收项下押汇是指，采用托收结算方式的出口商向其往来银行提交单据委托该行代向进口商收取款项，该行以托收单据为质押向出口商提供短期融资，同时将单据寄往国外托收，以收回款项归还押汇款本息。

出口托收项下押汇又分为即期付款交单托收押汇和远期承兑交单托收押汇两种。

1. 产品特点

- 加快资金周转，可以增加出口商当期的现金流入量，从而改善财务状况。

- 相对于流动资金贷款等，融资手续简便。
- 优化财务报表，能将未到期的应收账款剥离。

2. 适用范围

- 出口商在发货后和收款前遇到临时资金周转困难时，可选择出口押汇产品。
- 出口商在发货后和收款前遇到新的投资机会，且预期收益率肯定高于押汇利率时，可选择出口押汇产品。
- 当流动资金有限时，出口商需要依靠快速的资金周转开展业务。

3. 业务流程

- 出口商需与银行签订出口押汇合同，同时签订担保合同（若有）。
- 出口商向银行提交出口押汇申请书，同时提交全套出口单据。
- 银行对申请进行审核批准后，向出口商发放出口押汇融资款项。
- 国外银行或付款人到期向银行付款，银行先将收汇款偿还出口商的融资本息及相关费用，再将余款（如有）支付给出口商。

4. 办理指南

- 信用证项下的出口押汇申请人应为信用证的受益人。
- 如果限制其他银行议付的信用证、单证不符的出口单据办理出口押汇，那么它们必须占用出口商在该行的授信额度。
- 如果出口商已在该行办理打包贷款，那么押汇资金必须优先用于归还打包贷款。

四、保险后出口押汇

保险后出口押汇是指，出口商已向中国出口信用保险公司投保了出口信用险，缴纳了保费并保证忠实地履行保单项下的义务，发运货物后，将单据提交银行或将应收账款权益转让给银行，并在落实保险赔款权益转让后，银行为出口商提供的短期贸易融资。

保险后出口押汇适用的结算方式主要包括信用证、托收和赊销。

1. 产品特点

- 有利于出口商开辟高风险地区的外贸业务，增加贸易机会，并能有效规避商业风险和国家风险。
- 产品集保险与融资为一体，操作简单，有效解决出口商作为出口企业面临的资金周转困难，改善现金流量。
- 出口商可灵活选择更多的结算方式和付款条件（如托收、赊销方式），避免单一对信用证结算方式的依赖。
- 出现损失后，便于出口商对应收账款进行追收，有效保障出口商的权益。

2. 业务流程

- 出口商向中国出口信用保险公司申请买方信用限额。
- 在取得信用限额后，出口商向中国出口信用保险公司投保出口信用险，并缴纳保费。
- 出口商向银行提交保险公司出具的买方信用限额审批单、短期出口信用保险承保情况通知书。

- 银行对出口商的贸易情况、出口信用保险的落实情况进行审查。
- 出口商与银行及保险公司三方签署赔款转让协议，将保险赔款权益转让给银行。
- 出口商与银行签订保险后出口押汇合同，并提交保险后出口押汇申请书。
- 出口商在银行办理保险后出口押汇手续，银行向出口商发放押汇款。
- 国外银行或付款人到期向银行付款，银行先将收汇款偿还出口商的融资本息及相关费用，再将余款（如有）支付给出口商。

3. 办理指南

- 信用证项下保险后出口押汇申请人应为信用证的受益人。
- 限制其他银行承付或议付的信用证无法办理保险后出口押汇。
- 申请信用证项下保险后出口押汇，应提交单证相符的出口单据。
- 申请托收和赊销项下保险后出口押汇，单据上的付款期限必须与保险公司的信用审批限额审批单上的期限一致。
- 在申请赊销项下保险后出口押汇时，出口商必须承诺其公司在银行的账号为收汇唯一账号。
- 已办理打包贷款的单据申请保险后出口押汇，押汇资金必须优先归还相应的打包贷款。

五、出口票据贴现

出口票据贴现是指，客户向贴现银行提交经开证银行承兑远期信用证项下汇票，或是提交保付加签银行加具保付签字的跟单托收项下汇票，在汇票到期日前，由贴现银行从票面金额中扣减贴现利息及有关手续费用后，将余款支付给客户的一种融资方式。

出口票据贴现不同于无追索权的福费廷，贴现银行对贴现款项保留追索权。

1. 产品功能

- 手续方便，客户无须提供额外担保。
- 汇票经过代理行承兑或保付，收汇安全性高。
- 客户即期收回远期账款，加快资金周转，缓解资金压力。
- 客户可同意境外进口商远期付款，扩大贸易成交机会。

2. 办理指引

- 客户在申请贴现时，应先与银行签订出口贴现合同，确定双方的权利和义务。在逐笔办理业务时，客户应向银行提交出口贴现申请书，提供经银行承兑或加具保付签字的远期汇票及银行要求的其他材料。
- 银行在审批同意后，将贴现款项转入客户在银行的账户。贴现金额为汇票金额扣除从付款日到到期日及一定天数收汇时间的贴现利息。
- 到期后，银行向承兑行或保付加签行收回款项。

3. 办理要点

- 客户在签订出口贴现合同前，需与进口商约定提交远期汇票的信用证，或者约定以承兑交单为结算方式。
- 需等开证行承兑远期汇票或进口商银行保付加签汇票后，客户方可办理贴现。

- 银行不得办理无贸易背景且用于投资目的的票据贴现业务。

六、出口商业发票贴现

出口商业发票贴现是指，出口商发货后，在采用承兑交单或赊销方式收取货款的情况下，将销售合同项下产生的应收账款转让给银行，由银行保留追索权并以贴现方式买入出口商业发票项下应收款项，为出口商提供短期资金融通。本融资方式在欧盟等信用好的发达地区很盛行，被认为是保理的替代产品。

按是否通知债务人，出口商业发票贴现可分为公开型出口商业发票贴现和隐蔽型出口商业发票贴现。

1. 出口商业发票贴现能为出口商提供的好处

- 简化融资手续。相对于其他短期贸易融资方式，手续更为简便。
- 加快资金周转。即期收回远期债权，加快资金周转，缓解资金压力。
- 扩大贸易机会。可同意境外进口商延期付款，扩大贸易成交机会。
- 规避汇率风险。通过贴现提前得到融资，可规避远期市场汇率不利的变动。

2. 出口商业选择发票贴现的场景

- 出口商在采用延期收款方式时，面临人民币升值的巨大汇率风险压力。
- 出口商在出口赊销项下遇到资金周转问题。
- 出口商在发货后、延期收款前遇到新的投资机会，且收益率高于贴现率。

3. 办理要点

- 出口商应提前了解境外进口方付款人的资信情况和履约能力，一旦进口商未按期付款，银行就向出口商行使追索权。
- 银行不办理无贸易背景和用于投资目的的票据贴现业务。
- 在办理出口商业发票贴现业务前，出口商应事先向银行申请核定相关授信额度。如果客户已经投保出口信用险，那么本业务更容易获得银行批准。

七、出口单据质押贷款

出口单据质押贷款是指，出口贸易以汇款方式结算，出口商凭商业单据和运输单据（必须含全套物权单据）向银行质押申请的短期流动资金贷款。

1. 产品功能

- 在进口商支付货款前，出口商就可以提前得到资金，加快了资金周转速度。
- 相对于流动资金贷款等，融资手续简便易行。
- 可以增加进口商当期的现金流入量，从而改善财务状况。

2. 操作流程

- 客户向银行提交出口单据质押贷款申请书、全套出口正本单据、出口合同、出口报关单及银行要求的其他材料。

- 银行审批后与客户签订出口单据质押贷款合同和质押合同，发放质押贷款。
- 在利用货款收汇归还贷款后，银行再对外寄单。

3. 办理要点

- 出口单据质押贷款适用于货物运输方式为海运，且进口商付款后方能取得提货凭证的贸易方式。
- 客户申请办理出口单据质押贷款时，应提交全套出口正本单据（包含全套保险单和全套物权凭证）。

八、电汇应收款融资

电汇应收款融资是指，在出口商选择电汇（TT汇款）作为出口收汇结算方式时，根据出口商的应收账款，银行在对其核定的授信额度内提供有追索权的短期贸易融资。

1. 产品特点

电汇应收款融资能够帮助出口商变现未到期的应收账款，减少资金占压，加快资金周转，优化财务报表，将未到期的应收账款剥离。

2. 适用客户

电汇应收款融资的适用客户：选择电汇方式结算，且在货物出口后收到货款前需要使用资金的出口商。

3. 业务流程

- 出口商与银行签订国际贸易汇款项下出口应收款业务融资协议书及担保合同（如有）。
- 出口商向银行提交出口收汇相关单据。
- 出口商向银行提交国际贸易汇款项下出口应收款业务融资申请书。
- 银行对申请审核批准后，向出口商发放融资款。
- 付款人到期将款项汇入出口商在银行开立的账户，银行先将收汇款偿还出口商的融资本息及相关费用，再将余款（如有）支付给出口商。

4. 办理要点

- 出口商需在银行核定有综合授信额度或单笔授信额度。
- 电汇应收款融资应具备真实贸易背景，且出口商应选择长期稳定、无不良付款记录的国外进口商作为出口合作伙伴。
- 在出口商向银行转让出口应收账款当日，出口应收账款应归出口商所有，并且不存在担保、第三方权益或第三方索赔等情形。
- 出口商需向银行书面承诺出口商在银行的账号为相应收汇唯一账号。
- 如果出口商已投保出口信用保险，那么其应将有关保险赔款权益转让银行，参照保险后出口押汇产品办理。

九、国际保理

国际保理是指，出口卖方以赊销方式向国外买方销售货物或提供服务，将应收账款债权转让予出口保理商，由出口保理商提供应收账款催收、销售分户账管理、信用风险担保以及保理预付款融资等综合性金融服务。

1. 业务优势

- 加速客户资金周转，提高资金使用效率。
- 为买方客户提供更有竞争力的远期付款条件，便于开拓市场。
- 改善现金流，优化客户财务结构，改善报表，提前收汇。
- 为客户规避汇率风险。
- 提高银行贸易融资产品综合竞争实力。

2. 申请条件

- 具备合法真实的赊销交易背景。
- 卖方已履行对应商务合同项下交货义务，并能够提供商业发票、发货单等相应证明。
- 卖方对申请保理的应收账款未设定任何形式担保，无权利瑕疵。
- 债权凭证完整。
- 应收账款有明确的到期日或可以明确推断出到期日。应收账款无固定到期日的，应由买卖双方协商确定到期日。
- 应收账款未逾期。
- 无追索权保理业务标的应收账款的付款人不得是普通消费者。
- 银行规定的其他条件。

3. 风险控制

- 保理预付款融资期限根据合同规定的信用期加上合理收汇时间确定，融资期限原则上不超过一百八十天。
- 融资比例原则上不超过单张发票金额80%，融资余额不超过银行核准的预付款融资额度。

- 买方信用风险额度针对不同买家核定，不同买家不能相互串用额度。
- 卖方保理预付款融资额度不得超过其所有买方保理额度之和，单笔预付款融资不得超过相对应的买方保理额度（以单保理模式操作，无须核定买方保理额度）。
- 各分支机构必须为卖方开立保理专户，用于回收应收账款（或根据需要，为卖方开立保证金账户）。

案例　国际保理解决了企业资金难题

A公司为家具生产企业，产品全部出口到美国某知名大型零售连锁公司B，年销售额约为5 000万美元，结算方式为赊销九十天。随着订单的增多，应收账款占用A公司大量的流动资金。A公司向一家银行提出流动资金贷款申请，但因其规模较小，且无抵押、无担保，不符合银行贷款条件，所以流贷申请失败。

此时，另一家银行推出的国际保理业务可以解决A公司面临的问题，该行依据A公司情况，以B公司的应收账款的转让为条件，给予500万美元保理预付款融资额度，每笔期限不超过四个月。A公司由此既缓解了资金压力，又改善了财务报表，同时省去了账款催收的烦恼，解决了资金难题。

十、出口单保理

出口单保理是指，在出口贸易融资中，银行作为应收账款的受让方从出口商那里买入由于出口商品或劳务等而产生的已承诺、保证付款的未到期债权，且这种债权为非票据的形式，并通过认可的工商企业（通常为项目业主）、保险公司或政府机构提供到期付款保证声明。出口单保理主要分为有追索权出口单保理和无追索权出口单保理两类。

1. 可接受的债权形式

- 出口商出具并由进口商承兑的汇票。
- 进口商出具给出口商的本票。
- 进口商承诺、保证付款的未到期债权。
- 经认可的保险公司或政府机构担保的非票据的债权形式。

2. 出口单保理能为出口商提供的好处

- 提高出口竞争力。出口商可对新的或现有的客户提供更有竞争力的赊销和承兑交单付款条件，拓展海外市场，增加贸易机会。
- 风险保障。进口商的信用风险转由银行承担，且在无追索权的方式下不占用出口商在银行的授信额度。
- 节约管理成本。出口商不必承担资产管理和应收账款回收的工作，这将大幅降低管理费用，节省财务人员和处理时间。
- 简化手续。相对于出口信贷，出口单保理业务手续更为简便。
- 提供融资便利。银行以贴现方式为出口商提供100%的收汇保障，缓解其流动资金被应收账款占压的问题，加速企业现金流转。
- 规避汇率风险。由银行买断应收账款，出口商可实现提前结汇、核销，规避汇率风险，并可美化财务报表。

3. 选择出口单保理的适用场景

- 进口商不愿意或者不能（本身资信不足）选择信用证作为贸易结算

方式。

- 出口商无法满足出口双保理业务中的融资期限要求或找不到有资质
且愿意合作的进口保理商。

4. 办理要点

- 应收账款的债务人（境外进口商）必须具备一定资质，且实力较强，
以往付款记录信誉良好。
- 在申请出口单保理融资时，出口商应提交出口单保理申请书或报告，
商务合同及相关贸易背景材料，债务人、保付人的资信材料及有关
证明文件，等等。
- 对于银行买入的未到期债权，未经同意，出口商不得同意债务人或
保付人提出变更付款期限、增加或减少未到期债权金额、变更付款
方式等要求。
- 在下列情况下，无追索权条款对出口商无效：法院下达止付令或冻
结令；出口商欺诈，所出售的应收账款不是源于正当交易的有效债
权；出口商违约或涉及欺诈，或交易存有严重缺陷。

十一、出口双保理

出口双保理是指，在赊销或承兑交单项下，出口商将销售合同项下
产生的应收账款转让给银行，再由银行转让给境外进口保理商，并由银
行和进口保理商共同为出口商提供商业资信调查、应收账款管理与催收、
买方坏账担保及出口贸易融资等的一项综合性金融服务。服务范围：非
买断型出口双保理、买断型出口双保理。

1. 出口双保理能为出口商提供的好处

- 提高出口竞争力。出口商可对新的或现有的客户提供更有竞争力的赊销和承兑交单付款条件，拓展了海外市场，增加了贸易机会。
- 保障收汇。进口商的信用风险转由保理商承担，出口商可以得到100%的收汇保障。
- 节约管理成本。资信调查、账务管理和账款催收都由保理商负责，这将减轻出口商的业务负担，节省财务人员和处理时间。
- 简化手续。相对于信用证方式，出口双保理业务手续更为简便。
- 提供融资便利。保理商能够以预支方式为出口商提供融资便利，缓解其流动资金被应收账款占压的问题，加速企业的现金流转。
- 规避汇率风险。由保理商买断应收账款，出口商可实现提前结汇、核销，规避汇率风险，还可美化财务报表。

2. 选择出口双保理的适用场景

- 在采用赊销方式下，贸易双方商业往来持久，单次交易量大且交易频繁。
- 出口商希望拓展海外业务，但对潜在客户的资信和财务状况心存疑虑，希望降低风险。
- 境外进口商不愿或不能开立信用证，致使交易规模不能进一步扩大，限制了出口量的提高。
- 境外进口商因出口商不愿提供延期付款方式而准备转向其他供应商。
- 出口商希望解除账务管理和应收账款催收的麻烦。

3. 办理要点

- 国外进口保理商只承担进口商的财务风险（倒闭、破产、支付危机），如果出口商未能按照合同履行义务导致进口商到期拒付，那么保理商不承担保理责任。
- 对于申请办理非买断型出口双保理，出口商需在银行评定信用等级并核有授信额度。买断型出口双保理方式不占用出口商的授信额度，出口商无须提供担保。
- 出口双保理项下的融资比例一般为80%，融资期限以相应发票付款期限加九十天为限。

案例　双保理使企业出单后即可获得融资

X公司是一家中型民营纺织企业，主营产品包括运动服饰、鞋帽、箱包等。2008年以后，受金融危机的影响，境外采购商为控制成本，不再采用开立信用证方式采购，转而使用赊销方式，使得X公司对采购商既要保持销售，又担心其付款风险，同时也希望出口商品后能尽快收汇核销退税。

根据X公司面临的问题，银行向其推荐了出口双保理和远期结汇的组合金融服务方案，包括应收账款管理、催收、销售信用额度控制等服务，使得X公司出单后即可获得融资，并提前申请核销退税，从而加速了资金的周转。在银行的帮助下，X公司转危为安，销售额和利润率节节攀升。

十二、福费廷

福费廷又称包买票据，是指在出口贸易融资中，银行作为包买商以无追索权的方式从出口商或债权人（出口商）处买入由于出口商品或劳务等而产生的已承兑或承诺付款的应收账款（或称未到期债权）。

在通常情况下，这种债权以汇票、本票或债权凭证为载体来实现，并通过认可的银行、保险公司或政府机构提供到期付款保证声明。

1. 福费廷能为出口商提供的好处

- 终局性融资便利。福费廷是一种不占用出口商授信额度的无追索权融资，出口商一旦取得融资款项，融资银行则对出口商无追索权。

- 改善现金流量。出口商将远期收款变为当期现金流入，有利于改善财务状况，减少银行借款，优化财务报表，从而避免资金占压，进一步提高筹资能力。

- 融资成本转移。出口商可以提前了解包买商的报价并将相应的成本转移到交易价格中，从而规避融资成本。

- 节约管理费用。出口商不必承担资产管理和应收账款回收的工作，大幅降低管理费用。

- 增加贸易机会。出口商能同意进口商以延期付款的条件达成交易，避免了进口商因资金紧缺无法成交的局面。

- 规避各类风险。出口商无须承担远期收款可能产生的利率、汇率、信用以及国别等方面的风险。

- 融资方式灵活。期限无固定，短至几十天，长至十年以上；固定利率、浮动利率任选；可选各种主要货币。

- 提前办理退税。通过办理福费廷业务，出口商可提前实现出口核销和退税，节约财务成本。

2. 选择福费廷的适用场景

- 面临进口商提出的远期付款，出口商不想失去交易机会且又不愿承担由于远期收汇而可能发生的各种风险。
- 出口商希望减少应收账款数额，改善企业财务报表。
- 出口商遇到临时性资金周转困难，但银行授信额度不足或不愿意占用。
- 出口商不愿接受有追索权的融资形式。
- 应收账款收回前，出口商遇到新的投资机会，且预期收益高于福费廷全部收费。
- 出口商希望实现提前核销、退税。

3. 办理要点

- 出口商选择资信良好的应收账款保付人，这将有利于通过业务申请并获得更为优惠的融资利率。
- 福费廷业务主要提供中长期贸易融资，利用这一融资方式的出口商应同意向进口商提供期限为六个月至五年甚至更长期限并以分期付款的方式支付货款，以便汇票、本票或其他债权凭证按固定时间间隔依次出具，以满足福费廷业务需要。
- 福费廷业务不仅适用大额资本性交易，也适用于小额交易，但金额越小融资成本越高，出口商应在融资成本和业务便利间权衡考虑。
- 在下列情况下，无追索权条款对出口商无效：法院下达止付令或冻结令；出口商所呈票据或债权无效；出口商违约或涉及欺诈，或交易存有严重缺陷。

十三、出口信保融资

出口信保融资是指，出口商在中国出口信用保险公司或中国人民财产保险股份有限公司投保短期出口信用保险（简称"出口信保"），并将保单项下赔款权益转让给银行，从而在货物出运后获得银行按货物价值一定比例给予的资金融通。

1. 产品分类

- 按是否对出口商保留追索权，出口信保融资分为有追索出口信保融资、无追索出口信保融资。
- 按出口商投保险种的不同，出口信保融资分为出口信用保险综合保险项下融资、中小企业综合保险项下融资。
- 按投保主体的不同，出口信保融资分为企业保单项下融资业务、银行保单项下融资业务。在银行保单项下融资业务中，银行在买入出口商的应收账款后，应向中国出口信用保险公司投保。

2. 产品特性

- 规避收汇信用风险和政治风险。短期出口信用保险产品承担了进口商的信用风险和进口商所在国家或地区的政治风险，出口商只需正常履行贸易合同，即可获得收汇的保障。
- 加快资金周转。由银行为出口商提供融资，出口商可以即期回收资金，加快流动资金周转。
- 增加贸易机会。出口商可以同意进口商延期付款要求，接受以赊销或承兑交单的方式进行结算，提高竞争力，增强价格谈判能力，增加贸易成交机会，扩大市场份额。

- 提供投保便利。在银行保单业务项下，银行可以帮助出口商安排出口信用保险，管理出口商应收账款，提供坏账担保。

3. 贷款条件

- 可提供基于赊销、承兑交单、付款交单及信用证项下的押汇。
- 押汇金额一般按保险公司保单中约定的赔付比例，最高可为出口商业发票金额90%。
- 押汇期限根据结算方式对应的付款期限加上合理银行工作日来综合确定。

4. 办理要点

- 专门的审批通道，专业的审批人员，与中国出口信用保险公司、中国人民财产保险股份有限公司等紧密合作，确保投保和融资的顺畅。
- 恰当履行"双合同义务"是贸易出现风险后顺利索赔的前提。出口商应严格履行出口销售合同和与保险公司签订的保险合同，若由于出口商未能履行保险合同遭保险公司拒赔，出口商必须用自有资金归还银行押汇，并且出口商在银行的出口信保融资额度将被停止使用。
- 融资项下的每一笔出口收汇款都必须从出口商国外客户的账户直接回到出口商在银行开立的账户上。出口商应及时通知国外客户在回款附言中注明发票号或银行的业务编号，以便银行查收。
- 出口商应慎重签订出口合同，确保合同条款的完整性和合理性，特别是交付方式、质量条款、付款期限和争议的解决方式等，最好在申请融资时向银行提供出口合同，让银行的专业人员为出口商进行合同条款把关。

■ 银行保单业务项下，若出口商的资金充裕不需要融资，那么其也可以在将应收账款转让给银行的前提下通过银行投保出口信用保险，获得坏账担保服务。

案例 在家具生企业投保出口信保后 银行买断800万美元应收账款

A公司为家具生产企业，产品全部出口到美国知名大型零售连锁企业B，年销售额约为5 000万美元，结算方式为赊销九十天。随着订单的增多，应收账款占用A公司大量的流动资金。A公司向银行提出流动资金贷款申请，但因其规模较小，且无抵押、无担保，不符合银行贷款条件，所以流贷申请失败。

在此情况下，A公司投保了出口信用保险。保险公司在核实国外买方资信情况后，与A公司签署短期出口信用保险综合保险单，授予其针对此客户的最高赔付限额800万美元，赔付比例80%。

此时，银行的应收账款买断业务可以解决A公司面临的问题。银行依据企业情况，给予其800万美元应收账款买断融资额度，期限不超过四个月。在A公司投保出口信用险并生效后，银行买断中国A公司与美国B企业之间应收账款，并在赔付比例内审核通过后提供融资，使得A公司既缓解了资金压力，又改善了财务报表。同时，银行操作该项业务，按照银监会规定，风险敞口为0，可以有效缓解风险资产占用量过高的问题，并且扩大了银行融资业务市场范围。

案例 出口服装企业购买信用保险获银行应收账款质押贷款100万美元

东莞市某服装企业成立于2001年8月，主营业务包括纺织服装贸易及纺织印染、羊绒制品出口业务，出口地区主要以欧美、日本为主。公司每年对新开拓的客户都要购买出口信用保险产品，存量应收账款增多。由于公司计划采购一批原材料，资金链比较紧张，计划向银行融资100万美元。

银行通过调查，发现该公司符合申请办理信用保险项下应收账款质押贷款业务条件，因此给予贷款100万美元额度（或等值人民币），使用方式为流动资金贷款，额度期限为一年，单笔贷款期限不超过七个月，授信额度用于企业出口业务（羊绒制品、羊绒服装）的原材料采购，质押率不超过80%。同时，银行要求该公司以银行为信用保险第一受益人，另追加法定代表人连带责任保证担保。

十四、出口买方信贷

出口买方信贷是指，当出口商（卖方）出口机电产品、大型成套设备、船舶、高新技术产品时，银行向国外借款人（买方）发放专项用于向出口商即期支付货款的中长期贷款。

1. 产品特点

- 让出口商集中精力进行商务谈判，信贷条件由双方银行解决。
- 能向国外进口商（或业主）提供信贷支持，增加本国出口商的出口产品竞争力。
- 及时收汇、加速资金周转，同时保证收汇安全。
- 有利于改善出口商的资产负债表。

2. 业务流程

- 出口商应在对外投标及签订商务合同前，尽早与银行和中国出口信用保险公司（如需）取得联系，提供项目资料和使用买方信贷意向。

- 银行在调查后提供贷款承诺或贷款意向书，同时中国出口信用保险公司提供出口信用保险承保意向书。
- 出口商和进口商（或业主）双方签订商务合同。
- 银行直接或间接参与合同支付条款的谈判。
- 进口商（或业主）或转贷银行提出贷款申请，银行视项目情况要求提供担保。
- 签订贷款协议。
- 出口商根据合同规定发运货物或开建工程。
- 银行在出口商发货或开建工程后向进口商（或业主）或转贷银行发放贷款。
- 借款人根据贷款协议每半年偿还一次贷款本息及费用。

3. 办理指南

- 进口商（或业主）预付款金额不能低于商务合同总金额的15%，船舶项目不低于20%。
- 贷款金额不高于商务合同金额的85%，船舶项目不高于80%。
- 贷款期限一般不超过十年。
- 利率原则上采用浮动利率方式。人民币贷款利率随中国人民银行公布的利率政策执行，外币贷款利率一般采用基准利率+利差的形式。

4. 适用范围

- 在出口商出口资本货物时，银行授信额度不足，出口项目缺少资金。
- 出口商希望转嫁进口商的各种付款风险。

- 出口商不愿承担过多负债，对财务报表有严格要求。

十五、出口卖方信贷

出口卖方信贷是指，当出口商（卖方）出口机电产品、大型成套设备、船舶、高新技术产品时，银行向卖方发放的中长期贷款，主要解决出口商制造、采购出口产品或提供相关劳务时的资金需求。

1. 产品特点

- 使国外进口商能获得延期付款的条件，增加出口商出口产品的竞争力。
- 所有卖方信贷的费用均附加在货价中，财务费用可转嫁给进口商。
- 使出口商及时获得资金，把握市场机会，开拓新业务。

2. 业务流程

- 出口商应在对外投标及签订商务合同前，尽早与银行和中国出口信用保险公司（如需）取得联系，提供项目资料和贷款申请。
- 银行经调查后提供贷款承诺或贷款意向书，同时中国出口信用保险公司提供出口信用保险承保意向书。
- 出口商和进口商双方签订商务合同。
- 银行直接或间接参与合同支付条款的谈判。
- 进口方银行出具延付保证（不可撤销的信用证或保函）。
- 签订贷款协议。
- 银行向出口商发放贷款。

- 出口商根据贷款协议每半年偿还一次贷款本息及费用。

3. 办理指南

- 进口商预付款金额不能低于商务合同总金额的15%，船舶项目不低于20%。
- 贷款金额不高于商务合同金额的85%，船舶项目不高于80%。
- 贷款期限一般不超过十年。
- 利率原则上采用浮动利率方式。人民币贷款利率随银行利率政策执行，外币贷款利率一般采用基准利率+利差的形式。

4. 适用范围

- 出口机电产品、大型成套设备、船舶、高新技术产品、对外工程带资承包等资本性货物和服务。
- 采用延期付款方式出口。

十六、出口退税贷款

出口退税贷款是指，银行为解决出口商的出口退税款不能及时到账而出现短期资金困难的问题，向出口商提供的以退税应收款为第一还款来源的短期流动资金贷款。

1. 产品特点

- 出口退税账户不得被司法机构查封、冻结，保障了出口商的退税权益。

- 贷款手续简单，出口商无须提供其他担保。
- 出口商可向银行申请额度，随借随还，减少财务费用。

2. 业务流程

- 出口商在银行开立出口退税专户，向银行提交出口销售增值税专用发票及增值税税收缴款书等材料。
- 银行根据上述资料和出口商的出口情况核定退税贷款金额。
- 银行向出口商发放出口退税账户托管贷款或前置贷款。
- 国税局将退税款转入出口商的出口退税账户，银行将退税款首先用于偿还退税贷款本息。

3. 办理要点

- 出口商需向银行出具承诺函，承诺退税专户的唯一性。
- 贷款金额原则上不超过客户应退未退税款的90%，贷款期限根据具体退税情况确定，贷款利率为同档次人民币流动资金贷款利率。

4. 适用范围

- 出口商已办理货物出口手续，形成了应收退税款项。
- 因国家或地方出口退税规模有限，造成出口商退税时滞进而影响资金周转。

02
进口贸易融资业务

银行可向企业的进口贸易提供以下融资业务。

一、免保开证

信用证是指银行根据进口商（开证申请人）的申请，向境外出口商（受益人）开出的书面付款承诺，保证在收到符合信用证规定单据的条件下，由银行向出口商支付货款。信用证又分为即期证（即期付款）和远期证（远期付款）两种。

在进口业务中，银行要向进口商收取100%足额保证金才为其开出信用证。但在实践中，银行也可以减收或是免收保证金而为其开证，简称"免保开证"。这是银行对进口商的重要授信业务。

1. 产品功能

对于进口商而言，银行的对外付款承诺保证了进口贸易的顺利进行；只要交部分保证金就可以开出信用证，减少了资金占压；在即期信用证的情况下，出口商还可向银行申请进口押汇，用于对外付款；在远期信用证的情况下，出口商可待货款回收后再对外付款，从而完全借用银行的信誉和资金，完成货物进口到销售的全过程。

2. 操作流程

■ 进口商提交开立不可撤销跟单信用证申请书或开证申请人承诺书、

进口合同或订单、进口批件（如需）、进口付汇核准件、备案表等资料（如需）、代理协议（如需）及银行要求的其他材料。

- 银行审批通过后，与进口商签订减免保证金开证合同，并对外开出信用证。
- 银行收到信用证项下单据，审核无误即通知进口商在规定时间内办理付款、承兑、承诺付款手续，并发送给出口方银行。
- 信用证到期前，进口商将足额保证金存入银行账户。银行于到期日对外全额支付货款。

3. 办理要点

- 进口商必须有足额授信额度，履约记录良好，按规定比例缴纳保证金并提供相应担保。
- 贸易合同如有溢短装条款，对金额上浮部分需落实担保措施。
- 付款期限应与进口货物的销售周期或生产加工周期相匹配。

二、进口押汇

进口押汇是指银行在收到进口信用证或进口代收项下的单据后，先替进口商将货款对外付清，待融资到期后再向进口商收回本息的一种短期融资方式。

根据押汇方式的不同，进口押汇可分为信用证项下进口押汇和进口代收押汇；根据押汇币种的不同，进口押汇可分为外币押汇和人民币押汇。

1. 产品特点

- 减少资金占压。进口商可利用银行资金进口和销售货物的回款来偿还贷款，不占压任何自有资金即可完成贸易、赚取利润。
- 缓解资金周转困难。进口商能够及时赎单提货，可减少货物滞港费用。
- 把握市场先机。进口商在无法立即支付货款的情况下也可及时取得物权单据、提货、转卖，从而抢占市场先机。
- 提高议价能力。在签订进口合同阶段，进口商可将对外付款期限由远期改为即期，或缩短远期付款期限，以提高对国外出口商的议价能力。

2. 适用范围

- 进口商的流动资金不足，无法按时付款赎单，且进口货物处于上升行情。
- 有其他投资机会，且该投资的预期收益率高于进口押汇利率。

3. 业务流程

- 进口商需向银行提交进口押汇申请书及信托收据。
- 进口商需与银行签订进口押汇合同及担保合同（如有）。
- 银行向出口方银行付款。
- 银行释放相关单据给进口商。
- 押汇到期时，进口商需向银行还清融资本息。

4. 办理指南

- 进口商需在银行核定有综合授信额度或单笔授信额度。
- 国外寄来的单据最好包括全套物权单据。
- 进口押汇作为一种贸易融资，仅可用于具有真实贸易背景的对外付款责任。
- 押汇期限一般与进口货物转卖或生产产品销售的期限相匹配，并以销售回笼款项为押汇的主要还款来源。

三、假远期信用证

假远期信用证又称"即期付款远期信用证"，是指银行根据进口商申请开出远期信用证，同时在信用证条款中承诺在单证相符情况下即期付款。

1. 产品功能

- 进口商利用银行信用和资金完成商品的进口，缓解付汇资金压力。
- 进口商不支付货款就可取得物权单据，提取货物并转卖，从而抢占市场先机。
- 假远期信用证能够实现同一笔业务下进口商远期付汇、出口商即期收汇，兼备远期信用证和即期信用证的融资功能。

2. 办理指引

- 进口商向银行提出申请，并在开证申请书上注明"本信用证为假远期信用证，由银行或银行指定的付款行即期对外付款，利息和其他银行费用由进口商承担"。

- 银行审批进口商的申请，与进口商签订减免保证金开证合同。
- 银行对外开立假远期信用证。
- 信用证到单，银行审核单据。在单证相符或进口商接受不符点单据后，银行向进口商提示单据，并按照信用证规定的方式即期付款或授权付款行即期付款。
- 融资到期时，进口商向银行偿付款项。

3. 办理要点

- 进口商原则上不能提前还款，如果要提前还款，就需要承担违约费用。
- 融资期限一般与进口货物转卖的期限相匹配，并以销售回笼款项为主要还款来源。

四、进口代付融资

进口代付融资是指银行应进口商的要求，授权境外代付行即期代理垫付款项给境外的收款人，并在约定的日期向代付行付清其所垫的款项本息。它是银行利用代付行资金为该行客户提供的一种短期贸易融资。

银行可提供进口代付业务的国际结算方式包括即期信用证、D/P即期项下进口代收、T/T项下货到付款。

1. 业务优势

当境外资金市场利率低的时候，使用境外银行的资金，进口商可以降低融资成本；在人民币升值的趋势下，进口商推迟购汇和付汇，可以降低进口成本。

2. 融资条件

- 币种：为该行对外挂牌外汇币种。
- 金额：在进口信用证和进口代收项下，最高金额不得超过国外来单的总金额。在 T/T 货到付款项下，最高金额不得超过海关进口货物报关单上列明的总金额。
- 期限：原则上不超过九十天（含）。
- 利率：与代付行确定的利率遵循银行规定的指导利率。

3. 办理要点

- 银行所选择的进口代付行应为该行境外的重点代理行。
- 银行应以协议方式确认进口商同意付款。
- 进口货物应为市场适销的商品，进口的货物和手续必须完全符合国家政策规定。
- 进口代付申请人（进口商）应提供完备的付汇手续。

4. 风险防范

　　主要是进口商不付款风险。由于银行对代付行已承担第一性付款责任，如果进口商届时不付款，那么银行将发生垫款的风险。因此，银行事前必须严格审查进口商的资信状况。

　　在期限上，银行必须以进口商的生产周期或经营周期为基础，严格把握进口代付的期限，严禁进口商变相延长进口代付的期限。

如果进口商对货物处置不当而对银行产生不利影响，或进口商发生对银行不利的重大变动，那么银行应要求进口商提前支付到期应付的本金、利息及相关费用。

若银行发生进口代付业务垫付资金，那么其应在垫付后即向进口商发出催收通知书，采取有效措施回收欠款并收取罚息。

五、进口代收融资

进口代收融资是指，当进口商在进口代收项下需要对外付款的资金时，银行提供短期资金融通，帮助进口商及时对外付款，并获得货运单据，尽早提取货物安排加工或销售。

按交单方式不同，银行可向进口商提供付款交单和承兑交单方式的进口代收融资。

1. 融资条件

进口代收融资金额不超过进口合同项下的发票金额。融资期限根据进口货物生产或销售周期确定，最长不得超过三个月。

2. 办理流程

- 进口商书面提出进口代收融资申请，银行审查同意后与进口商签订进口代收融资合同。
- 申请人向银行提交发票、提单、进口合同等全套单据。
- 银行审查同意后，于付款日对外付款。
- 融资到期日，进口商偿还银行融资本息。

六、进口汇款融资

如果进口商选择电汇作为结算方式，那么在进口货物到港后，进口商需向境外出口商付款。根据进口商的申请要求，银行在核定的授信限额内，为进口商垫付货款给境外出口商。进口商得以及时提货、销售货物、回笼款项。融资到期时，进口商将本息偿还银行。国际贸易汇款项下进口应付款融资是一种有追索权的短期贸易融资业务。

1. 产品特点

- 减少资金占压。进口商可利用银行资金进口和销售货物，用销售货物的回款偿还贷款，从而不占压任何自有资金即可完成贸易、赚取利润。
- 缓解资金周转困难。进口商能及时赎单提货，减少货物滞港费用，同时维护良好商誉。
- 把握市场先机。进口商在无法立即支付货款的情况下也可及时取得物权单据、提货、转卖，从而抢占市场先机。
- 提高议价能力。在签订进口合同阶段，进口商可将对外付款期限由远期改为即期或缩短远期付款期限，从而提高对国外出口商的议价能力。

2. 适用范围

进口商选择电汇方式结算，在向境外出口商支付货款时遇资金周转问题，可选择进口汇款融资的方式。

3. 业务流程

- 进口商与银行签订国际贸易汇款项下进口应付款业务融资协议书及担保合同（如有）。
- 进口商向银行提交全套进口付汇手续单据。
- 进口商向银行提交国际贸易汇款项下进口应付款业务融资申请书。
- 银行审核后，为进口商垫付货款给境外出口商。
- 押汇到期时，进口商需向银行还清融资本息。

4. 办理指南

- 进口商需在银行核定有综合授信额度或单笔授信额度。
- 进口汇款融资应具备真实贸易背景，且进口商应选择长期稳定、无不良供货记录的国外出口商作为进口商的合作伙伴。
- 融资期限一般与进口货物转卖或生产产品销售的期限相匹配，并以销售回笼款项为融资的主要还款来源。

七、未来货权融资

未来货权融资是指银行以信用证项下未来货权凭证或货物为质押担保向购货方提供的短期融资。银行在收取如20%的开证保证金后，在其余授信敞口下向进口商提供融资。

通过未来货权融资，进口商能够获得资金用于支付货款，用很少的自有资金就能把整笔买卖做下来。对银行而言，由于有货权凭证和货物作为质押，贷款安全有保证。

1. 融资产品

- 开信用证。银行根据申请人的申请，在申请人缴纳一定比例的保证金后，以对信用证项下的未来货权凭证及其对应货物的留置权为担保开出信用证。货权凭证到达银行时，银行对货权凭证及其对应货物拥有留置权权利，并进一步履行银行信用证承付责任。
- 信用证承付、信用证付款融资（进口押汇）、信用证代付。根据申请人的申请，在信用证项下货物单据到达银行后，银行控制货物单据并引入物流监管企业办理相关货物的提取、进口通关、转运和仓储等手续，以该货物为质押担保，为申请人办理的一系列信用证融资业务。

2. 办理要点

- 融资质押率原则上不高于80%。
- 客户必须在银行开立两个账户，即开证保证金账户和回款保证金账户。
- 融资总期限应与货物流转周期相适应，原则上不超过六个月。
- 申请人未能按期清偿银行融资，应按协议约定处置货物。

3. 风险防范

- 单证不符风险。当出现单证不符时，银行经进口商确认后可拒付资金，拒付后仅办理付款赎单。若其他单据存在不符点，那么申请人接受不符点后，方可办理单据的交付。
- 货价下跌风险。当质押货物价格跌价幅度超过约定比例时，申请人应补充保证金或追加质物，否则银行有权宣布融资提前到期并行使质权。

- 货款回收风险。对于不按计划回款的，银行应及时查明原因，采取压缩额度等措施。

八、保付加签

保付加签是指，在以承兑交电或电汇方式结算的进口贸易中，进口商的资信和清偿能力难以被出口商认定，由第三方（一般是进口方银行）在已承兑的汇票上加注"Per Aval"字样，并签注担保银行名字，从而构成不可撤销的银行担保。

从加签银行的风险来考虑，保付加签将进口代付业务升级为银行信用担保，因此本质上无异于进口开证的风险。

产品功能：进口商获得延期付款的有利条件，出口商获得银行对收汇的信用担保。

适用对象：初次与出口商打交道，资信尚未被对方接受的进口商。

办理流程：

- 申请人提出申请，提交贸易合同及相关单据等材料。
- 银行受理，按业务权限和审批流程完成内部调查、审查、审批。
- 双方签订进口项下保付加签业务合同，落实相应担保。
- 银行办理对外保付加签手续。
- 保付加签到期日，银行履行对外付款责任。

九、提货担保

提货担保是当进口货物早于货运单据抵达港口时，银行向进口商出具用于向船公司办理提货手续的书面担保。提货担保主要适应于海运航程较短、货物早于单据到达（或单据丢失）的近洋贸易。

1. 产品特点

- 可使进口商及时提货，避免压仓，减少货物滞留码头的仓储费用。
- 及早提货、生产、销售，可加速资金周转，改善现金流。
- 使进口商避免因货物市场行情及品质发生变化而遭受损失。
- 可在未支付进口货款的情况下就利用银行担保先行提货、报关、销售和取得销售收入，有利于减少资金占压。

2. 适用范围

- 一般在近洋贸易中，货物到港时间往往比单据到达时间早，为避免高额的滞港、仓储费，以及保证进口商的生产销售，进口商应选择提货担保解决此问题。
- 进口商品行情看涨，进口商需要抓紧时间提货销售。

3. 业务流程

- 进口商向银行提交提货担保申请书及相关材料（包括到货通知、提单传真件、副本发票等）。
- 银行对进口商提交的相关材料进行审核，通过后出具提货担保书或在船公司的提货担保书上签字、盖章后交由进口商。
- 进口商凭提货担保书向船公司办理提货手续。
- 进口商在收到正本单据后，以正本提单向船公司换回银行出具的提货担保书，并交还银行予以注销。

4. 办理要点

- 办理提货担保的前提是，以信用证为结算方式，运输方式为海运，信用证要求进口商向银行（开证行）提交全套海运提单。
- 进口商需向银行书面承诺，当单据到达后，无论有无不符点，均不提出拒付货款或拒绝承兑的要求。
- 进口商申请提货担保，将占用进口商在银行的授信额度。进口商的额度如有不足，或没有授信额度，其必须缴纳一定金额的保证金。

十、提单背书

提单背书是指信用证项下部分正本海运提单直接寄达进口商且海运提单的抬头为银行，在信用证规定的单据未到银行而货物已到达港口的情况下，进口商为及时提货，可将收到的部分正本海运提单提交银行，由银行进行背书转让的一种融资方式。

1. 产品功能

提单背书能满足进口商及时提货、避免货物压仓的需要，使进口商既可减少货物滞留码头的仓储费，又可避免因货物市场行情及品质发生变化而遭受损失，还可减少资金占压，改善现金流量。

2. 办理指引

- 进口商提交提单背书申请书、发票副本、部分正本海运提单、船运公司的到货通知书或其他能证明货已到港的材料。

- 进口商应提供银行要求的担保措施等付款保证。
- 银行审核通过后，对一份正本提单背书后交进口商提货。

3. 办理要点

- 办理提单背书的基本前提：近洋贸易；目的港为中国港口；采用信用证结算，信用证应要求进口商提交部分以开证行抬头的正本已装船海运提单，开证行为银行。
- 如果收到的正本海运提单与进口商申请办理提单背书时所提交的单据不一致，那么银行将先对外拒付，在核实提单有关情况后再接受单据。

十一、进口双保理

进口双保理是指在赊销或承兑交单项下，银行根据境外出口商（经当地出口保理商提交）的申请，接受出口商转让的应收账款，为进口商提供信用担保及其他账务管理服务的综合业务。

1. 进口双保理能为进口商提供的好处

- 节约成本。保理费用一般由出口商承担，进口商省却了开立信用证和处理烦琐文件的费用；同时，保理商提供账户管理和应收账款催收服务，减轻进口商的业务负担，节约管理成本。
- 风险保障。进口商在货到后验收付款，有效避免信用证等项下卖方欺诈和履约风险。

- 促成交易。进口保理商承担进口商的信用风险，解除了出口商的疑虑，有利于促成交易合同的签订。

- 扩大利润。进口商免费获得信用担保，无须占用自有资金或以有限的资金购进更多的货物，加快了资金流动，有利于扩大进口量和利润。

2. 选择进口双保理的适用场景

进口商不愿以信用证等方式结算，而希望以赊销方式进行交易。

3. 办理要点

进口商无须提交进口双保理申请，只需要告知出口商"请通过当地保理商联系进口方银行核定进口双保理授信额度"即可；若买卖双方发生争议，那么保理商将暂时解除担保付款义务直至争议解决。

十二、进口保函

进口保函是指银行为了满足企业进口货物和技术的需要，根据企业申请，向国外出口商开出的书面保证文件。进口保函只是统称，按保函作用不同，实际中有以下几种进口保函形式。

1. 付款保函

付款保函是指，在货物交易中，银行向出口商担保，在出口商交货后，或货到后，或货到并经买方检验与合同相符后，进口商一定会支付货款，否则由银行代为支付。

在技术交易中，银行向卖方担保，在买方收到与合同相符的技术资料后，买方一定会付款，否则由银行代为付款。

付款保函金额就是合同金额。保函的有效期从银行开立保函日起至
按合同规定付清价款日再加半个月。

2. 延期付款保函

延期付款保函是指，在进口大型成套设备，采用延期付款的支付方
式下，银行应买方申请向卖方出具的一种书面保证文件。该文件保证在
一定时期内，买方分期分批付清全部货款，如果进口方不能付款，那么
担保行将代为付款。

保函金额是货款金额减去预付金（定金）。保函的有效期即从开立保
函日起至按保函规定最后一期货款及利息付清日期再加半个月。

3. 租赁保函

租赁保函是指银行应承租人请求，向出租人开立的一种书面保证文
件。该文件保证承租人按规定期限交付租金，否则由担保行负责赔偿并
加付利息给出租人。

保函的金额就是租金的总额，相当于货价加利息。保函的有效期即
从开立保函日起至按租赁合同的全部租金付清日再加半个月。

4. 关税保函

关税保函是指银行应建设工程公司的请求，向海关开具的一种书面
保证文件。该文件保证工程公司在工程完毕后，将因施工所需从国外带
入的施工机械撤离本国，否则由担保行支付相应的进口税金。此外，在
国内举办汽车、机械等大型展销会，并将展品或有关器具运进时也会发
生同样情况，展销单位也可采用关税保函来解决免交税金问题。

保函金额为海关规定的税金金额。保函的有效期自开立保函日期至
合同规定展品撤离本国的日期再加半个月。

5. 保释保函

保释保函是指银行应在国外造成他方损失而被扣留的船方或其他运输方的请求，向国外法庭开具的一种书面保证文件。保证船方或其他运输方在被释放后，按法庭判决赔偿损失，否则担保行负责赔偿。保函金额一般视损失的多少由法庭裁定。保函的有效期自开立保函日起至法庭判决生效后规定的日期。

6. 补偿贸易保函

补偿贸易保函是指在补偿贸易中，银行应进口设备方的申请，向供给设备方开具的一种书面保证文件。该文件保证进口方在收到与合同相符的设备后，将该设备生产的产品按合同的规定交付给提供设备的出口方或指定的第三者，以偿付进口设备款。若进口商未能履约，而又不能以现汇偿付设备款及利息，那么银行将负责赔付。

保函的金额即设备款。保函的有效期为自开立保函日起至合同规定进口方以产品偿付设备款之日起再加半个月。

7. 来料加工保函和来件装配保函

来料加工保函和来件装配保函是指银行应进料、进件方的请求，向供料方开具的一种书面保证文件。该文件保证进料、进件方收到与合同相符的原料或原件后，以该原料或原件加工或装配，并按合同规定将成品交付供料或供件方，或指定的第三者。若进料、进件方未能履约，又不能以现汇偿付，则银行负责偿付。

保函金额通常为来料、来件金额加利息。保函的有效期即从保函开立日起至合同规定进料或进件方以成品偿付来料或来件价款之日再加半个月。

8. 对各方的好处

对于保函申请人而言，获得保函就是获得了银行的信用担保，可让交易对方放心与自己开展业务，保证商务活动顺利进行。对于保函受益人而言，凭银行担保与对方合作，银行信用高于商业信用，出了问题容易得到解决。对于银行而言，进口保函业务有助于其提供自身信誉帮助客户解决问题，维护银企关系。另外，保函业务通常会给银行带来其他业务。

9. 办理要点

- 落实好反担保条件。反担保条件包括银行认可的第三方保证、存款质押、财产抵押。
- 保函的内容条款要规范。若保函格式是由国外的受益人提供的，那么银行要对其中无理条款加以修改。
- 要严格办理"见索即付"的保函。除非开证申请人承担"见索即付"的反担保，银行可从申请人账户直接扣款对外赔付。
- 如遇保函索赔，银行应请申请人与受益人先自行协商解决纠纷，否则在审核索赔文件无误后对外付款，之后向反担保人索赔。

10. 风险防范

- 银行务必了解被担保人和项目成功的把握性，避免遭受索赔风险。
- 银行事前务必落实好反担保条件。

十三、信托收据

信托收据是进口商先将货物所有权转让给银行，再从银行借出货物提单提货时出具的收据。信托收据的作用是，从法律上声明在还清贷款之前，货物的所有权归属银行，进口商只是以受托人的身份接受银行信托对进口货物办理提货、报关、存仓、保险、加工、销售等一系列商业行为。直到偿清银行款项后，信托收据才失效。

信托收据通常与进口押汇配套使用，主要表现为银行解决对进口商从提货到销售这段时间的货权控制问题。万一进口商破产或清盘，信托收据项下货物不在债权人可分配资产的范围之内，抑或进口商出售货物后尚未收回货款，那么银行有权凭信托收据直接向货物的买方追收。

在进口业务中，银行可在信用证和托收两种情况下发生信托收据业务。

1. 对各方的好处

- 对于进口商而言，不用支付资金或少付资金，就可以先拿到货物进行销售，获得利润。
- 对于银行而言，由于控制货权，为客户办理进口押汇或承兑业务的安全性高。

2. 信托收据内容

客户向银行签具信托收据，指明客户作为银行的信托人，代银行保管有关单据和货物，同时做出以下七项保证。

- 以银行名义代办货物存仓。
- 在银行要求下立即退回有关单据。
- 在售货前代购保险以保证货物的安全。
- 在银行要求下将货物归还给银行。
- 允许银行职员或代理人在任何时候进入仓库检查货物。

- 不以有关货物或所收到的货款抵押给他人。
- 代银行保管售货后所收回的货款。

3. 风险防范

- 企业风险。银行要和信得过的好企业打交道。如有不放心的，银行应要求增加信用保证、质押或抵押等担保条件。
- 降价风险。银行对于进口货物的市场行情应该有所了解，对于价格波动大的商品，不应该受理。
- 操作风险。信托收据业务看似简单，但需要有责任心管理，做到环环相扣，避免出现漏洞，防止发生操作风险损失。

十四、收付通

收付通是指，进口商凭出口业务中代理行已承兑信用证项下远期汇票或付款承诺，或已保付加签的跟单托收项下远期汇票，向银行申请办理进口信用证、进口押汇、进口代付、对外保函、保付加签等贸易融资业务，在足额或部分覆盖上述业务风险时，可等额抵扣上述贸易融资业务应提供的担保或应缴纳的保证金。简单而言，收付通就是以预期的出口收款为进口融资的担保。

1. 产品功能

- 利用贸易融资来匹配收付汇时间。
- 盘活应收账款、提高资金运营效率。
- 降低贸易融资成本，提高收益。

2. 业务流程

- 进口商向银行提交收付通业务申请书，办理进口信用证、进口押汇、进口代付、对外保函、保付加签等业务规定的材料，以及银行要求的其他材料。
- 银行在审核通过后，与进口商签订进口信用证、进口押汇、进口代付、对外保函、保付加签等业务合同和收付通款项让渡合同。

03
国际贸易融资银行同业合作

各家银行在国际贸易融资业务中，相互之间可以开展多方面的合作业务。

一、同业代付

同业代付是指，代付行根据事先与委托行之间达成的协议，在贸易结算或融资项下的付款日，先行代为支付有关款项，在约定还款日再由委托行归还代付行代付款项本息。

业务品种：进口代付、出口代付等。

适用对象：在进口、出口贸易以及相关国内采购或销售贸易中，采用信用证、托收、汇款等结算方式中有融资需求的企业。

代付条件：代付币种为可流通外币或人民币；融资期限通常不超过一百八十天，最长不得超过一年；一般不得展期，不得提前还款。

办理要点：代付金额需占用委托行在代付行的授信额度；委托行负责对贸易背景真实性进行审核，并需提供有关贸易单据；同一笔结算业务项下只能办理一次融资，不得重复融资；关于业务融资利率，双方本着互惠互利的原则进行友好协商确定；同业代付款项必须直接支付到出口商相关账户。

二、同业偿付

同业偿付是指，偿付行凭开证行开立的延期付款信用证项下的承付电文和偿付授权书，向信用证议付行即期付款，在承付到期日再由开证行归还偿付行偿付款项本息。

参与银行：开证行、偿付行、议付行。

办理条件：限于延期付款信用证项下，偿付行必须由开证行指定，融资期限最长不超过六个月。

适用对象：在出口贸易延期付款信用证项下，希望即期取得货款的出口商。

办理要点：代付金额需占用开证行在偿付行的授信额度；开证行负责对贸易背景真实性进行审核，并需提供有关贸易单据；同一笔结算业务项下只能办理一次融资，不得重复融资；关于业务融资利率，双方本着互惠互利的原则进行友好协商确定；同业偿付款项必须直接支付到出口商相关账户。

三、代开信用证

代开信用证是指，代开行接受委托行委托，按其要求对外开立信用证。代开行承担第一性付款责任，委托行负责代开行偿付信用证项下一切款项。

业务优势：代开行一般为享有国家主权信用评级优势的大型银行；委托行（通常为信誉级别达不到国际标准或缺乏代理行资源等）可分享代开行在国际结算处理、境外代理行网络等方面的资源，为自身客户提供贸易金融服务，从而实现大小银行的优势互补、资源共享之目的。

办理要点：委托行应通过加押环球同业银行金融电讯协会电文或书面委托书的方式，将有关委托信息完整准确地发送给代开行，并提供开立申请和进口合同等证明存在真实、合法贸易背景的文件材料；委托行负责审核有关业务的贸易背景真实性及外汇管理合规性。代开行对信用证项下单据不符点的认定有最终决定权；代开的信用证金额需占用委托行在代开行的授信额度；对外开证后，代开行即承担第一性付款责任。关于代理信用证业务的相关费用，双方本着互惠互利的原则友好协商确定。

四、代开保函

代开保函是指，代开行接受委托行的委托，按其要求对外开立保函（含备用信用证）。

开立方式包括两种：一是转开，即委托行以反担保函的方式向代开行发出转开指示；二是代开，即委托行与代开行签署委托代理协议方式发出保函开立指示。保函的委托行、受益人可以是境外机构，也可以是境内机构。

代开行一般为享有国家主权信用评级优势的大型银行。委托行可分享代开行在国际结算处理、境外代理行网络、国际保函等方面的资源，从而为自身客户提供贸易金融服务。

在办理业务时，委托行应通过加押环球同业银行金融电讯协会电文或书面委托书的方式，将有关委托信息完整准确地发送给代开行，并提供开立申请和商务合同、代理合同（如有）、证明存在真实及合法贸易背景的文件材料。委托行负责对保函的合法合规及贸易背景真实性等进行审查。

委托行对代开行承担见索即付的反担保责任。一旦发生保函项下索赔，委托行应按约定将赔付款项足额及时划付代开行。

五、信用证保兑

信用证保兑是指，保兑行根据开证行的授权或委托，对开证行开立的信用证加具担保兑付的书面承诺，由此承担信用证项下第一性付款责任。

信用证条款应完整清晰，没有软条款，没有与国家外汇政策相违背的条款，不存在不利于安全收汇的因素。境外受益人向保兑行提交单据，保兑行凭"单证相符、单单一致"的单据向受益人付款。

六、保函保兑

保函保兑是指，保兑行应保函开立行的要求对担保函加具担保兑付的书面承诺，保证当保函开立行不履行或不完全履行赔偿责任时，由保兑行承担全部或部分赔付责任。

保函条款应完整清晰，无与国家外汇政策相违背的条款，无对保兑行不利的条款。保函开立行必须向保兑行确认承担相应的反担保责任，保函受益人明确同意接受保兑行保兑。

银行之间开立和接受的保函，常采用备用信用证方式。

七、风险参与

风险参与是指风险参与行自愿接受风险，参与了风险出让行在国际结算与贸易融资项下全部或部分债务人信用风险的一种同业授信业务。

1. 业务分类

根据参与行是否提供融资，风险参与分为两种。

- 融资性风险参与，即参与行需在事前支付风险参与的款项。
- 非融资性风险参与，即参与行不提供融资，但如果债务人到期不履行付款义务，参与行必须按照风险参与的比例支付相应的债权款项。

2. 业务适用范围

福费廷；信用证保险，议付，贴现；代付，偿付融资；汇票、本票和保函项下付款；电汇、承兑交单托收及其他类风险参与业务。

在风险参与业务中，风险参与行只是按照约定的比例和条件进行风险分摊，而不办理法律意义上的债权转让。风险出让行仍然是债权持有人，风险参与行不直接向相应债务人主张债权。风险参与的事实可不通知债务人（隐蔽型风险参与）。

3. 产品功能

- 可以帮助风险出让行扩大对债务人的授信额度。
- 帮助风险出让行降低风险加权资产，提高资本充足率，满足相关监管要求。
- 融资性风险参与可以为风险出让行缓解资金头寸紧张问题。

- 隐蔽型的风险参与可以帮助风险出让行扩大风险承担范围，维持与债务人的良好关系，赢得市场声誉。

4. 办理要点

- 在通常情况下，双方应签署风险参与总协议，明确参与比例、权利和义务，但也可以根据具体情况，通过签署单笔风险参与业务协议，开展业务合作。
- 对于融资性风险参与，在风险参与付款日，风险参与行向风险出让行支付扣除融资成本后的风险参与净额。在业务款项到期日，风险出让行收到风险主体的付款后，将参与风险金额划付给风险参与银行。
- 对于非融资性参与，在业务款项到期日，风险出让行按约定的费率支付给风险参与银行手续费。
- 信用证项下的风险参与，风险参与银行不承担单据瑕疵风险。

八、包买远期债权

包买远期债权全称为福费廷二级市场包买他行远期债权，是指同业贸易融资二级市场上的包买商（买入行）买入其他金融同业（卖出行）卖出的已被债务人承兑或承诺付款的远期债权，并承担相应债务人的风险。

通过开展此项业务合作，卖出行可以将持有的应收账款转让出去，降低风险加权资产，提高资本充足率，满足监管要求，释放授信额度，并提前回收资金。

在办理该业务时，卖出行需向买入行提交贸易背景文件、债项文件、保付文件及有关协议等。价格由双方本着互利双赢的原则友好协商。

04

国际贸易融资综合解决方案

随着中国成为世界贸易大国，企业出口贸易和进口贸易的需求在不断发展，银行融资服务也随之趋于整体化、综合化。虽然传统贸易融资业务仍占主导地位，例如打包贷款、出口押汇、福费廷、商业发票贴现等，但银行也在不断创新地推出融资新产品，如出口信用险项下的贸易融资、订单融资、货押融资、规避汇率风险的进口押汇加全额质押加远期售汇业务等。

银行传统的贸易融资只是满足企业单一的融资需求，而随着贸易、金融的发展，客户对融资的需求已不仅限于进口或出口环节，如出口商就希望银行能提供从原材料供应、生产、出口到收汇的整个过程的资金融通服务。相应地，银行开始将原先为企业各生产经营环节配套的融资产品加以组合运用，可为企业提供以下覆盖进出口贸易链全程、全面、整体的贸易金融服务方案。

一、出口贸易链全程融资方案

银行对于企业从境内采购、加工到出口的整个链条，可以相应提供从合同签订、采购备货、发货出运到出口收汇的全程融资解决方案，不仅能够帮助企业获得和执行订单，也能够为企业的未来或者现时的应收账款提供融资，并且通过与外汇衍生交易类产品的配套使用，满足企业规避汇率风险、利率风险和改善财务报表等特殊需求。

融资产品的分类如下。

- 出运前融资：订单融资、打包贷款、出口一票通（装船前）。
- 出运后融资：出口押汇、福费廷、出口一票通（装船后）、发票融资、国内保理、出口保理、国内信用保险融资、出口短期信用保险融资、出口项目险项下融资、应收账款池融资、出口退税贷款。
- 无追索权融资：福费廷、出口双保理、信保项下出口保理。
- 中长期项目融资：出口买方信贷、出口卖方信贷。
- 配套使用产品：国内信用证、远期结汇。

除了以上融资业务之外，银行还依托高效的国际结算系统、丰富的国际业务产品、广泛的境外代理行渠道，针对进口企业在出口贸易的不同阶段，提供集结算、理财、信用风险管理等全方位、一体化的综合金融服务方案（见图3-1）。

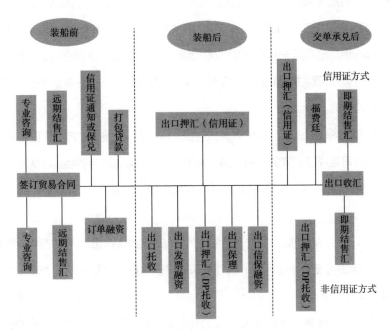

图3-1　出口贸易链全程融资方案

案例 综合金融服务方案支持企业建造出口10万吨油轮

国外船东与W造船有限公司签约制造1艘10万吨油轮，总价值6 000万美元，预付款4 200万美元（合同总价款的70%）。W造船公司在接到国外船东造船订单后，来HX银行申请开立预付款保函。HX银行审核后，认为该公司曾建造过类似的船只，具备成功建造类似船舶的经验，同意向W造船公司提供预付款保函额度。

银行根据出口船舶建造进度，为W造船公司提供了个性化综合金融服务方案，具体过程如下。

- HX银行为W造船公司签发2.8亿元预付款保函，提交国外船东，船东收到保函后，遂将首笔预付款汇出。

- 在收到预付款后，HX银行根据美元远期汇率变动趋势（远期汇率升水），为客户提供了"出口创利赢"特色解决方案，即以预付款为保证金，开立银行承兑汇票用于向国内供应商采购船板钢材，同时也开立进口信用证用于向境外采购主机设备，还根据人民币付款金额，叙做一笔远期结汇锁定结汇价格。

- 根据船舶建造进度，预付款逐步到位，HX银行按照上述方案，协助W造船公司完成了后续的融资安排和物料采购。远期合约到期后，HX银行释放美元存款，用于支付银行承兑汇票和信用证款项。

300天后，W造船公司交付船舶，船东验货合格后，银行预付款保函责任解除。HX银行签发质量保函，国外船东支付造船合同尾款30%，整个出口船舶融资交易结束。

通过金融服务方案的实施，W公司解决了船舶预付款、物料采购融资、规避市场风险等难题，并利用汇率变动趋势，获取了汇兑收益，节约了项目开支，如期圆满完成出口船舶的建造交付任务。

二、进口贸易链全程融资方案

进口贸易链全程融资方案是银行为解决进口商从境外采购直至国内销售环节下游客户的资金短缺问题，在为进口商提供国际结算及融资服务的同时，给予国内买方资金支持，旨在解除进口商对国内买方的信用担忧，加快应收账款资金回收，从而改良购销模式，帮助进口商扩大销售。

由于资金瓶颈往往存在于销售链上的中小企业，所以融资的直接发放对象以中小企业为主，并对核心企业的责任进行捆绑，通过合理设计方案来有效控制风险。

融资产品的分类如下。

- 进口环节：进口物流融资、票证通、假远期信用证、进口票据买断、进口代付、进口押汇等。
- 国内销售环节：国内信用证、商业承兑汇票、国内保理、国内信保融资。

除了以上融资业务之外，银行还依托高效的国际结算系统、丰富的国际业务产品、广泛的境外代理行渠道，针对进口企业在进口贸易的不同阶段，提供包括跨境结算、贸易融资、汇率避险增值服务、信用风险管理等在内的全方位、一体化综合金融服务方案（见图3-2）。

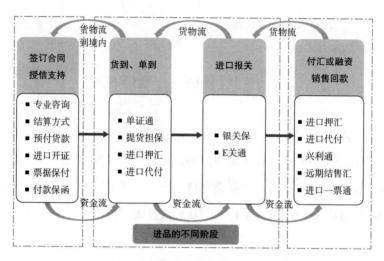

图3-2　进口贸易链全程融资方案

案例　**综合金融服务协助企业完成2亿元进口业务**

Y公司是大型有色金属冶炼企业，每年固定进口大宗的铜精矿，结算方式为信用证。鉴于近期国际市场价格波动较大，Y公司希望通过银行进一步扩大授信规模，并能够提供后续融资，助力便利提货，提高周转速度。银行根据客户需求提供了有色金属行业金融服务方案。

- Y公司与国外矿石供应商签立价值2亿元的铜精矿购销合同，并以未来货权为质押，向银行申请开证（保证金比例30%）。银行与Y公司、中储公司云南分公司签署了铜矿石监管三方协议，并开立了关税保函用于中储公司代理报关进口。在Y公司履行完相应开证手续后，信用证如期开出。
- 货物到港后，中储公司按照约定完成了报关、运输、仓储等事宜，并按照法定程序办理了货物抵押登记，开始对进口铜矿石进行监管。
- Y公司在银行开立专项信用证保证金账户，缴纳保证金后提取等值货物。银行在融资期内建立盯市、价格补偿机制，一旦发现进口货物质押率低于

70%，责令由 Y 公司补充保证金。

- 在信用证到期后，银行为 Y 公司办理了进口押汇，对外支付款项。在其后三个月内，通过付款放货的办法，Y 公司分批提取了全部矿石，并归还了进口押汇融资本息。

在该方案的执行过程中，Y 公司通过未来货权获得开证融资，解决了授信瓶颈问题；通过关税保函，加快了通关速度；通过押汇解决了对外付款资金问题；通过到货监管、付款提货的模式进一步减轻了企业资金的占用。在进口到销售的整个过程，Y 公司充分利用了银行的信用和资金，做到了少花钱多办事，扩大了采购规模，实现了业务跨越式的发展。

三、保函综合解决方案

如果企业从事"走出去"涉外工程承包、船舶或大型机电设备进出口，或需要在境外进行融资，那么银行可提供丰富多样的专业化的保函业务支持，为企业拓展海外业务提供助力。

银行保函品种：投标保函、预付款保函、履约保函、船舶还款保函、质量及维修保函、预留金保函、付款保函、租赁保函、海事保函、融资保函、关税支付保函、海外票据保付等。

银行伴随着企业项目进展的全过程，从招投标、建造与履约，直至维修与质保期，均可提供各种不同形式的保函支持，并提供与保函业务相配套的融资和专业化服务。

- 在招标阶段，除开立投标保函之外，银行还可出具资信证明、贷款意向书等，协助企业达成交易，为企业提供买方信贷、卖方信贷等项目资金安排。

- 在履约阶段，除开立保函为企业提供履约信用担保之外，银行还可通过流动资金贷款、进口开证、国内信用证、票据等产品来配套境内外采购融资支持。
- 在收款阶段，除提供进度款结算服务之外，银行还可配套提供远期结售汇、外汇理财等金融衍生产品，规避汇率和利率风险，实现企业到账资金的保值与增值。

在保函业务的全过程中，银行可帮助企业调查交易对手资信，及时掌握项目所在国经济动态，了解业主经营变化情况，以便适时采取风险管理措施，确保项目的顺利进行。

四、衍生品创新产品解决方案

衍生品创新产品解决方案是指，银行通过实时追踪国际市场形势变化，组合运用汇率、利率、大宗商品类衍生产品创新方案，合理运用外汇掉期产品、外汇期权组合、货币掉期交易等衍生工具，规避利率汇率风险，为企业提供风险管理和财富增值服务。该解决方案虽然不属于贸易融资业务，但也是重要的配套金融业务。

1. 外汇掉期产品

外汇掉期产品可满足客户进行跨币种、跨期资金调配的需求。比如，客户近期要支付美元，远端才有美元收入，而当前账上只有人民币，那么他可以叙做"近购远结"的外汇掉期交易——只需支出一次交易成本，即可实现"一笔即期＋一笔远期"的业务功能。

2. 外汇期权组合

由于人民币不再单边升值而转向双向波动，且波动幅度明显加大，外贸企业面临严峻的汇率风险。期权方案可结合客户的业务需求、客户自身对未来汇率走势的判断等，进行灵活组合运用，既可以使企业规避汇率风险，又可以在到期时享受有利波动带来的收益。

3. 货币掉期交易

针对客户的标的资产或负债，银行可通过一笔货币掉期交易转化为另一种货币来计价，通过对币种的转换，降低融资成本，提高投资收益。比如，在预期日元对美元贬值的背景下，银行可将客户的一笔浮动利率计息的美元负债，转化为以固定利率计息的日元负债，从而在规避利率端风险的同时，享有日元对美元贬值带来的汇兑收益。

五、汇率避险综合解决方案

汇率避险综合解决方案是在浮动汇率制度下，为企业提供规避汇率风险、实现资产保值增值等系列外汇产品。银行主要产品有付汇金、付汇通、付汇盈、远期结售汇、汇率掉期等。

适用范围：从事进出口贸易、服务贸易、对外投资等外向型经济活动，产生较大外汇收支现金流，有提前收汇、汇率避险和理财需求的客户。

产品优势：提供多币种汇率避险结算工具和融资服务，为企业个性化需求提供一揽子解决方案。

第4章

个人贷款业务

随着中国经济的不断发展，社会消费品零售总额保持增长态势，城镇居民人均可支配收入逐年增加，家庭对住房、汽车、消费、教育多方面的需求，极大地刺激了银行个人贷款业务的发展。个人贷款业务已成为各家商业银行的重要贷款业务，它们均配有专门的贷款机构和人员，贷款规模已上了新的台阶。

个人贷款是指银行向符合贷款条件的自然人发放的用于个人消费、生产经营等用途的贷款。

个人贷款业务品种丰富，体系完善，银行先是有个人住房类贷款，然后有个人汽车类贷款、个人消费类贷款、教育类贷款等许多贷款品种。随着国家鼓励创新创业和个体经济的发展，银行个人经营类贷款的新品种也不断出现。银行还推出保证、抵押、质押不同担保条件下的个人贷款品种。有些银行还针对社会中的不同人群，提供特定的贷款品种。而在广阔天地的农村，个人贷款市场具有很大的潜力，也是很多银行拓展业务的方向。

01
住房类贷款

一、一手房抵押贷款

一手房抵押贷款是指银行向个人发放用于购买新建住房并以所购房产抵押的贷款。

借款人通过贷款可以增加购买能力，实现买房愿望，提高住房质量，进而增加家庭资产，获得保值和增值的功能。贷款还款期限长，还款压力小。

贷款基本条件：

- 贷款金额最高为所购住房全部价款的70%。
- 贷款利率可以采取固定利率和浮动利率，由借贷双方商定。
- 贷款期限最长不得超过三十年，贷款期限与借款申请人年龄相加，不得超过借款申请人法定退休年龄后十年。
- 还款方法包括等额本息还款法、等额本金还款法等。

二、二手房抵押贷款

二手房抵押贷款是指银行向借款人发放用于购买二手房并以所购房产做抵押的贷款。

二手房是指售房人已取得房屋所有权证、具有完全处置权利且可以在房地产二级市场上合法交易的住房。

1. 业务办理流程

银行与经纪公司签订合作协议，经纪公司沟通买卖双方签订购房合同并收取中介费；需要抵押贷款的买方提供资料给银行，经纪公司通知评估公司对房屋进行预评估并出具价值意见书；银行初审通过后进行交易过户，办理抵押登记，银行取得他项权利证后发放贷款，并将贷款直接支付给卖房人，买受人在贷款期限内逐月还款。

2. 贷款基本条件

- 贷款金额。最高不超过银行确认的房屋交易价或房屋评估价（以较低者为准）的70%。
- 贷款期限。一般不超过二十五年，且贷款期限与房屋已使用年限之和不超过三十年；贷款到期日不超过房屋土地使用权期限；贷款期限与借款人年龄之和不超过借款人法定退休年龄后十年。
- 贷款利率。按照中国人民银行公布的同档次个人住房贷款基准利率和浮动幅度执行。贷款逾期利率和罚息利率按照银行规定执行。
- 还款方法包括等额本息还款法、等额本金还款法等。

3. 注意事项

- 借款人必须能够支付银行规定的首付款，同意以所购房屋为抵押物，或将银行认可的资产作为抵押物或质物，或有具备担保资格的第三方作为保证人。
- 对下列房屋不得发放二手住房贷款：危旧房屋、非法建筑或已经列入拆迁范围的；房屋产权有争议的；房屋出租给他人的；被查封或被依法以其他形式限制所有权转让的；因其他情形上市后会形成转让困难的。

三、个人商用房贷款

个人商用房贷款是指银行向借款人发放的用于购买商业用房，并用该房抵押担保的贷款。商业用房是指商铺商住两用房、写字楼、酒店式公寓等非居住用途的各类房屋，既可以是新建房，也可以是二手房。

1. 贷款条件

- 贷款金额根据银行规定的房屋抵押率、借款人还本付息能力和借款人信用状况确定。
- 贷款期限不超过十年，且贷款到期日不超过房屋土地使用权期限。
- 贷款利率按照中国人民银行规定执行，利率上浮。
- 贷款担保必须采用房产抵押。

2. 抵押物条件

- 抵押物必须产权明晰，能做抵押登记。
- 以新建房屋为抵押物的，必须"五证"齐全，并且已经竣工验收具备入住条件。
- 以其他现房做抵押的，抵押物应已经取得房屋所有权证，具有完全处置权利，可以合法上市交易，容易变现。
- 抵押人必须将抵押物价值全额用于贷款抵押。
- 由银行认可的评估机构对抵押物进行评估。
- 借款人对设定抵押的财产负有维修、保养、保证完好无损的责任，并随时接受银行的监督检查。
- 未经银行同意，抵押人不得将抵押物再次抵押或出租、转让、变卖、馈赠。

四、个人住房公积金委托贷款

个人住房公积金委托贷款是指贷款行根据住房资金管理中心的委托，以住房公积金为资金来源，按规定向购买住房的个人发放的贷款。

1. 贷款特点

　　住房资金管理中心提供资金，确定贷款对象、金额、期限、利率，承担贷款风险。受托行负责办理贷款手续及协助贷款本息收回，并按规定收取手续费。

2. 风险防范要点

- 受托行在办理个人住房公积金委托贷款时，要严格按照特定委托的有关规定，与住房资金管理中心签订委托贷款合同，在合同中要明确贷款风险由住房资金管理中心承担，受托行只收取手续费。
- 公积金的委托贷款对象、金额、期限、利率、还款方式由住房资金管理中心确定，受托行协助其贷款本息回收。
- 受托行要加强内部管理和会计核算，防止账务差错等操作性风险。

五、个人住房组合贷款

　　个人住房组合贷款是指银行以住房公积金存款和信贷资金为来源，对同一借款人的同一住房发放的贷款。

1. 贷款特点

　　个人住房组合贷款的前提条件是，借款人必须经过住房资金管理中心审批并同意给予公积金贷款，还要符合贷款行规定的贷款条件。个人住房组合贷款的手续，必须由同一贷款行办理。

2. 贷款办理程序

- 借款人向住房资金管理中心申请公积金贷款，提供贷款资料，并将资料交住房资金管理中心审批。
- 借款人凭住房资金管理中心审批同意贷款金额、期限、利率等资料到贷款行，申请配套个人住房贷款。贷款行受理后对借款人资信、职业、收入及还款能力等进行调查，并在十个工作日内给予借款人答复。
- 贷款行审批同意后，确立组合贷款金额，与借款人分别签订住房公积金委托贷款合同和商业银行个人住房贷款合同。
- 借款人办理房屋保险、公证及房屋抵押登记。
- 贷款行按照划款扣款协议书将组合贷款划入售房方在贷款行开立的账户。

3. 风险防范要点

- 个人住房组合贷款必须由同一贷款行在同一时点发放。
- 住房公积金委托贷款合同与商业银行个人住房贷款合同要分别与借款人签订，借款借据要分别填写。
- 贷款抵押金额为公积金贷款与商业性贷款之和，原则上抵押权人应为贷款行，由贷款行为公积金贷款提供反担保。如果抵押权人为住房资金管理中心，那么住房资金管理中心将为贷款行提供反担保。

六、个人住房加按贷款

个人住房加按贷款是指银行对已发放的个人抵押贷款增加金额或延

长期限。个人住房加按贷款分为提高贷款成数的加按贷款和延长贷款期限的加按贷款两种。

对于此项业务，借款人不需要重新办理贷款手续，只需对原借款合同中的金额或期限条款加以修改即可。

1. 贷款条件

个人住房加按贷款的最高额度为加按时住房市场净值乘以最高贷款成数减去未偿还贷款本金；延长后的还款期限不超过最长贷款期限减去已偿还贷款期限；贷款利率采用与整个还款期限相对应的利率档次，执行中国人民银行个人住房贷款利率。

2. 办理要点

- 借款人在贷款到期前十一个月向贷款行提出申请并提交有关资料。
- 借款人重新办理房屋保险、公证和房屋抵押登记。
- 银行重点审查借款人加按后的还款能力。
- 银行审查抵押物是否足值、房屋抵押登记期限是否与加按后的期限相符。
- 银行审核借款人信用状况，即审核有无拖欠贷款本息的不良记录。

七、个人住房转抵押贷款

个人住房转抵押贷款是指，售房人把已用抵押方式所购的房屋转让给购房者，在购房者付给售房人已付房款后，贷款行将售房人的剩余抵押贷款转到购房者名下，由购房者继续履行还款责任。个人住房转抵押贷款分为现房转按（售房人已经办理房产证）和期房转按（售房人尚未办理房产证）。

1. 业务特点

- 售房人不必先筹措一笔资金偿还银行全部抵押贷款本金再去卖房。贷款行对购房者审批发放贷款，房屋交易即可进行。
- 购房者可以继续选择售房人原来的贷款额度和期限，也可以重新选择。

2. 办理要点

- 在办理现房转按时，购房人若将所购住房作为担保物，那么需要办理房屋过户和变更抵押登记手续，抵押人由售房人转为购房人。只有在这些手续办好以后，贷款行才能发放贷款。
- 对于办理期房转按的以及涉及开发商提供阶段性保证或回购的，新的借款合同中必须列入这些条款。
- 原贷款为保证担保或质押担保的，新购房人必须提供贷款行认可的担保形式。只有在新的担保成立之后，原担保才能被撤销。

八、置换他行抵押贷款

置换他行抵押贷款是指银行向借款人发放的用于置换借款人在其他银行原有的抵押贷款，并以该抵押所购房屋设定抵押的贷款。

在办理本业务时，借款人可以先自筹资金还清原银行抵押贷款。银行可向借款人出具贷款承诺函，办妥房产抵押登记后即可放款，新抵押贷款用于归还借款人自筹资金。

九、置换自筹资金贷款

置换自筹资金贷款是指银行向借款人发放的用于置换其购买商品住房之前自筹的资金,并以该住房设定抵押的贷款,即借款人已经用自筹资金全额付款购买了一手或二手商品住房,并取得房屋所有权证。只要不超过合理年限(三年),借款人即可申请贷款,从而置换出原自有资金。

抵押物为借款人购买的商品住房,未设定抵押或受到其他权利限制,可以直接进入房地产三级市场交易。抵押物房屋所有权证签发时间不超过三年。借款人应提供在自筹资金时与原债权人之间债务(如有)的书面证明。

十、接力抵押贷款

当购房借款人的条件不符合银行要求时,他可以增加合适的人作为共同借款人以获得购房贷款。

例如,年轻人因还款能力暂时不足,可以增加有经济实力的父母一人或两人作为共同借款人。又如,中老年人因年龄问题会受到贷款期限的限制,可以增加子女一人或多人作为共同借款人。共同借款人不必成为所购房屋的共同所有权人。

适合对象:具有较高学历,当前收入水平不高但呈上升趋势的年轻人;经济实力较强,想协助子女购房或自己购房的中老年人;共同借款人中的父亲(或母亲)具有完全民事行为能力和稳定职业、收入且年龄不超过60岁,共同借款人中的儿子(或女儿)具有完全民事行为能力,不需要有稳定的职业和收入,但应有较好的职业前景。

注意事项:住房贷款月还款额与共同借款人家庭月合计收入之比应不高于50%。

十一、养老抵押贷款

养老抵押贷款是指银行以住房抵押发放的用于满足借款人本人或其指定人养老使用的贷款。贷款用途包括各类日常消费、生活费用支出、医疗保障支出等。

对借款人而言，养老抵押贷款可以盘活资金，在退休无工资收入的情况下，既可保持有房居住，又可每月获得资金用于生活。

适用客户：年满55岁的养老人或年满18岁的法定赡养人。

贷款条件：贷款总额根据养老人所需资金确定，原则上不超过房产价值的60%；贷款期限根据借款人实际需要合理确定，但最长不超过十年；贷款利率按照中国人民银行规定执行；放款方式按月定额发放，不超过1万元。

十二、个人住房抵押额度贷款

个人住房抵押额度贷款是银行向自然人发放的，以其自有住房做最高额抵押，用于明确用途的贷款。在不超过贷款额度有效期的条件下，借款人可多次申请支用贷款。

1. 基本规定

- 贷款对象：具有完全民事行为能力且年满18周岁的自然人。
- 贷款用途：用于支持个人购车、装修住房、购买家庭大宗消费品、旅游、教育等明确用途。
- 贷款额度：最高为抵押住房价值的70%。
- 贷款期限：根据贷款用途确定。

- 贷款利率：根据贷款用途和中国人民银行等相关规定执行。
- 还款方式：委托扣款、柜面还款方式。
- 还款方法：等额本金、等额本息还款方法，按月还本付息。
- 贷款担保：借款人以其自有住房做最高额抵押。

2. 办理流程

贷款申请→贷前调查及面谈→贷款审批→签订合同→客户支用贷款→贷款发放→客户还款→贷款结清。

十三、司法拍卖房抵押贷款

司法拍卖房抵押贷款是指银行向符合抵押贷款申请条件的竞拍成功者（借款人）发放的房屋抵押贷款。

借款人如果在前期能提供第三方的阶段性担保，就可以提前获得银行抵押贷款的资金用于支付拍卖，从而缩短房屋交割时间，获得房屋所有权证。第三方机构则对银行后续办理的过户、抵押过程进行担保，直至房屋抵押到银行的名下。

适用客户：符合银行司法拍卖房抵押贷款条件的自然人。

十四、托管房屋交易资金

托管房屋交易资金是指银行与托管人签订房屋交易资金托管协议书，并按照约定的条件和流程，对房屋交易资金账户中的购房资金进行看管和划转的一种信用中介服务。

托管对象：房屋交易资金托管合作机构，包括房地产开发企业、房地产经纪机构、政府房屋交易资金监管机构、住房置业担保公司等；房屋交易双方当事人，包括购买或出售房屋的自然人、企事业法人及其他经济组织。

适用的房屋交易形式：适用于购买新建商品房、购买存量房等房屋交易方式。

托管资金范围：房屋交易过程中的各类型资金，包括自有资金、信贷资金等。

账户模式：采取主账户下设子账户的账户模式。主账户是指银行合作机构或银行开立的交易资金专用账户，子账户是指房屋买卖双方在主账户下开立的二级账户。

办理流程：买卖双方在银行柜台开立子账户→买方通过现金、转账等方式存入交易资金→银行按约定条件将交易资金划入卖方账户→计算存款利息并销户。

十五、存抵贷账户管理

存抵贷账户管理是指，银行的个人购房贷款客户将其贷款代扣账户申请设定为存抵贷账户。当账户内存款高于3万元时，银行自动将其中一定比例的存款在不支取还贷的情况下视同提前还贷（账户存款余额不变），使得客户贷款实际利息支出减少；而客户在需要资金时，可随时提取存贷通增值账户中的部分或全部存款（包括被视同提前还贷的部分），灵活方便。

适用对象：在银行办理个人购房贷款的客户，且贷款利率采用浮动利率，还款方式采用按期还款（非一次性还款），贷款未还清，信用良好。

产品特色：省钱又灵活，帮客户获取增值收益，减少个人贷款利息支出。具体特色如下所示。

- 减少实际贷款利息支出，增加存款账户的收益。当存贷通增值账户存款余额高于3万元时，银行中自动被视为提前还贷的部分将不用再支付贷款利息，存多少天，算多少天。每月月末，银行将以增值收益的形式返还被视为提前还贷所节约的利息。
- 资金使用灵活方便，避免提前还贷后又需要资金再申请贷款的麻烦。当存贷通增值账户存款余额高于3万元时，银行自动将其中一定比例的存款视同提前还贷，客户无须另外办理提前还款手续，同样享受提前还贷减少利息的好处。当需要资金时，客户可随时提取账户中的部分或全部存款（包括被视同提前还贷的部分），灵活方便，避免提前还贷后又需要资金再申请贷款的麻烦。
- 功能强大，满足不同理财需要。每笔贷款可设定一个存贷通增值账户，增值收益更明晰；同一借款人的多笔贷款可设定一个存贷通增值账户。

十六、递增还本

递增还本是指前期还本金额小、中后期还本金额逐渐加大的一种还款方式。

产品特点：递增归还本金的方式可以减轻借款人初期还款压力，符合年轻客户收入处于逐年递增的特点。

申请条件和贷款条件同个人购房贷款。

十七、宽限期还款

宽限期还款是银行为购买期房客户提供的一款特殊还款方式，允许客户在所购房屋交付前只偿还贷款利息，待房屋交付后才开始偿还本金。

产品特色与优势：允许借款人在贷款发放后到入住前（最长不超过一年）的时间内，只支付贷款利息，暂时不归还贷款本金；有效减轻购房者在乔迁新居之前，因购房、装修、添置家具等情形集中性大额开支的压力；在宽限期结束后，客户按照与银行借款合同约定的还款方式进行正常还款；在宽限期内，客户也可以自由归还贷款本金。

专属客户群体：初期参加工作但收入呈上升趋势的年轻客户，需要赡养老人、抚养子女但收入稳定的优质中年客户。

十八、间歇式还款

间歇式还款是指银行允许已获得个人抵押贷款需每月还本付息的借款人，可以在一段时期内暂时停止归还贷款本息。间歇式还款方式包括停本不停息和停本也停息两种。

- 停本不停息。借款人可申请在一段时期内（最长二十四个月）暂时停止归还贷款本金，但仍需按期付息，从而缓解还款期内由于装修、买车等造成的临时资金压力，轻松度过资金紧张期。
- 停本也停息。借款人可在部分提前还款后，申请在一段时期内（最长十二个月）暂时停止归还贷款本金和利息，从而解决出差、出国等原因造成短期内不方便按时还本付息的问题，避免个人产生逾期贷款的不良记录。

在间歇期结束且恢复正常还款状态后，原先每月计划的还款额会发生变化。银行会根据借款人剩余贷款本金和期限重新计算每月还款额，借款人按新还款额执行还款。

02
汽车类贷款

一、个人购车抵押贷款

个人购车抵押贷款是指银行向借款人发放的用于在银行特约汽车经销商处购买汽车，并以所购车辆为抵押的贷款。贷款所购车辆既可以用于日常使用，也可以用于生产经营。

经销商应是名牌汽车的主要代理商或者总代理，有良好的销售业绩，对购车人有一套完整的资信评估能力，具有处置汽车的能力，以处置资金偿还银行贷款。

贷款条件：贷款金额一般不超过汽车售价的70%，贷款期限最长不得超过五年，贷款利率按银行规定执行，还款方式可选择等额本息偿还或等额本金偿还；担保方式以所购车辆做抵押，或由保险公司提供分期还款保证保险，经销商提供第三方连带责任保证。

注意事项：借款人应是具有完全民事行为能力的自然人，具有固定的职业和稳定的收入来源，有按期偿还贷款本息能力，在银行存有购车的首付款或首付款证明，无不良信用记录；银行开展此项业务应选择有实力、信誉好的汽车经销商、保险公司、贷款担保机构、二手车估价机构、律师事务所等机构；为个人汽车贷款提供担保的汽车经销商和担保机构，应按贷款金额的一定比例在银行缴存保证金；办理二手车贷款的，必须是用于购买贷款行认可品牌的二手车，且提供银行认可的车辆评估机构出具的价值评估证明。

二、车位抵押贷款

车位抵押贷款是指银行向私人发放的用于购买机动车停车位（库）的抵押贷款。

贷款条件：贷款金额不超过汽车价格的70%，贷款期限不超过十年，贷款利率不低于房屋抵押贷款利率。

办理要点：对在银行办理购房抵押贷款的客户，银行可配套提供车位抵押贷款。一套住房最多配套贷款购买两个车位，防止投机性炒作；贷款必须以所购车位为抵押担保，在客户办妥正式抵押登记之前，开发商应提供过渡期担保；贷款期限在一年（含）以内的可采用到期一次还本付息的还款方式，贷款期限在一年以上的可采用等额或递减偿还的方式。

案例 **10万元车位贷款解决了孙先生停车难的后顾之忧**

孙先生是外地户口，与妻子合力经营饭店，已在某小区购买一套房子，从老家接来孩子在本市上学，全款买车后需在小区购买车位，急需资金10万元。银行客户经理根据孙先生的实际情况，推荐其办理车位贷款业务。孙先生按照要求提供相关申请资料后，四个工作日即获得10万元贷款，轻松实现了自己购买车位的梦想，解决了停车难的后顾之忧。

03
经营类贷款

个人经营贷款是指银行向具有完全民事行为能力的自然人（主要包

括个体工商户、个人独资企业的投资者）发放的用于解决其生产经营过程中正常资金需求的贷款。

一、个人经营贷款

第一，兼有自然人贷款和企业贷款两者的特征。虽然个人经营贷款的借款人为自然人，但其借款资金却主要用于企业的生产经营，如企业、店铺、摊位等。因此，银行在审查时，既需了解借款人个人的信用，又需掌握借款人以往和未来的经营情况，判断还款来源的可靠性。

第二，还款能力较难把握。还款来源主要为借款人所投资企业、店铺、摊位的未来经营收入，而其财务报表真实性、可信性不足（或无报表），经营现金流较难判断，持续经营能力难以把握，银行对风险的控制主要寄希望于抵押和担保等手段。

第三，风险在各类个人贷款业务中最高。个人经营受宏观经济形势、国家政策、行业走势、市场供求关系、个人经营管理能力等多重因素影响，存在更多的不确定性。因此，个人经营贷款比个人住房抵押贷款及个人消费贷款等风险性更高。

第四，相对于法人贷款，个人经营贷款的金额小、笔数多，贷前调查及贷后管理成本均较高，银行管理难度大，清收难度大。

1. 借款人应具备的条件

- 持有合法有效的身份证件，具有当地城镇常住户口或有效居留身份，有固定住所。
- 持有工商行政管理机关核发的营业执照及相关行业的经营许可证。
- 有固定的经营场所，有明确的生产经营计划，贷款用途明确合法。

- 信用良好，无违约行为和不良信用记录，有稳定收入和还本付息的能力。
- 在银行开立个人结算账户，愿意接受银行信贷结算监督。
- 能提供银行认可的财产抵押、质押或保证的担保。
- 银行规定的其他条件。

2. 贷款条件

- 贷款金额由银行根据借款人的资信和担保情况来确定，不超过银行规定的最高上限。
- 贷款主要用于流动资金，期限根据经营回收期而定，且最长不超过一年。
- 贷款利率按照银行规定执行，根据风险程度和综合收益情况上浮利率。

3. 还款方式

- 等额本息还款法：贷款期限内每期以相等的金额偿还贷款本息。
- 宽限期后等额本息还款法：贷款宽限期内只偿还利息不还本金，过了宽限期按照等额本息还款法还款。
- 按期付息，一次性还本法：贷款期限内，每期只偿还利息；贷款到期时，一次性偿还全部本金。
- 一次性还本付息法：贷款到期日一次性归还全部贷款本息。

4. 注意事项

- 控制贷款金额，限定单笔的上限，如100万元、300万元、500万元、

1 000万元等。对于偿还能力强、经营状况连续三年以上良好、无拖欠款并提供强担保等综合条件优良的客户，银行可给予其一次核定授信额度。在授信期限和额度内，借款人可分次提款，循环使用。

- 注意借款人不同时期的资金需求。对于个人创业期的贷款申请、产品饱和期的贷款申请，银行要从严控制；对于生产经营扩大期的贷款申请，在核实购销合同和产品订单无误后，银行可予以支持。

- 要求抵押担保。由于个人经营贷款变数大、风险高，所以银行务必抓好强担保工作：对于价值稳定的土地，可以接受；对于个人房产，可以接受；对于通用性差、贬值快、难处置的设备，要从严接受，还应该要求借款者个人的担保。担保协议等应有借款人配偶的签字同意。

- 利率要上浮。个人经营贷款对于银行来说，风险高、金额小、费时多、成本高，因此银行应该收取比较高的贷款利率，以抵补风险和成本。

- 做好贷款档案管理。质押物、抵押物的他项权利证书、保险单据正本等重要凭证应按银行规定专门保管。

- 及时处置风险。知晓借款人丧失民事行为能力或失踪的，银行应按借款合同规定，由其财产合法继承人或其财产代管人继续履行借款合同的还款义务。债权已经设定担保的，银行有权处分抵质押物，追究保证人连带责任。

5. 主要风险与防范

- 经营者个人风险。个人经营贷款能否成功，在很大程度上取决于经营者的个人能力，往往是"成也萧何，败也萧何"。客户经理务必时时关注经营者个人各方面的情况，包括敬业度、健康、家庭、债务、社交圈、个人嗜好等。

- 经营风险。产品不能多元化，而应该做专、做精、做好，有市场的认知度，要有固定的供销渠道。客户经理对此必须做好充分的事前调查工作。

- 挪用风险。个人使用资金的随意性强，银行要防止贷款资金被挪用于赌博、抵债、吸毒等方面。特别是在地区资金紧张时期，贷款资金被挪去放高利贷、炒股票、炒期货等，风险很大。对此，银行必须加强监控资金去向，对结算账户中大额资金的进出情况要掌握好，控制好还款的资金来源。

- 过度授信。对同样一家企业，银行若已对法人贷款，又对老板贷款，或对不同自然人及股东分别贷款，就会出现交叉授信、重复授信，最终导致过度授信使借款人无力偿还。因此，银行不准许借款人重复授信，除非有符合银行要求的房地产做抵押。

二、个人经营贷款业务品种

1. 个体商户小额贷款

个体商户小额贷款是指银行向从事生产、加工、贸易、服务等活动的私营企业主、个体工商户等客户群体发放的用于满足其生产经营活动资金需求的、金额较小的联保、保证或抵质押贷款。

适用对象：20~60周岁，具有完全民事行为能力的自然人。

基本资格：具有当地户口或在当地连续居住一年以上；连续正常经营活动一年以上，有一定的自有资金和经营管理能力；小微企业主的小微企业必须为私人所有或私营控股，国有股份比例合计不得超过49%，且国家不能直接或间接参与日常管理；有限责任公司个人股东、合伙企业个人合伙人贷款的，公司股东或合伙企业合伙人应在五人（含）以内，且借款人在公司所持股份不低于20%。

贷款条件：联保贷款单笔金额最高15万元，保证贷款单笔金额最高20万元，抵质押及法人保证贷款单笔金额最高40万元，贷款期限最长二十四个月。

还款方式：等额本息还款法，即在贷款期限内每期以相等的金额偿还贷款本息；宽限期后等额本息还款法，即在贷款宽限期内只偿还贷款利息，在宽限期后按照等额本息还款法偿还贷款；按期付息到期还本法，即在贷款期内每月支付利息，贷款到期时偿还全部本金；利随本清法，即在贷款期内不付利息，贷款到期日一次性归还全部本息。

担保方式：三人（含）以上联保、自然人保证、法人保证和抵质押担保。

办理流程：申请人提交贷款申请→银行调查审批→签订贷款合同→落实贷款担保条件→银行发放贷款→借款申请人按要求还款。

申请资料：本人身份证原件与复印件，经年检合格的营业执照原件和复印件，经营场所产权证明或租赁合同；已婚申请人还必须提供配偶身份证原件与复印件，婚姻状况证明原件与复印件（结婚证或夫妻户口在一起的户口簿）；从事特许经营的，还应提供相关行政主管部门的经营许可证原件与复印件；由其他自然人（或法人）为贷款申请人提供保证担保的，担保人应经过银行审核（或准入），并根据银行要求提供相关证明资料；有限责任公司个人股东申请贷款的，应提供机构代码证、税务登记证、纳税证明材料、证明股东股权结构的材料（比如出资协议）、上年度和最近三个月的财务报表、有限责任公司主要结算账户最近六个月的交易明细，同时签署企业征信查询授权书，授权银行查询其企业征信报告。

2. 个体营运客车贷款

个体营运客车贷款是指银行向借款人发放的用于购置客车投入营运

的贷款。

目标客户：从事客车营运行业的个体户。

贷款条件：贷款金额上限不超过300万元，最长期限不得超过三十六个月。

担保方式：以购置的营运客车做抵押。

还款方式：可采取一次性还本付息法、按月等额本息还款法、阶段性等额本息还款法。

案例 **运输贷圆了丁先生的梦**

丁先生是一名大货司机，具有多年从业经验，掌握了一定的客户资源。他想购买一辆重型货车跑运输，成就自己多年的梦想。丁先生曾多次到汽车经销商处询问价格，但凭自有资金无法一次性支付货车全款。这时经销商看出了丁先生的难处，告诉他有家银行可以办理"运输贷"。丁先生找到银行客户经理，很快办妥了贷款手续，最终开上了自己的新车，每天跑运输，生意不断。丁先生高兴地对银行客户经理讲：是银行贷款圆了我的梦。

3. 个人小水电贷款

个人小水电贷款是指小水电经营者申请的用于水电生产经营活动所需资金的抵押担保贷款。

目标客户：从事小水电经营行业的小微客户。

贷款条件：授信金额上限不超过1 000万元（含），授信期限不超过十年。

担保方式：以借款人本人、配偶或借款人所经营企业名下的小水电资产（含房产及其他构筑物、机器设备等）整体做抵押，同时以小水电电费收益权为质押（当地中国人民银行征信分中心可以办理质押登记）。

4. 个人林业贷款

个人林业贷款是指银行向自然人发放的，以抵押人所有或依法有权处分的森林、林木和林地使用权（简称"林权"）抵押为担保方式，用于借款人本人合法生产经营的担保贷款。

目标客户：个人林业经营者。

贷款条件：授信金额合计不超过200万元，授信期限不超过三年。

担保方式：以林权抵押为主要担保方式，酌情追加保证人。

5. 个人海域养殖贷款

个人海域养殖贷款是指银行向自然人发放的，用于与海参底播养殖经营相关的用途，以海域使用权抵押为主要担保方式的贷款业务。

目标客户：从事海域养殖的个人。

贷款条件：金额不超过200万元，授信期限最长三十六个月。

担保方式：海域使用权抵押担保。

6. 个人海洋捕捞贷款

个人海洋捕捞贷款是指银行向自然人发放的用于海洋渔业相关生产经营活动，以渔船抵押为担保方式的贷款。

目标客户：从事海洋捕捞行业的个人。

贷款条件：金额不超过500万元，期限不超过五年。

担保方式：主要采取已办理保险的钢质渔船抵押方式，必要时追加自然人的保证担保。

7. 个人内河运输贷款

个人内河运输贷款是指银行向自然人发放的，以内河运输船舶抵押为主要担保方式，用于内河航运合法经营的担保贷款。

目标客户：从事内河运输行业的个人。

贷款条件：贷款金额不超过船舶评估价值的40%，贷款期限不超过三年。

担保方式：以借款人本人或配偶名下所有或共有的内河运输船舶抵押为主要担保方式，酌情考虑追加保证担保或者房地产抵押担保等。

还款方式：可采用利随本清、按月结息到期还本、按月等额本金或按月等额本息的还款方式。

办理要点：贷款到期时，借款人年龄原则上男不超过60周岁，女不超过55周岁；用于抵押的船舶应在政府规定部门进行登记；用于抵押的船舶必须参加财产保险，并注明第一受益人为银行。

8. 个人工程机械贷款

个人工程机械贷款是指银行向申请人提供一定比例的购买工程机械的资金，以该工程机械为抵押，并以其经营收入为还款来源的贷款。在银行与工程机械经销商签订的合作协议中，银行予以授信额度，经销商对工程机械承担回购处置责任。

工程机械是指在各种工程建设中应用的机械，包括装载机、挖掘机、破碎机、推土机、摊铺机、起重机、混凝土搅拌机、泵车等。

贷款条件：

- 如果贷款以保险公司或银行认可的第三方保证方式提供担保，那么贷款最高比例为购买工程机械价款的80%；如果贷款只是以所购工程机械为抵押，那么贷款比例不高于60%。
- 贷款期限最长不超过三年（含），要求采用分期还款方式。
- 贷款利率可以根据市场竞争情况和风险程度上浮。

注意事项：

- 借款人应具有稳定的收入，信用良好，有偿还贷款本息的能力。
- 借款人必须在银行指定的工程机械经销商处购买工程机械。
- 借款人应向经销商支付工程机械首期付款，或已将相应的款项存入银行（作为首期付款）。
- 借款人应在银行开立存款账户，并保持不低于三期还本付息的余额。
- 贷款必须在银行批准的额度内发放，不得突破。
- 借款人应以所购工程机械为抵押，或有足够代偿能力的单位作为保证人。
- 有关抵押物的权利证书应按银行有关规定专门保管。
- 借款人申请工程机械贷款，必须提供担保，担保合同的期限应长于借款合同的期限。
- 借款人可选择多种担保方式，包括所购车辆抵押、第三方保证、银行接受的其他担保方式。
- 经销商应经营状况良好，在银行开立结算账户和保证金账户，并保留一定的保证金。
- 当借款人由保险公司提供抵押物财产保险时，保险公司应与银行签订合作协议。

9. 专业市场商户贷款

专业市场商户贷款是指在专业市场里经营的商户在专业市场关系人担保或其他有效担保情况下，从银行取得的用于补充经营所需流动资金的贷款。

适用对象：在专业市场中经营的，经专业市场所在地工商行政管理机关（或主管机关）核准登记的企（事）业法人、其他经济组织、个体工商户或具有完全民事行为能力的自然人，均可作为授信对象。

贷款条件：贷款金额不高于全年营业额的四分之一；贷款期限一般为一年；贷款必须用于日常经营资金周转，不能用于其他用途。

办理要点：市场关系人或保证人需事前获得银行授予的担保额度；银行对专业市场统一授信，专业市场提供担保的商户即可获得贷款，无须抵押；申请人必须在专业市场中有固定经营场所，经营时间超过半年；申请人现金流正常，即一般情况下的经营性净现金流为正，每月经营性现金流入一般不低于当月主营业务收入的50%。

案例　建筑夹板市场商户获得500万元贷款

G夹板经营店在某夹板市场从事建筑夹板的批发及零售业务，该夹板市场权属人已取得银行保证担保额度，可对商户在额度内提供保证担保。G夹板经营店经营销售量稳步提升，所接订单较多，计划向银行融资500万元来扩大销售规模。

银行客户经理通过市场权属人了解到该商户的日常经营情况，在得到市场权属人的正面答复之后，给予该店500万元流动资金贷款授信额度，并由市场权属人提供保证担保。该店应银行要求，将日常流转资金放在银行运作。贷款采用受托支付，市内支付的必须转入供货商在银行的账户。

10. 摊位贷款

摊位贷款是指银行以租赁权质押为担保方式向摊位业主发放的，用于临时性经营周转的贷款。

适用对象：在大型批发及零售市场从事商品经营的个体工商户。

贷款用途：贸易环节商品采购。

准入条件：具有银行经办机构所在地常住户口，需在批发市场持续经营一年以上；在银行开立结算账户，主要结算业务在经办行办理；资信良好，借款人无重大违约记录。

贷款条件：贷款额度最高不超过借款人正常经营活动所需流动资金的70%；贷款期限最长不超过一年；担保方式为摊位租赁权质押；支付方式为受托支付、专款专用。

案例　5万元信用贷款解决梁先生旺季进货资金需求

梁先生是广东湛江人，来深圳有五个年头，与妻子在一个市场段租了一个摊位，以销售内衣裤、袜子、毛巾等日用品为主，初期投入1万元。2011年，梁先生又在另一个市场租了摊位，开了一家内衣店。由于季节更替，梁先生需要资金给自己的两家摊位进货，为旺季做准备。梁先生前来银行申请贷款，金额为5万元，期限为一年。

银行客户经理上门拜访考察了解到：梁先生的第一个摊位已经营四年，摊位规模虽小但是每月都有盈利，销售相对稳定；第二个摊位刚注册，经营时间不长；梁先生在深圳没有房产也没有车子，但夫妻俩脚踏实地、诚信经营小本生意，靠自己一点一滴积累起来，让人敬佩。

结合梁先生的情况，客户经理建议贷款额度5万元，其妹夫作为保证人，免任何抵押物。贷款顺利审批通过。三天后，梁先生等人来银行签订借款合同。次日，梁先生的手机信息显示，其账户上收到了该笔贷款资金。

11. 烟草贷款

烟草贷款是指银行向从事烟草销售的小超市或商店经营者发放的，用于满足其经营活动资金需求的贷款。

适用对象：拥有烟草专卖零售许可证且许可证登记人为本人的经营者。

贷款条件：单笔金额最高50万元，贷款期限最长十二个月。

贷款担保：不超过30万元的贷款采取信用模式，超过30万元以上的贷款必须提供自然人保证担保，借款人和保证人必须在当地拥有合法可交易房产。

办理要点：烟草专卖零售许可证有效期限必须大于贷款到期日；银行有代收烟草款业务；借款人需拥有实体门店，且经营年限达两年以上；如果经营实体门店为租赁，那么租赁合同到期日必须晚于贷款到期日。

12. 裘皮贷款

裘皮贷款是指以借款人合法拥有的裘皮做质押办理的短期融资业务。银行与借款人以及符合银行要求的仓储单位签订三方合作协议，仓储单位接受银行委托对货物进行有效看管，从而实现银行对裘皮的占有监管。

贷款条件：贷款额度按质押率不高于60%确定；贷款期限的确定应与申请人生产经营情况和贸易经营周期相匹配，原则上不超过六个月；利率按照银行相关政策执行。

开办条件：主营业务突出，有良好的销售状况，所经营的商品销售顺畅，无积压现象，周转速度快；主要管理人员具备较丰富的裘皮行业专业知识和从业经验，原则上从事裘皮行业时间不低于五年；商业信用及银行信用良好，财务状况良好，资产负债率不超过当地同行业平均水平；有真实的贸易背景，资金需求应为主营业务所需的短期流动资金需求；经银行认可有固定的存储货物仓库，存储设施符合安全要求，所在地域便于银行监控，交通条件便利。

所需材料：拟质押皮张的购销合同、发票及付款凭证，硝染厂加工单证；拟质押为进口皮张的，应提供相关进出口批文及已获海关通关的相关资料；提供质押物清单，说明质押物的名称、数量、质量、产权人、存放地点等。

13. 租金贷

租金贷是指银行向承租人发放的专项用于交纳商场、市场租金的贷款，根据发起人的不同分为标准租金贷和批量租金贷两类业务。

标准租金贷是指贷款申请由商业地产承租人发起，专用于其向出租方支付租金的贷款；批量租金贷是指由写字楼、专业市场、商业街、大型商场等商业地产的产权方或拥有整体承租权的出租方主动发起业务合作申请，以最终承租人为借款人，专用于借款人向出租方支付租金的贷款。

贷款对象：小微企业和自然人。

贷款条件：贷款金额根据商户实交租金额度确定，借款人单一还款期内净现金流入量必须覆盖单期还款额度，最高不超过100万元。

贷款期限：标准租金贷最长可达三年，批量租金贷最长可达两年，贷款利率按照中国人民银行及贷款行有关规定执行，还款方式可选择按月、季、半年不同分期还款方式。

担保方式：标准租金贷可采用信用、抵押、质押和保证方式，批量租金贷采用出租方整体保证担保方式。

开办条件：借款人在商场（市场）内已经营三年，规模较大，得到业主认可；借款人经营的产品或品牌得到大众认可，经营位置较好；经营规范，资金结算严格遵循业主要求，由商场（市场）统一管理；信用状况良好，无不良行为和不良信用记录；借款人有一定的经营积累和稳定的现金流，且现金流足以覆盖分期还款；借款人在银行开立人民币基本或一般账户、活期储蓄存折、银行卡，经营资金在银行周转。

案例 租金贷使客户节省了场租成本

黄先生想在一家大型商场租赁一个商铺，商场要求他一次性交纳三年的租金，这对于事业刚刚起步的他来说是一笔不小的数目。后来，商场介绍他到附近一家银行办理"租金贷",并愿意为他提供担保。黄先生到银行后很快办理了三年期贷款,支付了租金。虽然黄先生承担了贷款利息,但由于是一次性交纳了三年租金,商场方面也给予其租金优惠折扣,使其节省了场租成本。每月等额偿还银行贷款本息,也大大减轻了资金压力。目前,黄先生的生意红红火火。

14. POS 流量贷

POS流量贷是指银行以商户POS交易流水及其他征信情况为授信依据的纯信用贷款。

贷款对象:开通银行金融POS或商务通的小微企业实际经营者、个体工商户;在年龄方面,原则上男不超过60周岁,女不超过55周岁。

贷款条件:贷款额度按照借款人资信状况、风险状况等合理确定,上限为借款人近六个月金融POS或商务通绑定账户收单交易总额的20%,原则上最高不超过100万元;贷款期限以短期为主,不超过一年。

办理要点:借款人需具有固定的经营场所,且在该场所持续经营一年以上;提供金融POS或商务通绑定账户近六个月的收单无间断流水记录,且六个月月均有效收单金额不低于5万元。

15. 航空票务代理贷款

航空票务代理贷款是指银行为解决航空票务代理人、旅行社经营者周转资金紧缺问题而提供的无担保短期流动资金贷款。

服务特色:免除借款人寻找担保的烦恼;授信额度随借随还,可循环使用;多个贷款期限,由企业自由选择;贷款可根据实际的票务需要多渠道支付。

贷款条件:贷款金额根据借款人资金周转的缺口确定,贷款期限不超过一年。

办理要点：借款人所有结算资金都必须在银行指定的账户内办理。

16. 线上税融通

线上税融通是指银行向依法诚信纳税的小微企业主个人发放的，用于其名下经营实体日常周转的全线上、自动化个人经营性贷款。

服务对象：依法诚信纳税的优质小微企业主，包括个体工商户经营者、个人独资企业投资者、合伙企业执行事务合伙人以及法人企业的法定代表人，要求个人信用状况良好，其名下有经营实体。

申请资格：申请人在当地具有经营实体，并持续经营超过两年；申请人名下企业诚信缴税，无税务部门依法认定的严重失信情形，最近一次纳税信用等级评定结果为非D级。

贷款条件：授信金额最高100万元；授信期限最长两年；纯信用贷款；按月付息、一次还本，允许提前还款。

业务特色：易申请，可随时随地在线申请；无担保，纯信用，无须任何抵押或保证；速审批，自动审批，即时在线获知终审结果；额度高，最高可达100万元；成本低，利息大幅优惠，无须申办费用，随借随还，不提用贷款不产生利息；便利化，客户申请、贷款合同签订、提款全流程在网上银行操作；支持7×24小时在线操作，全天候支持客户的用款需求。

04
消费类贷款

消费可分为物质生活消费、精神文化消费、劳务消费三大类。物质生活消费主要是指吃、穿、住、用、行的消费。精神文化消费主要是指娱乐身心和提高自身素养的各种消费。劳务消费是指家庭花钱购买的各种服务。

随着思想观念的变化和预期收入的提高，社会中已有越来越多的人（特别是年轻人）通过银行贷款来提前满足家庭和个人的消费需求，银行也提供了相应的贷款品种。

一、家庭消费贷款

家庭消费贷款是指银行向符合条件的个人发放的用于其本人及家庭具有明确消费用途的贷款，包括普通贷款和额度贷款。

贷款对象：有消费融资需求，年满18周岁且不超过60周岁的具有完全民事行为能力的中国公民。

贷款用途：贷款必须有明确的消费用途，包括住房装修、购买耐用消费品、旅游、婚嫁等；贷款不得用于购买住房和商业用房。

担保方式：采取抵押、保证、信用方式。

贷款条件：单户贷款额度不超过200万元，贷款期限最长不超过五年，贷款利率按照银行规定执行。

还款方式：等额本息法、等额本金法、到期一次还本付息法、按期付息任意还本法等。

办理流程：

- 客户申请。客户向银行提出申请，书面填写申请表，同时提交相关资料。
- 签订合同。在银行对借款人提交的申请资料调查、审批通过后，双方签订借款合同、担保合同，视情况办理相关公证、抵押登记手续等。

- 发放贷款。银行在审批同意借款人的贷款申请并办妥所有手续后，按合同约定发放贷款。
- 按期还款。借款人按借款合同约定的还款计划、还款方式偿还贷款本息。
- 贷款结清。贷款结清包括正常结清和提前结清两种。

二、家居装修贷款

家居装修贷款是指银行向借款人发放的专项用于家居装修的贷款。借款人可在银行认可的装修公司、家居卖场、在线家装平台等第三方合作机构开展住房装修、购买家庭装饰装潢材料及服务，或购买家居产品，等等。

第三方合作机构条件：

- 装修公司准入条件：取得三级以上建筑装饰装修工程设计与施工资质；在全国或当地具有一定知名度，企业规模较大，管理规范，施工质量高，纠纷较少。
- 全国性或较大的区域性装修建材商场或家居卖场。
- 全国知名的家居装修类网站。

贷款条件：贷款金额不超过50万元，贷款期限最长不超过五年，贷款利率可上浮，原则上采用信用贷款模式，还款可选择等额本金、等额本息、弹性还款等方式。

办理要点：

- 在贷款申请获得批准后，客户经理应当面见受信人并签署相应合同、借据、受托支付委托书等相关协议。

- 如果借款人与第三方合作机构发生消费纠纷，那么双方应按消费合同纠纷解决条款自行解决，借款人不得以此为由不按期归还银行贷款本息。

三、工薪人员消费贷

工薪人员消费贷是指银行向符合条件的党政机关、财政统发工资的事业单位、优势行业企业单位正式在职职工发放的，以其工资性收入为主要还款来源，具有特定消费用途的贷款。

优势行业包括金融、烟草、邮政、通信、石油、电力、铁路、公路、航空、城市供水供气等。借款人需在现单位工作一年以上，具有稳定的收入来源和按期足额偿还贷款本息的能力，不存在到期未还的逾期贷款和信用卡恶意透支记录。

贷款对象：党政机关、事业单位人员，包括机关管理人员、全日制重点高等院校正式任职讲师、管理规范的公办中小学中级及以上职称的教师、具有领先优势医院的主治医师、银行核心优良客户及其他事业单位股级（含）或中层以上管理人员。

贷款特征：

- 可以免担保。只要符合规定条件，银行可给予客户发放信用贷款。
- 贷款方式灵活。除信用方式外，贷款方式还可采取抵押、质押、自然人保证及公司保证担保，既可单独使用，也可组合使用，方式灵活，选择多样。
- 贷款用途多样。贷款可用于购车、装修房屋、出国留学和旅游等各类合法消费。

四、在线自助质押贷款

在线自助质押贷款是指个人客户以其本人在银行的金融资产设定质押，通过在线自助申请、系统自动审批、实时获得的个人贷款。贷款可用于合理消费支出。

金融资产包括本币外币存款、贷款行理财产品、贵金属等。

1. 申办条件

- 年满18周岁且不超过65周岁，具有完全民事行为能力。
- 是贷款行的电子银行客户，持有银行颁发的安全认证工具。
- 能够提供合格的金融资产设定质押。
- 申请贷款时不存在逾期贷款和逾期信用卡透支。
- 在银行开立个人结算账户。
- 已签约第三方存管、快e宝、自动理财、基金定投等投资类合约的，需先解除以上合约，或在银行网银、掌银、营业网点等渠道开通二类账户后进行申请。

2. 产品特色

- 网络办理。通过网银、掌银完成申请、审批、签约、放款流程。
- 随借随还。可通过网银、掌银随时申请贷款，办理提前还款。

贷款条件：贷款额度不超过金融资产价值的90%，单户上限200万元，单笔合同金额上限30万元；贷款期限不超过金融资产到期日，最长五年。

还款方式：一年以内，利随本清；一年以上，按季结息，到期还本。

五、网络信用消费贷款

网络信用消费贷款是指银行通过系统自动对客户进行综合信用评价，向符合贷款条件的个人客户发放的用于消费用途的信用贷款。该产品支持从申请、审批、放款到还款的全线上贷款操作。

产品特点：免纸质材料，凭数据贷款；无须提前办卡，在线实时审批；贷款期限最长三年，随借随还。

贷款条件：金额最高30万元，期限分为12、18、24、36个月不等。

担保条件：综合信用高的客户，无须担保，无须抵质押。

还款方式：等额本息、按月还息一次还本。

05
教育类贷款

中国的家庭历来重视子女教育，节衣缩食、省吃俭用也要供孩子上学。而银行提供的教育类贷款，解决了莘莘学子学习费用的困境。无论是在校的本硕博学生，或是在职续读学位的有志青年，抑或出国深造的留学生，都有获得银行教育类贷款支持的可能。

一、助学贷款

助学贷款是指银行向高等学校中经济确实困难的学生发放的，用于支付学费、住宿费和生活费用的免担保信用贷款。

贷款对象：全日制普通本、专科生（含高职生）、研究生和第二学士学位经济困难学生。

贷款条件：用于学费的金额最高不超过借款人所在学校的学费收取标准，用于生活费的金额最高不超过学校所在地区的基本生活费标准；贷款总额度按正常完成学业所需年度乘以学年所需金额确定；贷款期限最长不得超过十年；贷款利率执行银行规定的同期限贷款基准利率，不上浮。

办理要点：

- 每笔贷款的具体额度由借款人所在学校按本校的总贷款额度、学费、住宿费和生活费标准以及学生的困难程度来确定。
- 借款人需提供乡、镇、街道、民政部门和县级教育行政部门关于其家庭经济困难的证明材料。
- 借款人需有同班同学或老师共两名见证人。
- 贷款行不直接受理借款人的申请，借款人通过所在学校与银行网点联系。
- 学费、住宿费、生活费按协议约定时间直接划入借款人在银行开立的活期储蓄账户。
- 借款人因毕业、结业、肄业、退学、转学、出国、被取消学籍等情形离校，应与银行签订助学借款还款补充协议，学校方可为借款人办理离校手续。
- 银行必须取得借款人离校后的联系方式。借款人毕业、结业、肄业的，银行应取得其工作单位的相关信息。
- 借款人蓄意逃废银行债务，不按承诺书的要求及时向学校和银行提供工作变动情况，致使贷款形成风险的，银行应会同教育主管部门、学校和其他有关部门采取债权保护措施，必要时可向社会公布，依法追偿贷款。

二、在职深造贷款

在职深造贷款是指银行向高端在职深造学习人士发放的贷款。社会白领虽然每月有稳定的收入，但就读在职学位需要一次性交十几万元、几十万元学费，通过这种贷款，可解决学费压力问题。

贷款用途：用于个人在职就读MBA（工商管理硕士）、MPA（公共管理硕士）等高端职业教育所需的学费及生活费用。

贷款条件：单户贷款金额最高不超过100万元，贷款期限为"学习时间+1年"，贷款利率按照银行利率规定执行。

担保方式：可采取抵押、质押、信用和"抵押+质押"组合方式。

还款方式：包括等额本息法、等额本金法、到期一次还本付息法、按期付息任意还本法等；贷款期限在一年以上的，必须采取按月等额本息还款法或按月等额本金还款法。

办理要点：借款人需提供学校录取通知书、接收函等相关证明材料，学生学习期间所需学费、住宿费、生活费等费用金额的有关证明材料，借款人还款能力证明材料，等等。

三、出国留学贷款

出国留学贷款是指银行向借款人发放的，用于支持受教育人在出国留学期间支付学杂费和生活费，或用于满足借款人在申请出国留学过程中所需保证金的人民币贷款。

适用对象：具有中国国籍且有完全民事行为能力的自然人，可以是学生本人，也可以是学生的父母。借款人为学生本人的，应由其在国内的配偶或父母之一作为共同借款人。

贷款用途：只能用于借款人或其资助的对象的学费、生活费用或开立贷款证明、存款证明。

贷款条件：贷款金额按照学校提供的每年学费、生活费标准，最高不超过80万元；贷款期限根据不同国家留学政策、借款人实际需要及担保情况确定，但最长不超过六年；贷款利率按照银行规定的利率政策执行。

担保方式：质押、抵押，或有经济实力的第三方担保。

四、留学金融服务优惠套餐

有的银行向出国留学人员推出五项组合优惠套餐。

优惠组合一：对于开立等值10万元以上的个人存款证明或出国留学贷款证明业务的客户，银行免收手续费。

优惠组合二：个人购汇+环球汇票。对于在银行购汇后开立环球汇票且单笔开立金额在等值5 000美元以上的个人客户，银行免收开立环球汇票手续费。

优惠组合三：个人购汇+柜面渠道境外电汇汇款。对于在银行购汇后通过柜面渠道办理境外电汇汇款，且单笔汇款金额在等值5 000美元以上的个人客户，银行凭学费证明材料实行汇款手续费减半优惠，最低收取20元，最高收取150元。对于同时申请办理留学信用卡的客户，银行免收汇款邮电费。

优惠组合四：预约开立境外银行账户+个人购汇+柜面渠道境外电汇汇款。对于办理这三项业务的个人客户，银行免收预开账户手续费。预开境外指定银行留学生账户的客户，可享受四次免收境外电汇汇款手续费和邮电费优惠。同时申请办理留学信用卡的客户，可额外增加两次全国通用免收汇款手续费和邮电费优惠。

优惠组合五：个人贷款+个人购汇+境外电汇汇款。在银行办理个人留学贷款并购汇汇出境外的客户，可优先享受贷款利率优惠。贷款所获资金在银行办理个人购汇汇出境外时，银行可实行汇款手续费减半，最低收取20元，最高收取150元，免收邮电费。

06
担保类贷款

银行在发放个人贷款时，可以接受的担保方式包括保证担保、抵押担保、质押担保。只要担保条件好，银行通常会快速审批、快速放款。

一、各类担保注意事项

1. 保证担保注意事项

担保人可以是自然人，也可以是法人，但资信均应强于借款人。

2. 抵押担保注意事项

- 抵押物应为变现能力强的房产，包括住宅、商用楼（含写字楼、商铺）。
- 抵押物必须产权明晰，必须按当地政府有关规定可上市交易，可以办理抵押登记。

- 抵押人必须将抵押物价值全额用于贷款抵押担保。
- 抵押房产仅限于银行所在市区，且在贷款期限内不属于政府拆迁范围。
- 以住房、写字楼、商铺等抵押的，必须为非闲置用房，且抵押率最高不超过银行规定比例。
- 以第三方个人所有的房产设定抵押的，必须由第三方所有权人出具书面的、合法有效的授权文件。
- 抵押物属于抵押人与他人共有的，必须提供共有权人同意抵押的合法有效的书面文件。
- 用于抵押的房产必须到银行指定的保险公司办理全额财产保险，保险期限不得短于贷款期限，并在保险合同中明确贷款人为该保险标的第一受益人。
- 抵押物必须由银行认可的评估机构进行价值评估，银行按照评估价值与市场公允价值的较低者确定抵押物价值。
- 抵押物的评估、保险、抵押、登记等费用由借款人承担。

3. 质押担保注意事项

- 质押物应为银行开立的本、外币存单或银行代售的凭证式国债，质押比例不超过银行规定。
- 银行应对存单或凭证式国债及印鉴、密码等进行核实，以确保真实性。
- 对于以第三方个人所有的存单或国债设定质押的，必须由第三方所有权人出具书面的、合法有效的授权文件。
- 质物属于出质人与他人共有的，必须提供共有权人同意质押的合法有效的书面文件。

二、担保类贷款业务品种

保证类贷款包括个人保证保险贷款、公职人员担保贷款、个人经营联保贷款等，抵押类贷款包括房产抵押额度贷款、二次抵押贷款等，质押类贷款包括个人权利凭证质押贷款、个人理财产品质押贷款、个人黄金质押贷款等。

1. 个人保证保险贷款

个人保证保险贷款是指银行为符合贷款条件并在保险公司购买个人贷款保证保险的自然人发放的，用于个人消费或经营用途的贷款。

借款人必须在保险公司购买被保险人为贷款银行的"××保险公司个人贷款保证保险"。

贷款条件：贷款额度起点为1万元（含），消费用途贷款最高30万元，经营用途贷款最高50万元；贷款期限最长三年，且不得超过借款人保险单载明的保险期限。

贷款优势：手续简便，凭保单申请贷款，无须其他担保；流程快捷，系统自动审批，可当日放款；贷款用途多样，可满足客户消费或经营信贷需求。

业务流程：保险公司受理客户保险申请并核保→银行受理贷款申请进行贷款调查→银行系统审查审批→签订借款合同→系统自动发放贷款→按约定还款→逾期催收及理赔。

案例	保险贷解决了王先生燃眉之急

王先生和妻子共同经营一家塑料薄膜厂，为了提高生产能力，想购入一台切割机和一批原材料。因为无抵押和担保，虽然银行结算情况良好，他们还是

遭到几家银行的婉言拒绝。王先生得知银行开办了"保贷通"业务,只需要在保险公司投保"个人贷款保证保险"就能获得贷款,于是来到银行申请办理,只用了三天时间就拿到了贷款资金,解了燃眉之急。

2. 公职人员担保贷款

公职人员担保贷款是指银行对从事种养业、生产、运输、加工等行业的自然人发放的,由公职人员承担连带责任保证担保的,主要以生产经营流动资金、合理的生活消费等合法资金需求为用途的贷款。

公职人员是指公务员、医生、教师等行政事业单位或金融、通信、电力、烟草等优势行业正式在职的收入较高、工作稳定的人员等。

贷款无须抵押或质押担保,贷款期限最长可达三年。贷款手续简便,审批程序快捷。

适合人群:年龄在18周岁(含)以上60周岁(含)以下的个人。

3. 个人经营联保贷款

个人经营联保贷款是指符合银行认定标准的若干自然人自愿组成一个联合体,联合体成员之间协商确定额度,共同向银行联合申请授信,联合体中每个借款人均对其他所有借款人的银行债务提供连带保证责任。

贷款对象:从事生产经营的个体工商户、承包经营户、小微企业主等。

贷款条件:单户授信额度最高不超过200万元,贷款期限最长为一年,贷款利率按照银行相关规定执行。

办理要点:联合体不少于3户,原则上不超过10户;借款人应将自有资金(授信额度的10%)存入保证金账户(作为质押);单户授信额度最大不得超过联合体总授信额度的40%;联合体授信总额原则上不得超过联合体各成员有效净资产之和;联合体授信总额度超过500万元的必须提供其他有效担保。

4. 房产抵押额度贷款

　　房产抵押贷款额度是指银行以借款人房产（包括住房和商用房）为抵押向其提供可循环使用的贷款额度，额度内贷款可用于各类消费。

　　对借款人而言，一次性获得贷款额度，可循环使用，避免每次用款时笔笔审批的麻烦。

　　贷款优势：

- 抵押房产、借款方便：不管是借款人还是他人的房产，均可用于抵押。
- 一次申请、循环使用：一次确定贷款额度，可循环使用，手续简便，提款便捷。
- 用途广泛、使用灵活：可满足客户购车、装修、教育、医疗、旅游、日常消费等多种资金需求。
- 超长期限、还贷无忧：贷款期限最长可达十年。

　　贷款条件：

- 贷款额度最高不超过抵押房产价值的90%，以商用房抵押的不超过80%。
- 贷款期限最长不超过十年，贷款到期日不得晚于抵押房产对应的土地使用权到期日。

　　还款方式：贷款期限在一年（含）以内的，可采用一次还本付息、定期结息到期还本等方式；贷款期限在一年以上的，可采用分期还款方式，选择等额本息、等额本金还款。

| 案例 | 郑先生300万元循环贷好用又省钱 |

郑先生经营一家服装连锁专卖店，资金使用频繁，每三个月大概周转一次。他在银行以自有门市房做了最高额抵押，申请办理了授信期限三年、额度300万元的"循环贷"。自此，郑先生随需随贷，随贷随还，将资金安排得井井有条，不仅满足了经营需要，而且节约了不少资金成本。

| 案例 | 张先生门市房抵押办妥80万元生意贷 |

张先生经营一家机械加工厂，急需80万元资金用于购买钢材。银行的客户经理得知这一消息后，主动找到张先生，帮助其出谋划策。交谈中，客户经理得知张先生还自有一门市房用于出租，于是建议张先生用门市房抵押办理"生意贷"。七天后，张先生顺利拿到了80万元贷款，解了燃眉之急。

5. 二次抵押贷款

二次抵押贷款是指已获得银行个人一手房抵押贷款的借款人，在办妥房屋抵押登记后，用该房屋的剩余抵押价值（房屋购入价 – 原购房抵押贷款抵押额）再次抵押，向银行申请用于个人消费或个人经营的贷款。

贷款对象：个人一手房抵押贷款客户，收入稳定、信用良好，有按期偿还借款本息的能力。

贷款用途：

- 可用于购买大额耐用消费品、住房装修、旅游度假、教育培训、医疗保健、养老费用支出等个人或家庭日常生活消费。

- 可用于个人生产、经营活动需求。
- 不得用于购房、股票、证券投资等国家法律和金融法规明确禁止的用途。

贷款条件：贷款额度最高可达200万元，贷款期限与抵押贷款期限相同。

房屋要求：

- 房屋所处位置优越，交通便利，配套设施齐全，具有升值潜力。
- 房屋是使用银行购房抵押贷款购买的一手房。
- 房屋已办妥抵押登记，且银行是房屋的唯一抵押权人。

办理要点：借款人应提供二次抵押房产的购房合同和房屋权属证明。

案例 **赵先生两套房产速获150万元增值贷款**

赵先生常年做批发贸易，名下有两套房产，房龄不到三年，地理位置优越。两套房产购买价合计300万元，赵先生按七折抵押率已获银行贷款200万元用于日常经营。近几年，该地段房产不断升值，两套房产评估价已经升至500万元。

赵先生近期新签了一份合同，急需150万元流动资金。当银行客户经理向他介绍了"增值贷"产品后，赵先生仍以两套房产为抵押向银行申请新贷款。通过标准化业务流程，银行仅用了三天时间就完成了审批流程，及时发放了贷款，解了赵先生的燃眉之急。

6. 个人权利凭证质押贷款

个人权利凭证质押贷款是指借款人以本人在银行办理的未到期权利凭证质押而获得的贷款。

权利凭证：

- 个人定期存单，是指银行各分支机构开出的整存整取、存本取息和外币定期储蓄存款等具有定期存款性质的权利凭证。
- 凭证式国债，是指1999年（含）后财政部发行，银行以"中华人民共和国凭证式国债收款凭证"方式销售的国债。
- 储蓄国债（电子式），是指财政部通过银行面向个人投资者销售的、以电子方式记录债权的不可流通人民币债券。

贷款条件：贷款金额不超过权利凭证金额的90%，贷款期限为权利凭证日 $+N$ 天。

办理要点：借款人应提供本人名下合法有效的个人定期存单或凭证式国债或储蓄国债；未结清银行贷款的借款人不得支取权利凭证的资金；借款人授权银行，如果贷款逾期，那么银行可用权利凭证资金直接抵扣贷款本息。

案例 **王先生存单质押贷款27万元购买新轿车**

王先生急需购买一辆轿车，手头现金不够，但他有一张即将到期的30万元一年期定期存单。如果他提前支取，那么根据规定，存单只能按活期计息，利息损失会很大。客户经理建议王先生办理"存单贷"。王先生同意后，在一个工作日内就提取了27万元贷款。贷款到期日，王先生自己驾驶着新购买的轿车来银行办理还款手续，存款利息减去贷款利息还有不少剩余。王先生感到很划算，对银行的服务效率大为赞赏。

7. 个人理财产品质押贷款

个人理财产品质押贷款是指借款人以银行理财产品质押而获得的贷款。

贷款优势：

- 额度高：单笔贷款金额最高达 1 000 万元。
- 用途广：可满足客户消费、经营多种资金用途。
- 盘活资金：盘活理财资金，满足临时性资金周转需求。

贷款条件：贷款金额不超过理财金额的 90%，贷款期限为理财到期日 +N 天。

办理要点：借款人应提供合格的个人理财产品，以及购买该理财产品的个人结算账户；未结清银行贷款的借款人不得支取理财产品的资金；借款人授权银行，如果贷款逾期，那么银行可用理财产品资金直接抵扣贷款本息。

8. 个人黄金质押贷款

个人黄金质押贷款是指银行面向个人客户发放的，以代保管的银行品牌金做质押且具有明确用途的贷款。

银行品牌金是指由银行自行设计，符合国家有关规定，冠以银行品牌，赋予一定含义，由银行委托指定的黄金加工企业加工制作的黄金产品。

贷款用途：用于个人客户的生产经营资金周转或各类消费支出。

贷款条件：贷款金额最高不超过所质押品牌金评估价值的 80%；贷

款期限最短不少于一个月，最长不超过一年；贷款利率按照银行的利率规定执行。

还款方式：可采取等额本息法、等额本金法、到期一次还本付息法、按期付息任意还本法等还款方法。

办理要点：借款人需提供用于质押的品牌金代保管收据原件；如果出质人为第三方，那么借款人还应提供出质人的有效身份证件的原件和出质人同意出质的证明文件。

07

特定群体贷款

银行个人贷款品种有多种划分方式，除了本章各节所述的产品之外，还有对社会中特定人员群体发放的贷款。这些特定人员群体有各自的特征和贷款资金需求，银行也就定向提供了专门的贷款服务。

一、个人创业贷款

个人创业贷款是指银行与市人力资源和社会保障局及各市、区级创业人员小额贷款担保机构合作开展的，向当地创业人员发放的，用于扶持其创业及日常经营活动、生产支出的个人贷款。

贷款条件：个人从事个体经营的，贷款额度最高15万元；个人创办企业或民办非企业单位的，贷款额度最高45万元；贷款期限最长三年。

还款方式：

- 贷款期限一年，采取按月付息到期还本的还款方式。
- 贷款期限两年，采取第一年按月付息、第二年按月还本付息（等额本息）的还款方式。
- 贷款期限三年，采取第一年按月付息、自贷款第十三个月起按月还本付息（等额本息）的还款方式。

借款人条件：

- 城乡失业人员以及未就业军队退役人员、残疾人、随军家属、失地农民、返乡农民工；毕业五年内的普通高等学校毕业生，市户籍普通高等学校毕业年度毕业生，普通高等学校在校生和休学创业在校生。
- 从事个体经营的，必须为营业执照注册人；创办企业或民办非企业单位的，必须为企业或民办非企业单位法定代表人。

贷款流程：

- 借款人向劳动保障部门提出申请。
- 申请经劳动保障部门审批通过后，银行对贷款进行审查，完成审批手续。
- 银行与借款人签订借款合同，银行与担保中心签订保证合同。
- 担保中心与抵押人、保证人签订反担保协议，办理抵押、担保手续。
- 银行发放贷款。

案例 **20万元创业贷款帮助大学生创业并带动农民增收致富**

张女士毕业于北京某大学，曾供职于多家民营企业，后来选择自主创业，成立了一家科技公司，种植巴旦木。为推广种植，她在北京西部关闭煤矿地带建立了山区丘陵地区发展示范基地，雇用当地农民，并开展前期培训，让农民掌握种植技术。待农民从示范基地中看到效益后，她再以订单方式推广，逐步扩大规模，形成产业，从而带动农民增收致富。

就在张女士热情高涨、干劲十足的时候，她手头却缺少了流动资金，缺口达20万元。一筹莫展之时，她找到了区劳动服务管理中心，在该中心和一家银行的大力帮助下，成功获得了20万元的小额担保贷款，这也是该家银行发放的全市第一笔支持大学生创业的小额担保贷款。

该笔贷款在关键时刻解了张女士创办公司的燃眉之急。几年后，公司共建成5 000亩巴旦木标准化生产基地，分布在五个山区乡镇，基地的示范优势已全面展现，吸引并带动了更多农民实现增收致富。张女士真正走出了一条大学生自主创业之路。

二、下岗再就业贷款

下岗再就业贷款是指银行与人力资源与社会保障部门、妇联、共青团、扶贫办、农委等政府部门合作，向遵纪守法、诚实守信、有劳动能力和就业愿望的再就业人员发放的，用于扶持其再就业的担保贷款。

适用对象：符合国家政策的下岗再就业人员，包括下岗失业人员、城镇其他登记失业人员、城镇复员转业退役军人，以及符合条件的高校毕业生等客户群体。

基本条件：具有当地户口或在当地连续居住一年以上；连续正常经营三个月以上；贷款用途正当、合理，有一定的自有资金和经营管理能力。

贷款条件：单笔金额最高30万元；合伙经营或组织起来就业的，单笔金额最高50万元；贷款期限最长二十四个月。

贷款担保：可采用联保、自然人保证、法人保证和抵质押担保等多种方式。

案例　8万元就业贷使王师傅重新上岗

王师傅几年前买断工龄下岗回家，因有过硬的电焊技术，想开一个小加工点，但苦于没有流动资金。后来，老王得知当地银行有一种"就业贷"产品，该产品专门扶持下岗职工创业，于是他来到银行咨询后决定申请贷款。银行经过调查、审批，很快为老王创业提供了8万元贷款。目前，老王生意兴旺，孩子也快大学毕业了，家里经济状况越来越好。

案例　5万元青年创业贷款使小李的工作室小有名气

三年前，小李从一所大学的软件设计专业毕业，应聘了几个职位，但与所学专业不对口，不太满意，于是立志用所学知识自创一番事业，想成立一个软件设计工作室。后来，他找到市团委寻求支持，市团委认为项目可行，便对口推荐给开办青年创业贷款业务的一家银行。经银行审查、审批后，小李申请到了5万元、三年期限的青年创业贷款，并且由团市委补贴利息。目前，小李不仅还清了贷款，而且在行业内已经小有名气，项目设计订单也越来越多。

三、女当家创业贷款

女当家创业贷款是由市财政局、市劳动和社会保障局、中国人民银行中心支行、市妇联共同发起的，由市担保中心与市妇联、主办银行共同开办的妇女创业贷款，主要是为了加大小额担保贷款扶持妇女创业的工作力度。

贷款条件：

- 贷款额度：个体经营者5万元以内；企业资产超过15万元，带动3人以上就业的，可给最高额8万元。
- 贷款期限最长不超过两年。

借款资格：为支持妇女就业，借款企业经营时间应超过三个月，且符合以下条件之一。

- 年龄18至60周岁且拥有固定经营场所的女性个体商户。
- 超过51%的股份为女性持有的中小企业。
- 超过20%的股份为女性持有且有女性高管的中小企业。

办理要点：

- 借款人必须有固定的生产经营场所和一定的自有资金，必须有当地城乡户口，必须在法定退休年龄以内，必须持有就业失业登记证或其他相关证件。
- 贷款申请需由当地妇联、市担保中心、贷款银行三方审查同意。
- 市担保中心同意担保后，银行发放贷款。
- 创业者享受财政全额贴息，政府定时发放贴息款至借款人账户，用于每月支付银行利息。

四、优秀女企业家贷款

优秀女企业家贷款是指银行向优秀女企业家个人、女企业家企业提供的优惠利率贷款，同时提供从开户结算到投资理财规划，以及专属金融顾问和主题活动的全方位金融服务。

产品特点：重点支持在科技、文化、环保、社会公益等各领域有较大影响力的女企业家；借款人如果通过银行认可的荣誉、奖项、专利等，那么还可获得优惠利率。

客户资格：在企业担任法定代表人的女性，从业经历在三年以上。

优惠利率参考条件：

- 获得全国女性荣誉称号的个人或企业，按最低利率执行。
- 获得省级女性荣誉称号的个人或企业，利率上浮5%。
- 获得市级女性荣誉称号的个人或企业，或是农村创业致富女能手协会的会员，利率上浮10%。
- 其他科技、文化、环保、社会公益等各领域有较大影响力，企业的产品、作品、知识产权获得全国级、省级、市级奖项，获得银行认定后，参照以上标准享受相应优惠利率。

办理要点：借款人应提交各级部门颁发的荣誉、奖项、专利证书，必要时需办理抵质押担保。

五、圈链会高管贷款

圈链会高管贷款是指银行专为商圈和产业链高层管理人员或实际控制人推出的特色信贷产品，资金用于其所在企业的生产经营。

服务客群：专业市场、商会、行业协会等商业业态组织的高层管理人员或实际控制人。

贷款条件：贷款额度最高200万元，一次审批，可循环使用；贷款期限两年，且不超过借款人高层管理职位任期届满后半年。

担保方式：无须抵押，信用方式即可申请。

还款方式：按月等额还本，按月付息、按季等额还本，混合还款方式。

六、项目经理贷款

项目经理贷款是指银行向从事建筑、安装等施工承包的项目经理发放的个人贷款。

贷款对象：承包工程项目企业的法定代表人委托对工程项目施工过程全面负责的项目管理者；承包工程项目企业法定代表人在工程项目上的代表人；按有关规定允许对总承包项目实施工程分包的经营者。

贷款条件：贷款金额一般按工程总金额的15%掌握，原则上单户金额最高不得超过1 000万元；贷款期限原则上不超过一年，且不超过对应项目工程的最后一笔工程款付款日期；贷款利率按银行规定执行。

担保方式：贷款额度在300万元（含）以下的，可采用全额保证方式；贷款额度在300万元以上的，必须提供不低于40%的抵质押担保。

贷款用途：必须是购买工程机械、建筑材料，严禁发放无指定用途贷款，更不得转移贷款用途。

办理要点：

- 借款人工作场所或实际居住地或户籍需在银行所在地范围内。
- 贷款到期时，借款人年龄原则上男不超过60周岁，女不超过55周岁。
- 借款人需提供所属本地建安公司颁发的项目经理委托书、项目经理资质证书或其他证明材料及建筑承建合同、分包协议或内部承包合同。

七、中产阶层贷款

中产阶层贷款是指银行向社会中产阶层发放的以职业收入为还款来源的消费贷款。资金可用于购车、购置大额耐用消费品、住房装修、健康医疗、休闲旅游、艺术品消费等用途。

贷款对象：在企事业单位有稳定收入的工薪族，包括白领（跨国企业、大中型国有企业或民营企业正式在职员工）、教师（高等院校、中小学校、幼儿园正式在职员工）、医生（公立医院正式在职医护人员）和公务员（政府公务人员、行政事业单位在编人员）。

贷款条件：贷款金额根据行业、单位性质、收入、家庭资产状况等因素综合确定，最高不超过120万元；贷款期限长达三年。

担保方式：凭个人信用，以工资等职业收入为担保，无须抵质押。

还款方式：可按月等额还款，或按月结息、到期还本。

需提供资料：借款人夫妻双方身份证、结婚证、户口本，借款人家庭资产证明（房产证、车辆行驶证等），借款人收入证明（工资单、税单等）与个人近半年银行流水。

八、艺术大师贷款

艺术大师贷款是指银行向本地在传统文化艺术领域内有突出成就，并以创作销售艺术品为主要收入来源的艺术大师发放的，用于家庭消费或者生产经营的个人贷款。

银行可采用信用方式发放贷款，借款人也可追加其他担保方式用于提高贷款额度。

贷款对象：25～65周岁，连续从事传统文化艺术专业十年以上的大师。

申请资料：借款人资质证书，包括各类技术职称证书、荣誉称号证书、作品获奖证书、协会理事会会员证书以及专利证书等。

九、其他贷款品种

除了以上贷款品种之外，银行还会向以下社会特定人员提供消费贷款：向符合个人公积金缴存条件的自然人提供贷款，向银行代发工资企业员工提供贷款，向符合社保缴存条件的自然人发放贷款，向符合税收缴存条件的自然人发放贷款。

贷款条件：年满18周岁的自然人，有稳定职业和收入，借款人信用记录良好，符合银行规定的其他条件。

08
农村个人贷款

农村个体经济私营者包括单个农民、农户以及其他从事农村范畴各业的个人、个体户和合伙私营企业等，经营领域涉及农业服务业等各个方面。随着改革的不断深入，农村专业大户的涌现和个体私营企业的发展，个体私营经济已成为农村经济的重要力量，解决了农村就业难问题，增加了农民收入。

农村个体私营经济雨后春笋般的发展势头，已从最初的"小打小闹"渗透到传统产业、新兴产业和高新技术产业各方面。生产型个体私营企业明显增多，科技型私营企业发展步伐加快。个体私营企业老板在不断壮大的同时，还呈年轻化、知识化的发展趋势，出现了一批年轻有为的少壮派。银行就势而为、因地制宜地推出许多贷款品种。

一、家庭农场贷款

家庭农场贷款是指银行根据农村家庭农场经营特点、融资期限、融资用途等发放的贷款。

贷款对象：家庭农场主、家庭农场经营者或家庭农场。

贷款用途：可用于家庭农场的生产经营，比如日常维护、购买农业生产资料、购买农业机械、支付土地租赁费用、基础设施建设维修等。

贷款额度：

- 从事种植业的贷款金额最高为借款人农业生产经营所需投入资金的70%。
- 其他家庭农场贷款金额最高为借款人农业生产经营所需投入资金的60%。
- 家庭农场单户贷款原则上最高不超过500万元。

贷款期限：对于贷款用于日常生产经营的，贷款期限不超过一年；对于贷款用于购买农业机械、支付土地租赁费用、基础设施建设维修的，贷款期限不超过三年。

贷款利率：可享受利率优惠。

还款方式：等额本息还款法，宽限期后等额本息还款法，按月付息到期还本法，利随本清法。

二、传统农户贷款

传统农户贷款是银行向从事农、林、牧、渔业或其他与农村经济发展有关的生产经营活动的客户群体发放的，用于满足其生产经营活动资金需求的，金额较小的联保、保证或抵质押贷款。

适用对象：20～60周岁，具有完全民事行为能力的自然人。

借款人条件：具有当地户口或在当地连续居住一年以上；必须已婚（含离异、丧偶），家庭成员中有两名（含）以上的劳动力；应从事符合国家产业政策的生产经营活动，且应连续正常经营一年（含）以上，有一定的自有资金和经营管理能力。

贷款条件：联保贷款最高8万元，保证贷款最高10万元，抵质押及法人保证贷款最高20万元，贷款期限最长二十四个月。

还款方式：可采取等额本息还款法，或一次性还本付息法。

担保方式：三人联保，自然人保证，法人保证或抵质押担保。

三、农家乐商户贷款

农家乐商户贷款是银行为推动城郊乡村旅游业发展，向经营乡村旅游个体商户发放的，用于满足其装修改建、扩大规模、日常经营等必要资金需求的个人小额贷款。

农家乐旅游是指依托当地农村自然生态、田园景观、民俗风情、农（林、牧、渔）业特色产业，以当地农户投资经营为主体，以"吃农家饭、住乡村屋、游田园景、享休闲乐"为主要特征，能为游客提供体现"三农"特色的"体验农家生活、享受农耕文明、欣赏乡村文化、感受自然风情"等休闲旅游服务项目。

适用对象：经营稳定、信用良好且安装银行POS机的农家乐商户。

贷款品种：

■ 小额信用贷款，贷款额度根据商户上年度使用银行POS机刷卡正常交易总金额进行测算，最高不超过5万元；贷款期限不超过一年。

- 抵押、质押、保证担保贷款，贷款额度最高不超过100万元；抵押、质押贷款期限不超过三年，保证贷款期限不超过一年。

办理条件：

- 从事乡村旅游项目经营五年以上，持有工商局核发的有效营业执照。
- 年经营收入不低于20万元，且上年度使用贷款行POS机刷卡交易金额不低于5万元。
- 对于申请小额信用贷款的，其年经营收入不低于100万元，且上年度使用贷款行POS机刷卡交易金额不低于20万元。

四、"两免一补"扶贫贷款

"两免一补"扶贫贷款是指银行为贫困户及带贫企业发放的金额在5万元以下、期限在三年以内的免抵押、免担保、基准利率、财政全额贴息的小额贷款。

借款人条件：

- 贫困户，即有就业创业潜质、贷款意愿、一定技能素质和较强信用意识的建档立卡贫困户。
- 带贫企业，即带动能力强、产业基础好、带贫效果明显的企业。"两免一补"扶贫贷款鼓励企业依托当地资源和产业优势，通过"公司+带贫困户基地+贫困户"的产业发展模式，与贫困户建立利益联结机制，带动贫困户直接参与产业发展，提升贫困户自我发展能力。

带贫企业的扶贫小额信贷实行企贷企还，严禁将贷款风险转嫁给贫困户。自身运行规范、有产业支撑、带动贫困户增收能力强、正常经营两年以上的农民合作社，参照带贫企业扶持政策执行。

案例　"两免一补"扶贫贷款帮助新疆农牧民走上了致富路

"通过贷款养牛，我多赚了2万多元！"新疆阿克苏地区乌什县阿克托海乡亚勒古孜铁热克村村民阿卜杜热依木·图尔迪高兴地说。

阿卜杜热依木自建档立卡贫困户后，通过学习政策和养殖知识，于2017年2月26日在乌什县农村信用合作联社申请扶贫小额信贷5万元进行育肥牛养殖。免抵押、免担保、财政全额贴息，这些好政策让阿卜杜热依木轻松了很多，这意味着三年后，他只需还5万元，并且还可以继续贷款发展养殖业。

阿卜杜热依木说："之前也养牛羊，但是数量也就一两头。贷款后，我用5万元买了5头牛，养殖六个月后就卖掉了两头，净赚1.2万元。之后我又买了两头牛，等到育肥后，加上家里的小牛犊，净赚1万元。算上家里的10来亩地，2017年我差不多可以赚4万元。以后，我要把牛的养殖扩展到二三十头。这多亏了面向我们贫困户的小额信贷。"

五、土地经营承包权贷款

土地经营承包权贷款是指银行以土地承包经营权为抵押向从事与农村经济活动的个人或群体发放的，用于满足其生产经营活动资金需求的贷款。

土地承包经营权是通过家庭承包方式取得，或招标、拍卖、公开协商等方式取得用于农副产品种养殖（包括林业、畜牧业）的土地承包经营权，且必须经依法登记取得土地承包经营权属证明。

适用对象：农村专业合作社实际控制人、家庭农场主、专业大户、普通农户等。

基本资格：合法取得农村土地承包经营权，承包经营的剩余期限必须在五年以上，且超过土地附着种养物的两个生产经营周期；具备专业种养殖经营的成熟技术和相关设施条件，具备有效的市场渠道，且从事种养殖及加工生产经营时间不低于两年。

贷款条件：贷款额度根据借款人资金需求和还款能力综合确定，贷款期限不超过三年。

还款方式：等额本息还款法，宽限期后等额本息还款法，按期付息到期还本法，利随本清法。

担保方式：土地承包经营权抵押。

提交资料：抵押土地经营权的权属证明，土地承包经营权流转合同（如有）。

六、农机购置补贴贷款

农机购置补贴贷款是指银行向符合国家补贴条件的农户、农业生产经营组织提供的农业机械购置贷款。

农业机械购置补贴是由农业部和财政部发起的，为加快农机化发展方式转变，调动农民购买和使用农机的积极性，在全国范围内对纳入实施范围并符合补贴条件的农牧渔民、农场（林场）职工、农民合作社和从事农机作业的农业生产经营组织提供的，用于购置和更新规定品目农业机具的补贴。

贷款对象：银行与各区（市）农机管理部门协商确定的农户、农机服务组织（或主要负责人）。

贷款用途：可用于机库等设施，也可用于农机购置投入。

贷款额度：以该户实际投入资金的50%加上财政补贴的总额为上限。

贷款期限：贷款期限统一为三年，采用逐年还款的方式，其中第一年归还30%，第二年归还30%，第三年归还40%；贷款额度不高于财政补贴额的，可采用信用方式，贷款期限不超过一年。

还款方式：可采取等额本息还款法，或一次性还本付息法。

担保方式：三人联保，自然人保证，法人保证或抵质押担保。

申请资料：农机购置补贴指标确认通知书，借款申请人开立的用于发放购机补贴款的账户信息，合作机构提供的客户推荐表。

七、订单农业贷款

订单农业贷款是银行向从事订单农业生产的农户发放的，并由农产品收购企业提供担保的贷款，农户需和收购企业就农产品签订收购协议。贷款手续简便，审批程序快捷；网点分布广，客户还款方便。

适用对象：农户。

贷款条件：

- 有完全民事行为能力的，年龄在18周岁至55周岁的个人。
- 品行良好，无违约行为和不良信用记录。
- 具备还款意愿和还款能力。
- 具有不低于30%的自有资金证明。

八、种植贷

种植贷是指银行向种植业的农户个人发放的小额短期流动资金贷款。贷款可用于种植生产所需的流动资金周转及固定资产投资，包括购买生产资料、土地费用支出、农业设施建设费用支出、农产品储存运输、人工、水电及燃料费用支出等。

适用对象：从事种植业的农户，有一定的种植经验和管理能力，并且信用记录良好，无恶意欠款记录。

担保方式：可采用质押、抵押、保证担保（有实力的个人、企业或担保公司担保）、联保等方式。

办理要点：种植业农户必须提供政府颁发的苗木市场摊位证、从村委会或其他土地使用权人依法获得的土地承包经营权；从其他土地使用权人手中承包的土地，必须有承包合同。

九、花木经营贷款

花木经营贷款是指银行向从事花木经营种植的个人以其所有或者依法有权处理的花木资产为债权担保而发放的贷款。

贷款对象：从事花木经营种植的个人。

贷款条件：贷款额度最高不超过花木评估价值的50%；如果追加有实力的保证人担保，那么贷款额度最高不超过评估价值的60%；贷款期限原则上不超过一年；贷款利率按照银行规定执行，客户可申请优惠利率。

贷款用途：用于花木的经营种植，例如花木的购买、日常维护或支付土地租赁费用、场地建设费用等。

办理要点：需提供花木所有权证明，例如土地承包协议或租赁协议等。

十、水产养殖贷

水产养殖贷是指银行向水产养殖的农户个人发放的小额短期流动资金贷款。贷款用途广泛，包括购买或租赁网箱、鱼苗、蟹苗、饲料，以及管理、销售、雇工，等等。水产养殖贷可满足养殖户"养殖—收购—销售"各环节资金需求。

适用对象：本地既从事水产养殖又有自主销售的优质水产养殖户。

办理条件：

- 有三年以上从事水产养殖及销售的经验且已形成一定规模。
- 当年水产养殖面积不低于100亩，或上一年度经营额不低于200万元。
- 在银行开立基本结算账户或一般存款账户，生产经营资金全部或大部分通过银行办理结算。

提交资料：相关养殖证或相关的承包合同、合约，工商营业执照、市场经营摊位证、农业用地使用证，挂靠协议或生产、经营、销售许可证等经营合法性证明材料。

十一、畜牧养殖贷

畜牧养殖贷是指银行向从事养殖业的自然人发放的，用于其养殖活动生产支出的个人贷款。贷款支持的养殖种类包括畜牧养殖、家禽养殖及特种养殖等。

贷款可用于养殖生产所需的流动资金周转及固定资产投资，包括购买饲料及种苗、卫生防疫、设备购买或租赁、养殖场所购买或租赁承包、养殖设施建设、产品储存运输、人工、水电及燃料费用支付等。

十二、板栗收购贷款

板栗收购贷款是指银行为推动板栗产业发展，向板栗收购大户发放的，用于满足板栗收购所需流动资金的农户贷款。

适用客户：经营稳定、信誉良好且得到当地区县或乡镇政府支持推荐的板栗收购大户。

产品特点：

- 采用额度授信、循环使用的贷款模式。在贷款额度和提款期内，借款人可以根据资金需求循环支用贷款，随用随贷，随贷随还。
- 提款期为每年的 8 ~ 11 月收购季节，客户在其他月份不得支用贷款。
- 新客户贷款额度不超过 100 万元；老客户贷款额度不超过 500 万元（含），且不超过借款人当年板栗收购计划所需总资金的 70%。
- 新客户授信额度期限上不超过一年；老客户授信额度期限不超过三年；额度内单笔贷款期限不超过九个月，且单笔贷款最后到期日不得超过额度有效期。

办理条件：

- 从事板栗收购三年以上，上年销售收入在 200 万元以上。
- 能够提供当地区县、乡镇政府出具的推荐函，或在当年区县、乡镇政府拟扶持的板栗收购大户名单内。

十三、农产品市场商户贷款

农产品市场商户贷款是指银行向农产品批发市场中的商户发放的用于满足其日常经营所需流动资金的农户贷款。

适用对象：在市、区级重点农产品批发市场经营的商户，且申请人符合农户身份。

产品特点：

- 采用额度授信方式，在授信额度与期限内可以循环使用贷款。
- 贷款额度的测算，原则上以申请人上年度银行流水对账单为主要依据，按照贷款行结算流水额度15%和他行结算流水额度5%的比例计算，并结合申请人的经营规模、担保方式等因素，综合确定最高贷款限额，贷款额度最高不超过500万元。
- 授信期限最长不超过一年，贷款额度项下单笔贷款期限不超过五个月，到期日不得超过贷款额度的到期日，且不超过固定摊位的剩余租期。

办理条件：

- 在符合准入条件的农产品批发市场连续经营三年（含）以上，租有固定摊位，本人及家庭成员和在本市场内所经营实体银行结算账户流水不低于1 000万元。
- 能提供农产品批发市场的推荐函。
- 能够提供本人或配偶不低于50万元的家庭净资产证明。

案例　农村个体工商户家门口领贷款

8万元贴息贷款，从交资料到转账成功，用了不到两小时。2020年3月23日，看到手机上到账的贷款，新疆乌鲁木齐米东三道坝镇碱泉子农贸市场超市老板刘传兵，连声说没想到。刘传兵领到的贷款，是在米东区个体工商户小额信贷工作办公室协调下，由天山农商银行米东区支行行长卢仁星带着工作人员上门为他办理的。

按照自治区相关政策，为了支持个体工商户尽快复业，米东区成立个体工商户小额信贷工作办公室，联合16家金融机构，为个体工商户办理小额信贷，对偏远乡村个体工商户提供上门服务。

刘传兵的超市两天前复业。他说，复业后生意不错，但需要赶紧备货，手头的钱不够。两天前，三道坝镇政府工作人员就向刘传兵宣传了贷款政策，并帮他准备好了相关材料。

三道坝镇个体工商户小额信贷工作人员王锡德说，经过走访，全镇共有需贷款的个体工商户33户，贷款需求额220万元。当天，4家商户都拿到了贷款。"今年好好干，争取给家里添一辆小轿车。"刘传兵说。截至目前，米东区4万余个体工商户复产率达99%。

十四、农产品经纪人贷款

农产品经纪人贷款是指银行向农产品经纪人正常业务经营需要发放的流动资金贷款。

贷款对象：从事农产品收购、储运、销售等活动而获取利润的人员。

贷款额度：按照借款人经营主体资信状况、风险状况、经营业务的情况等，合理测算借款的信贷资金需求，确定贷款额度。

贷款期限：信用方式和保证方式的不超过一年，抵押方式的不超过两年。

贷款利率：可享受利率优惠。

办理要点：借款人需持有市供销合作总社颁发的农产品经纪人证书及推荐书。

十五、联保贷

联保贷是指银行向涉农联保体内个人发放的小额短期流动资金贷款。

贷款条件：总授信额度最高不超过3 000万元，单笔最高不超过300万元，可周转使用。

适用对象：从事涉农生产经营活动的农户，比如同行业中的种养殖大户、生产经营中的上下游客户、同区域中生产经营农户等。

担保方式：无须提供任何抵（质）押物，联保责任一经确立，风险共担。

办理要点：

- 联保体为自愿组合，多户联保，原则上不超过10人。
- 借款人原则上必须从业三年以上，一人只能加入一个联保体。
- 联保体成员具有自行清偿贷款债务以及为联保体其他成员提供连带清偿责任保证的能力和意愿，其配偶承担个人连带保证责任。
- 合作社成员之间多户联保的，必须追加合作社及其法定代表人保证担保。

十六、新民居贷款

新民居贷款是指银行用于支持农村居民为改善居住环境和从业条件对现有住所进行重新建设、改造或购买"新民居"，以家庭可支配收入为还款来源的贷款。

适用客户：贷款行辖区内符合"新民居"建设相关条件，具备一定比例自有资金，在现有宅基地房屋居住，或与现有宅基地房屋居住人员有直系亲属关系（仅限于亲生子女）的当地农村居民。

贷款条件：贷款最高额度不能超过建房投资总额的60%，远郊地区不超过100万元，近郊地区不超过300万元；贷款期限一至五年。

办理条件：必须出具所在区、县级政府新农村建设办公室有关当地

"新民居"建设的批复文件。

十七、农民住房抵押贷款

农民住房抵押贷款是指银行在不改变农民宅基地所有权性质的前提下，以住房所有权及所占宅基地使用权为抵押，向农民住房财产权所有人发放的贷款。农民住房抵押贷款也可由借款人用住房财产权向专业担保公司提供反担保，再由专业担保公司向银行提供保证担保。

业务特色：有效盘活农村资源、资金、资产，增加了涉农客户的融资渠道。

适用对象：农民住房财产权所有人及其家庭成员，年满18周岁至60周岁自然人，并具有完全民事行为能力和还款能力，由申请人及配偶或家庭成员承担连带保证责任。

办理要点：

- 应提供房屋所有权证、集体土地使用权证或宅基地使用权证，且权属清晰。
- 除用于抵押的农民住房外，借款人有其他长期稳定居住场所。
- 抵押物不属于农村公益事业及公共设施用地性质，未依法公告列入征地拆迁范围，未依法被查封或者受其他形式限制。
- 抵押人对抵押物的权属状况、抵押状况、同意处置抵押物等做出的承诺。
- 对于做抵押的农村房屋有多个共有人的，权利人和其他共有人应共同出具愿意抵押的书面证明，所有共有人均为抵押人。
- 农民住房财产权所在集体经济组织出具的同意宅基地使用权随农民住房一并抵押及处置的书面证明。

十八、地震灾区农民建房贷款

地震灾区农民建房贷款是指银行为解决地震灾区农民按照当地政府规划修建或购买首套永久性住房所需资金提供的贷款。

适用对象：因地震灾害造成房屋倒塌或严重毁损而无房居住，符合政府重建永久性住房补助条件和政府重建规划要求，且具有长期农村居住户口的受灾农户，不包括城镇受灾居民和符合民政部门救济对象的受灾农户。

业务特色：解决受灾农民在重建、搬迁或安置住房过程中暂时的资金短缺问题，帮助受灾农民恢复生产、重建家园。

十九、县域工薪人员消费贷款

县域工薪人员消费贷款是指银行向符合条件人员发放的，以工资性收入为主要还款来源，具有特定消费用途的贷款。

适用对象：县域党政机关或财政统发工资的事业单位，以及金融、烟草、邮政、通信、石油、电力、铁路、公路、航空、城市供水供气等优势行业基层企业单位、总分行级核心优良客户的正式在职职工。

可免担保发放信用贷款的目标客户：

- 县域党政机关股级（含）以上管理人员。
- 省级及以上全日制重点高等院校正式任职讲师及以上人员。
- 县级具有品牌、师资、生源优势且负债水平适度、财务管理规范的公办中小学中级及以上职称的教师。
- 二级乙等及以上，或综合收入达到一定规模，在当地具有相对领先优势的公立县级医院主治医师及以上人员。

- 优势行业企业单位、总分行级核心优良客户及其他事业单位股级（含）或中层以上管理人员。

贷款特点：银行可以发放信用贷款，客户还可采取抵押、质押、自然人保证及公司保证担保；客户既可单独使用，也可组合使用，方式灵活，选择多样。

贷款用途：可用于购车、装修房屋、出国留学和旅游等各类合法消费。